中国企業統治論
―― 集中的所有との関連を中心に ――

金山 権 著

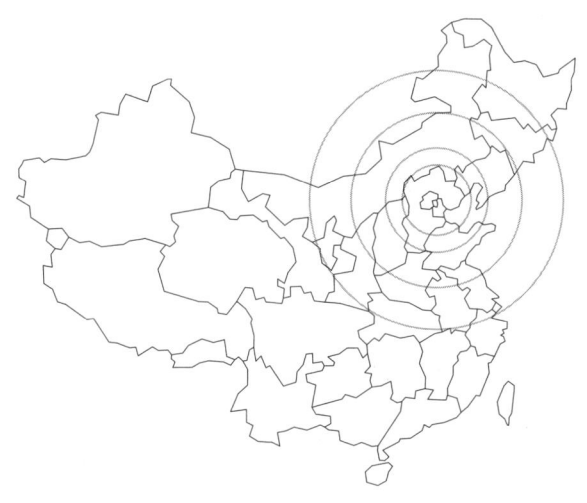

学文社

序

1　問題意識

　1978年12月，中国共産党中央委員会第11期3中全会で鄧小平氏は「現在我が国の経営管理体制をみると，その権限はあまりにも中央に集中し過ぎている。計画的に，大胆に権限を下に移譲しなければならない。さもなければ，国家，地方，企業と労働者四者が有している力を積極的に発揮することができないし，近代的な経営管理と生産能率の向上にも不利である」(『経済日報』1998年3月13日)と述べた。共産党11期3中全会は，改革・開放への大転換のスタートを切った点で画期的といえる。

　もともと社会主義では，経済は計画的に運営されるのが建前であり，各企業は国家中央より達成すべき指標＝指令を与えられる。そのため各企業は上部より指令を与えられて動く企業内運営単位(支店，営業所，工場など)のような存在となり，指令さえ果たせばいいという悪弊を生むことになって，企業としての活力に欠け，経済の停滞を生んだのである。資本主義と社会主義とでは，本来，経済のあり方が本質的に異なり，企業の構造や運営も基本的に異なるところがあるが，根本的には企業経営のあり方が問われていることには疑いがない。

　社会主義中国における経済主体をふりかえってみると，ほぼ以下の3つに分類される(金山権(2000)『現代中国企業の経営管理』同友館　p.i)。

　第1は，行政の各産業を担当する管理機関で，国務院(中央政府)をはじめ地方の各級政府に設けられている部，局などがそれである。その経費は国家財政の行政管理費から支出される。

　第2は，非営利の事業団体で，科学研究機関，調査設計事務所，医療機関，教育機関などがそれである。その経費は国家財政の事業費から支出される。

　第3は，通常企業と呼ばれるものである。ここでは，1993年からの国営企

業から改革されてきた国有企業を指すが，これが97年からは共産党第15期大会の決定によって国有企業の株式制への転換となり，現在の株式制企業が中心となる。計画経済から市場経済への転換によって，独立した資金を有し，独立採算を実行し，自ら生産経営など各種の経済活動に従事し，その収入で自己の支出を支弁し，そのうえで国家に利潤や税金を納付する。

　企業は，財・サービスを生産し市場を通じて配給する組織体であり，各経済領域に分布している。改革・開放が実施されて以来，中国の企業改革は2008年までに30年に及んでおり，あたかも壮大なドラマのような様相を呈している。国の近代化の実現のため貴重な経験が蓄積され，実際に改革の成果も大きい。「中国の特色ある社会主義市場経済」のもとで大胆に実験を行い真の制度上の革新を行っている。企業の改革にはいろいろな方法が講じられさまざまな措置も採られてきた。例えば，企業の自主権の拡大，経営責任制の導入，株式制の導入，近代企業化制度の実施などがそれである。市場競争も非国有経済の発展にともなってその規模が日々大きく形成されている。

　1990年代，中国政府は政府の施策目標として，企業統治改革のため次の戦略を立てている。つまり，企業統治改革を進展させるための，「3歩走」（3段階での発展）の戦略がこれである（金山権（2000）『現代中国企業の経営管理』同友館　p.120）。第一歩は，前世紀末までに3～5企業を世界ベスト500大企業に入れることである。2010年までの第2段階では，大・中型国有企業すべてが近代企業制度を確立し，二度と財政補填を必要としないという目標である。2010年以降の第3段階では，大・中型企業を市場経済体制に適応させ，中・小型企業にはさまざまな形態による改革でより完全な市場経済化をはかることが目標とされている。こういう戦略からみれば，第1段階の戦略は予期を超える成績で終わり，現在は第2段階の難問を解決する段階に入っている。

　株主から業務執行を委託された経営者の行動をいかに規律づけ，また企業経営を監視する仕組みを確立するかについての広範囲の問題を扱うことは一般的に企業統治と考えられる。企業統治論が進むべき基本的な方向は，企業のガバナンスの基本を市場の規律にゆだねていく方向であると考えられている。

こうした方向性は，単に企業統治の観点からだけでなく，中国経済全体の運営の方向性という観点からみても，市場経済の導入によって中国式「社会主義市場経済」を堅持し，資産の流動性を高め，中国経済の将来に向けた発展の余地を確保する上で，近い将来必ず達成しなければならない目標であるといっても過言ではない。

　企業にはその所有者たる株主をはじめ，従業員，債権者，取引先などのステークホルダーが存在する。この利害関係者の関心は異なっているが，企業価値の向上という点では共通している。

　中国が企業統治を取り上げるようになってきたきっかけは，1つは，1990年代の初頭に，初めて株式を中心とする証券取引所が開設され，90年代中・後期から議論が活発に行われた。法規面ではそれに対応して制定された1993年7月の中国最初の会社法（公司法）と2002年1月の中国証券監督管理委員会，国家経済貿易委員会が共同公表した『上場会社の企業統治準則』(Code of Corporate Governance for Listed Companies) が挙げられる。また，国有株を中心とする非流通株の圧倒的支配という独特の中国統治構造の下で内部者支配，インサイダー取引，所有者不在，中小株主の権益，経営者インセンティブ，続発する企業の不祥事などさまざまな問題が重視されるようになってきたこともある。

　もう1つは，グローバル化の進展，WTO加盟にともない，中国自身が国際社会にリンクしながら自らの規律づけを必要としていることである。つまり，取締役会内の委員会設置，国際投資，会社制度などでは投資家に向かっているし，マーケティング，財務，株式市場での資金調達などの企業行動では西欧モデルに近く，経営戦略委員会が委員会のなかで主要な位置づけであり，執行役を設けず，監査役会を存続させるなど中国の特色をもつ所有構造のもとでは国家支配が依然として保持されている。

　従って，体系的，理論的に集中的所有との関連を中心に中国における企業統治システムを明らかにする意義は大きいと考えられる。

2　研究のねらいと方法

　企業は誰のために運営されるべきか，経営者の企業運営に対する監視・牽制は誰の視点からなされるべきか，という問題から企業と利害関係者との関係，経営者の企業経営を監視・牽制する仕組みに関してグローバル化の進展にともない中国も真剣に取り組むようになり関連の法規等が制定された。現在進展する企業統治構造改革の実態はいかなるものか，改革はどのような特性をもつ企業で積極的に実施されているのか，そして，中国の特徴である集中的所有構造を有している企業統治はどういう特質をもち，解決をせまられている課題とは何か。こうした一連の問題に答え，中国企業統治システムを理論的，体系的に考察することが本研究の狙いでもある。

　本研究では，企業統治とは株主，従業員などのステークホルダーによって企業がガバナンスされるシステムの総称であるという考えで，先進国である欧米等の先行研究だけでなく，実際改革が行われている中国に焦点をあてて中国学者らの数多くの先行研究を取り上げ，検討し，整理した。その上で，経営学的視点から問題別に検証を行い中国企業統治システム構築への条件を検討している。体系的，理論的アプローチのなかで，中国の現場で生じている事例を外国の事例と比較しているが，これは中国の特徴を明らかにしたいという意図からでもある。

　問題の設定では，集中的所有という中国の独特の特徴を本研究の主な対象として取り上げる。分析の大きなフレームワークとして，中国における所有構造，株主，経営者，インセンティブ，法規，企業形態，統治モデル，内部支配，外部監視，国際比較，課題に分析対象を設定し，これらの諸点を分析視点として，文献データおよび現地調査によるデータの収集，加工，整理を行う。そして，中国企業統治システムを取り巻く状況下で生じている各問題を各視点から当てはめて設定した仮説の上で，先行研究を取り上げ理論的，体系的な分析を行ってきたが，分析枠組の構築，分析能力，体系化能力，構想能力での向上には終始意識しながら努めてきたつもりである。

3　本論の構成

　本研究は，現在中国において進められている企業統治構造改革の実体と問題点そして今後の課題を明らかにするために，中国の企業統治システムを理論的，体系的なフレームワークにより分析することを目的としている。特に中国の特徴である「集中的所有構造」を有している企業統治はどのような特質をもち，そこで解決をせまられている課題とは何か，という点に焦点をあて，この問題の解明を試みている。

　まず，「企業統治とは経営の執行活動に対する監視システムである」という認識のもとに，先進国である欧米日の先行研究，ならびに現在改革が行われている中国における先行研究を取り上げ，これらを検討し整理した上で問題別に検証を行い，中国企業統治システム構築のための条件を析出している。さらに，これらの分析を通じて中国と諸外国との比較検討を行うことにより，中国の企業統治の特徴を浮き彫りにしようとしている。というのは，グローバル化の進展やWTOへの加盟にともない，中国企業が国際社会のなかに自らを位置づけ国際的ルールを形成する必要に迫られている現在，企業統治の問題を考える上でも国際比較の観点は必要不可欠であると考えられるからである。

　集中的所有という中国独特の特徴を本研究の主な対象として取り上げることから，その問題領域に関しては，所有構造，株主，経営者，経営者のインセンティブ，法規制，企業形態，統治モデル，内部者支配，外部監視，国際比較，という諸問題に焦点を絞っている。さらにこれらの諸領域に関して，文献によるデータ収集および現地調査によるデータ収集，それらの加工，整理を通じて実証的に明らかにすると同時に，これらを理論的に分析し，かつ，体系的に論じようと試みている。

　こういう問題意識の下で，本研究ではグローバル化の進展の視点から中国における企業統治システムの分析を試みることにするが，3部10章に分けて中国における集中的所有との関連を中心に企業統治システムの研究を進めている。本論の各章，節で取り上げている内容は，基本的に筆者の各学会，シンポジウ

ムでの報告や既発表の各論文をベースに加筆,補正したものである。

　第1部,企業統治システムの構築では,主に3章に分けて,第1章では,企業統治の理論的考察,第2章では,企業統治システムと法規制,第3章では,中国における企業の所有構造と企業統治を取り上げる。

　第1章の企業統治の理論的考察では,先行研究の成果をフォローしつつ中国における改革の現状と結びつけて,企業統治へのアプローチ,プリンシパル・エージェント関係と企業統治,所有制と統治メカニズム,ステークホルダーと企業統治,転換経済下の企業統治,の5つの側面から企業統治理論に関して検討する。

　所有制改革と競争市場育成とは互いに補完しあう要素として,いずれも中国国有企業改革にとっての必要条件であると考えられるが,中国における国有企業改革の流れ,とりわけ1990年代後半以降,企業統治の確立に向けた動きが顕著になってからの動きは,① 株式会社制度を市場経済に適応したガバナンスの仕組みとして直接に位置づけ,市場との連動を重視すべきこと,② 制度の改正を考えるに当たっては,制度間の国際競争という目的意識を明確にもつべきこと,の2点は,中国にとって貴重なインプリケーションになり得ると考えられる。

　第2章の企業統治システムと法規制では,企業統治に関連する法規制の特徴,法律と株式所有構造との関係および会社法(公司法),証券法,破産法と企業統治との関係を検討し法律制度の異なる環境の下での企業統治の特徴を明らかにし,企業統治システムに対する法規制の影響および相互の適応性を取り上げる。

　法律と企業統治は非常に緊密につながっている。法律の異なる整備によって投資家への保護の程度は異なっている。英米型における中小株主への保護は大陸型国家より進んでいると考えられる。一般的に英米型は往々にして大きな資本市場を擁しており,幅広い中小投資家は皆積極的に上場会社へ投資を行い,株式所有構造は分散型の特徴を有している。

　会社法,証券法および破産法と企業統治との緊密な関係は上述の分析からも

よくわかる。会社法は一国のなかですべて企業が各相手との間に結ばれている契約の共通部分であり，証券法は，上場会社における企業行動の規制とルールを示しており，破産法は債権者権利と破産後企業統治への規制を示している。中国における企業統治の短い歴史と諸般の理由で企業統治と法律の整備がマッチしていない現状でさらなる法整備が課題となっていることを示唆している。

　第3章の中国における企業の所有構造と企業統治では，中国経済のなかで最も代表的かつ支配的な企業形態である国有企業から国策によって転換された株式制企業の統治構造をはじめ，企業統治と密接な関係を有する所有構造と企業パフォーマンスの相関関係を中国の先行研究を参考しつつ検討する。

　第3章では主に，中国学者らの先行研究結果を取り上げながら中国企業統治構造の特徴，所有構造と企業パフォーマンス，企業パフォーマンスに与える統治メカニズムの影響を検討したが，中国の現状を考え，企業に対する管理部門および証券取引所は新規上場の審査を行う際，その企業の所有構造の合理性等をよく把握した上で新規上場会社における所有構造の合理化の実現に導く。これによって企業統治構造の最善を図り，ひいては企業のパフォーマンスの向上に努めていくことを提言している。

　第2部，企業統治システムの形成過程，集中的所有構造では，4章に分けて，第4章では，中国企業の形態と企業統治，第5章では，企業統治システム構築とそのプロセス，第6章では，中国における国有資産監督・管理委員会の問題分析—企業統治の視点から，第7章では，集中的所有構造，を取り上げながら分析する。

　第4章の中国企業の形態と企業統治では，近代企業制度の確立と国有資本企業論，企業形態とその特徴，国有企業のパフォーマンス効果と今後の展望，を中心に中国独特の企業形態を取り上げ，近代企業制度の確立と国有資本企業論および外国直接投資のなかで外資企業の形態とその動向を検討する。

　中国の企業形態は所有制形態による分類が主流だったが，改革開放の実施以来その企業形態も多様化しつつあって，概ね所有制形態，法形態，その他形態等による分類となった。国有企業における株式制転換の共産党中央委員会の決

定にともない，さまざまな企業形態のなか，公司法で定めている会社形態が中心となり，なかでも国資企業，つまり国有企業と国有持ち株会社のパフォーマンスがますます大きくなる。「2020年に改革開放政策を終了する」(【特別インタビュー】「金山権教授に聞く―2020年の改革開放政策の終了に注目」中国情報局 2006年9月19日 http://news.searchina.ne.jp/disp.cgi?y=2006&d=0919&f=column_0919_003.shtml および http://headlines.yahoo.co.jp/hl?a=20060919-00000001-scn-cn) と宣言した中国は，これからさらに企業の再編，M&A，株式所有構造の多様化などに力点をおいて進めていくと思われるが，こういう一連の改革のなかで最も力を入れるべきことはまさに企業統治システムの構築であることを強調している。

第5章の企業統治システムの構築とそのプロセスでは，企業統治システム構築の背景，3段階に分ける企業統治システムの形成とその評価，分析，および政府主導型，同族主導型，法人主導型の中国企業統治構造の3モデルの特徴の分析と比較を試みる。

中国における企業統治は，時代の変化に沿って自国における企業モデルの規範化，企業を規制する制度などが収斂し統一化に向かっている。日本を中心とする外国の経験を参考としながら中国の状況を踏まえて自国の企業統治システムの構築に力を入れている。なお，企業統治システム構築の基本的な方向は，企業の統治を市場の規律にゆだねていく方向であると考える。こうした方向性は，単に企業統治の観点からだけでなく，ほぼ全面的に市場経済を導入した「社会主義市場経済」の方向性と完全に合致するし，資産の流動性を高め，中国経済の将来に向けた発展の余地を確保する上で，必ず達成しなければならない目標であると考えられる。

第6章の，企業統治の視点からみた国有資産監督・管理委員会では，中国における国資委設立の必要性，国有資産管理委員会（以下，国資委とする），資産経営公司，国有資産の純粋持ち株会社または国有資本参加の企業という3段式国有資産監督管理体制を深圳・上海モデルを取り上げ，国資委の役割の検討と問題点を分析する。

2003年，国資委が設立された後，地方でも相次いで国資委が設立された。また，「国有資産監督管理暫定条例」，「国有企業制度改革に関する意見」，「企業における国有財産権譲渡管理暫定方法」などが採択され試行された。商工企業における国有資産の監督管理も始まった。国有資産監督管理における，国有資産管理委員会，資産経営公司，国有資産の純粋持ち株会社または国有資本参加の企業という3段式国有資産監督管理体制が深圳モデルをベースに肯定され，全国への普及となっている。なお，金融系企業における国有資産，非営利型国有資産，自然資源と無形の国有資産に関してはいかに監督管理を行うべきか未だに課題が沢山残っていることを示唆している。

　第7章の，集中的所有構造では，集中所有と企業統治，中国の集中的所有の構造，集中的所有構造の功罪の3つに分けて分析している。企業において株式分散的所有と集中的所有が企業パフォーマンスとどのような関係にあるかについては，これまで多くの実証研究がなされてきた。中国では企業の高成長の時期には企業の所有構造はほとんどが集中的所有である。特に，上場を果たした後短期目的を重んじる投資家の株式売却などによって株式の分散が進み，株式の所有構造における集中的所有がさらに進んでいく。

　中国においては，特殊な株式保有構造により生ずる多くの問題により，支配株主の地位およびその権限濫用に対する注意が喚起され，支配株主の権限をいかに規制すべきかが，会社法改正の重要な内容となっている。それを契機として，学界では，支配株主が従属会社および少数株主に対し，責任を負うか否かという問題に関して盛んに議論がなされている。現在，支配株主の責任の法理の基礎，具体的な立法技術，および信認義務の内容など多くの面において，見解が分かれており，検討すべき課題も多く残されている。

　中国における企業統治の独特の特徴，つまり，上場会社の大多数を占めている旧国有企業から転換された株式会社の場合，最大の大株主が政府や地方政府等の公的機関であり，流通する株式数が少ないばかりでなく，支配株主として，インサイダー関係にあり，経営権の掌握のみならず，情報の公開や会計監査のインセンティブが小さくなる，という国有株が絶対的支配的地位を占めている

集中的所有構造とその問題点を探求することにする。興味深いことは，集中的所有構造には"功"もあることである。中国の状況からみると，集中的所有構造と企業のパフォーマンスは正比例の相関関係をもち，企業パフォーマンスの向上に寄与している調査報告も少なくないのである。

第3部，中国企業統治の特質と課題では，3章に分け，第8章では，上場企業における所有構造と外部監視機能，第9章では，国際的視点からみた中国の企業統治システム，第10章では，今後の課題を取り上げ，分析する。

第8章の上場企業における外部監視機能と所有構造では，近代企業制度の確立と国有資本企業論，企業形態とその特徴，国有企業のパフォーマンス効果と今後の展望，を中心に中国独特の企業形態を取り上げながら展開し，近代企業制度の確立と国有資本企業論および外国直接投資のなかで外資企業の形態とその動きを分析した。

上場企業における所有構造と外部監視機能では，上場企業の所有構造と機関投資家の役割，証券監督管理委員会による規制，証券取引所による規制，監査法人による規制，4点から探求を進める。中国企業，特に上場企業の企業統治に関する研究には，外部監視に対する研究より，内部監視体制に関する研究が多い。内部監視と外部監視はともに相互補完の関係をもち，ともに重要，必要不可欠の機能である。企業統治構造改革が本格的に打ち出されたのは，近代企業制度実施にともなう所有権と経営権の分離，そしてプリンシパル・エージェンシーの形成による内部者統制が問題になってからである。

企業統治機構は，企業価値と連動したパフォーマンスの評価，監視および報酬体系をもつ仕組みなどを企業の内部的管理機構として構築する必要があるが，同時にそれらを外部利害関係者に対して，一貫性・継続性・透明性を確保した必要情報として開示する義務がある。それによって，経営責任を果たし，また必要情報を適時，適切に提供することによって外部監視機構が有効に機能するようにすることが求められる。

第9章の国際的視点からみた中国の企業統治システムでは，①日本型に近い統治構造，②統一化を前提とした差別化，③混合モデル，などの3点に中

国の企業統治システムの特徴を集約し，企業統治システムの国際比較，社外取締役と独立取締役，内部者支配に焦点をあてて分析する。

　経済の国際化，規制緩和などによる自由化，世界経済の一体化を図ろうとするグローバルな情勢の下で，それぞれ置かれている多元的な社会のなかでどのような問題があり，その問題解決のためにどのようにすすめればよいのかについて，主に国際的比較の視点から企業成長を支える企業統治システムの構築，社外取締役と独立取締役，内部者支配を分析してみた。なお，現在日本国内での社外取締役から独立取締役制度を入れるべきであるという議論があるなか，日本の委員会設置会社における取締役への選出基準には，中国の独立取締役の6つの資格要件が参考になると思われる。

　第10章の今後の課題では，企業統治の仕組みからみた問題点，企業統治の仕組みからみた問題点，中国企業統治の評価と発展の趨勢，中国企業統治システムの課題に分けて検討する。ここでは，主に企業統治における今後の課題を中心に，統治の仕組みからみた問題点を異なる所有制構造，法規，仲介機構の整備，モラルハザード，内部者支配と一般株主権益の保護，の面から分析し，現段階における中国企業統治への評価を試み今後の発展趨勢と解決すべき課題を取り上げた。

　問題となっている，(1)流通と非流通株，(2)「株式権利双軌制」などにともなう問題点，(3)諸環境が企業統治に与える影響，(4)アメリカ型の企業統治モデルの適応性の問題，(5)ステークホルダー重要性に関する問題の5点を取り上げ企業統治の今後の課題を検討したが，企業不祥事を抑止・防止，経営者自らの，ひいては企業自らの自己統治力の増強，革新的な経営者や従業員の育成などに力を注ぐ必要，などはまさしく重要な課題であることを示唆している。

　今後数年以内，企業統治改善の要は"執行"である。重要なのは実践と行動の推進であり，法規，原則規定のグレードアップではない。企業間の企業統治格差が年々拡大し，市場の役割発揮は年々増えつつある。従って，企業統治における活動空間の自主的な改善が必要である。遅れている"証券取引所"と"金融機関"の企業統治における役割発揮とその強化が望まれる。"国有独占"の

地位は明らかであり，ガバナンス全体レベルの向上を阻んでいる局面を打開する必要がある。

本研究においては，最初から最後まで恩師の菊池敏夫先生（日本大学名誉教授，中央学院大学大学院研究科長，日本経済学会連合理事，経営行動研究学会会長）の直接のご指導，ご教示と学恩を頂いた。先生からは学問研究の厳しさ，厳密な研究方法，旺盛な研究姿勢，幅広い国際知識，新しい発想手法を求めて新天地にチャレンジする精神を教えて頂き，私の学風に大きな影響を与えてくださった。心より深く感謝するとともに，厚く御礼を申し上げたい。

本書は，日本大学大学院経済学研究科に提出し，博士（経済学）の学位を授与された論文「中国企業統治システムの研究―集中的所有との関連を中心に―」を内容としている。論文全体に関しては，日本大学経済学部三井泉教授，村田直樹教授，慶応義塾大学菊澤研宗教授から学問的に有益なアドバイスを受けた。また，直接論文の構成やアプローチに関するご指導および貴重なコメントを頂いた。心より感謝を申し上げる次第である。

また本書は，私の勤務先である桜美林大学の出版助成金を受けて出版されたものである。経済・経営学系長座間紘一教授から論文に関する貴重なご指導とご教示を受け，また本学の多くの先輩の諸先生と同僚および学外の多くの先生からも貴重な助言と指導を頂いた。あらためて感謝の意を表したい。

なお，株式会社ネットメカニズムの田中一宏社長には90年代ミスミ時代から現在にわたり一貫してご支援，ご配慮を頂いている。この場をお借りして同社長に心より謝意を表したい。

最後に，本書の刊行にあたり，厳しい出版事情の折にもかかわらず，本書の出版企画，編集の労をとっていただき温かい激励と支持をいただいた学文社の田中千津子社長および編集部の皆様に心から謝意を申し上げる次第である。

2008年8月

金山　権

目　次

序 ——————————————————————————————— i
 1　問題意識 ……………………………………………………………… i
 2　研究のねらいと方法 ………………………………………………… iv
 3　本論の構成 …………………………………………………………… v

第1部　企業統治システムの構築

第1章　企業統治の理論的考察 ——————————————— 2
 はじめに ……………………………………………………………………… 2
 1　企業統治へのアプローチ …………………………………………… 4
 2　プリンシパル・エージェント関係と企業統治 ………………… 10
 3　所有制と統治メカニズム ………………………………………… 17
  (1) 取締役会／(2) 経営者のインセンティブ／(3) 代理権競争／
  (4) M&A／(5) 監督メカニズム
 4　ステークホルダーと企業統治 …………………………………… 25
 5　転換経済における企業統治 ……………………………………… 28
 まとめ ……………………………………………………………………… 32

第2章　企業統治システムと法規制 ——————————— 37
 はじめに …………………………………………………………………… 37
 1　法律と企業統治 …………………………………………………… 37
 2　法律と株式所有の構造 …………………………………………… 40
 3　公司法による企業統治への規制 ………………………………… 44
 4　証券法による企業統治への規制 ………………………………… 48
 5　破産法による企業統治への規制 ………………………………… 53
 まとめ ……………………………………………………………………… 55

第3章　中国における企業の所有構造と企業統治 ── 60

　はじめに …………………………………………………………………… 60
　1　中国企業の統治構造の特徴 …………………………………………… 61
　2　株式所有構造と企業パフォーマンス ………………………………… 66
　3　企業パフォーマンスに与える統治メカニズムの影響 ……………… 70
　まとめ ……………………………………………………………………… 72

第2部　企業統治システムの形成過程と集中的所有構造

第4章　中国企業の形態と企業統治 ── 76

　はじめに …………………………………………………………………… 76
　1　近代企業制度の確立と国資企業論 …………………………………… 77
　　（1）近代企業制度の確立／（2）国有企業の解釈の変更──国資企業
　2　企業形態とその特徴 …………………………………………………… 80
　　（1）所有制形態による分類／（2）法形態による分類／（3）その他の分類
　3　国有企業のパフォーマンス効果と今後の展望 ……………………… 87
　　（1）全体のパフォーマンス／（2）国有と国有持ち株会社のパフォーマンス／（3）私営と民営持ち株会社のパフォーマンス／（4）今後の展望
　まとめ ……………………………………………………………………… 91

第5章　企業統治システムの構築とそのプロセス ── 93

　はじめに …………………………………………………………………… 93
　1　企業統治システム構築の背景 ………………………………………… 93
　　（1）企業統治改革の背景／（2）企業統治改革過程の概観
　2　企業統治システムの形成とその分析 ………………………………… 97
　　（1）行政統治段階（1949～1978年）／（2）計画経済と市場経済併存時の企業統治段階（1978～1992年）／（3）近代企業制度確立にともなう企業統治の段階（1993年～現在）
　3　企業統治構造の3モデル ……………………………………………… 103
　　（1）企業統治構造の3つのモデル／（2）企業統治構造の規範と発展
　まとめ ……………………………………………………………………… 108

第6章　企業統治の視点からみた国有資産監督・管理委員会 ── 112
　はじめに ……………………………………………………………………… 112
　1　中国における国資委設立の必要性 …………………………………… 113
　　（1）改革政策の転換—企業管理体制の改革 ／ （2）第1次構造大改革—国資委の設立
　2　深圳・上海モデルおよび全国への普及 ……………………………… 117
　　（1）第1階層，市国有資産管理委員会 ／ （2）第2階層，市国有資産経営公司 ／ （3）第3階層，国資持ち株会社および国資企業
　3　国資委の役割の検討と問題点 ………………………………………… 123
　　（1）3階層における統治構造分析 ／ （2）生産経営型企業 ／ （3）「資産保全・増殖」をめぐる問題点
　まとめ—誰が国資委を監督するのか ……………………………………… 126

第7章　集中的所有構造 ── 132
　はじめに ……………………………………………………………………… 132
　1　集中所有と企業統治 …………………………………………………… 133
　　（1）集中所有支配 ／ （2）集中的所有と企業のパフォーマンス ／ （3）支配株主の存在にともなうコスト
　2　中国の集中的所有の構造 ……………………………………………… 140
　　（1）「公司法」からみた所有構造 ／ （2）上場会社における株式構成と実績
　3　集中的所有構造の功罪 ………………………………………………… 145
　　（1）集中的所有構造と企業統治 ／ （2）株式の非流通性問題 ／ （3）外部監視の必要性 ／ （4）国有資産の売却と買収
　まとめ ………………………………………………………………………… 152

第3部　中国企業統治システムの課題

第8章　上場企業における外部監視機能と所有構造 ── 158
　はじめに ……………………………………………………………………… 158
　1　上場企業の所有構造と機関投資家の役割 …………………………… 159
　　（1）上場会社の所有構造 ／ （2）所有構造の特徴 ／ （3）機関投資家等の監視能力
　2　証券監督管理委員会による規制 ……………………………………… 163

(1)「証券法」の制定と証監会による規制 ／ (2) 現状と問題点
　3　証券取引所による規制 ･･ 166
　　　(1) 定款および業務規則 ／ (2) 現状と問題点
　4　監査法人による規制 ･･ 168
　　　(1) 中国の会計監査制度 ／ (2) 監査法人による規制 ／ (3) 現状と問題点
　まとめ ･･ 172

第9章　国際的視点からみた中国の企業統治システムの特質 ─── 175

　はじめに ･･ 175
　1　企業統治システムの国際比較 ････････････････････････････････････ 175
　　　(1) アメリカの場合―アングロ・サクソン型 ／ (2) ドイツの場合―共同決定システム型 ／ (3) 日本の場合―二者択一型 ／ (4) 中国の場合―融合型
　2　社外取締役と独立取締役 ･･ 190
　　　(1) アメリカ，ドイツの状況 ／ (2) 日本の状況―社外取締役 ／ (3) 中国の状況―独立取締役
　3　内部者支配 ･･ 198
　　　(1) 日本の状況―分散化に隠れている集中的統治と経営者支配 ／ (2) 中国の状況―集中的所有による支配
　4　取締役会の行動 ･･ 202
　　　(1) 経営参加度の低下，役割の発揮 ／ (2) 取締役会委員会の設置とディスクロージャー ／ (3) 取締役会の国際比較
　まとめ ･･ 204

第10章　企業統治における今後の課題 ─────────── 208

　はじめに ･･ 208
　1　企業統治の仕組みからみた問題点 ････････････････････････････････ 208
　　　(1) 異なる所有制構造 ／ (2) 法規，仲介機構の整備 ／ (3) 出資者不在にともなうモラルハザードの発生 ／ (4) 内部者支配と中小株主の権利の保護
　2　中国企業統治の評価と発展の趨勢 ････････････････････････････････ 217
　　　(1) 企業統治評価の重視 ／ (2) 新しい段階に入った企業統治 ／ (3) 企業統治への総合評価

3 残されている研究課題 ……………………………………………… 223
    (1) 流通と非流通株／(2)「株式権利双軌制」などにともなう問題点／
    (3) 諸環境が企業統治に与える影響／(4) アメリカ型の企業統治モデ
    ルの適応性の問題／(5) ステークホルダーの重要性に関する問題
  まとめ ………………………………………………………………… 226

主要参考文献 ――――――――――――――――――――― 230

索　引 ―――――――――――――――――――――――― 241

第 1 部　企業統治システムの構築

第1章　企業統治の理論的考察

はじめに

　企業は，それぞれの目的を達成するために自由に行動をとりうると同時に，利害関係者および社会の要求に対応した責任達成を要請されている。また，1970年代においては，こうした企業の社会的責任に関する数多くの研究が推進されたが，1980年代以降におけるこの問題をめぐる海外の研究動向は企業の統治ないし統御（corporate governance）のシステムに焦点があてられてきており，このシステムの中核として取締役会の再構成および機能の強化という方向に論点がしぼられてきた。ゆえに，企業統治（Corporate governance）という言葉は1980年代半ばから始まったと考えられ，その後企業統治論は世界に広がり，ヨーロッパではイギリスで議論が繰り返され，各種の報告書が出された。ついでドイツでも議論され，EU全体の議論となっていった。

　この議論は，アジアにも及び，日本ではバブル崩壊後の「失われた10年」の中で，中国では市場経済の進行・WTO加盟の中の90年代中・後期から議論が活発となっていった。

　比較的典型的な早期の研究は，Berle & Means（1932）による企業の所有権と経営権分離の理論的研究であると考えられる。彼らは，1930年に，古典的な企業で一体化していた出資者（所有者）と経営者が巨大企業の多くでは分離しており，株主が支配権を行使できない事態の発生まで至っており，専門知識をもった上級管理職に経営を任せざるを得ない上，経営者が企業指揮の主導権を握る実力者となっていることを明らかにした。この事実は企業統治を語る上で極めて重要である。

　引き続き，Berle & Means以来，大企業における所有と経営の分離は，株

式所有の分散を前提として初めて可能になるという定説が出来上がった。

　そして，Jensen & Meckling（1976）のエージェンシー・コストに関する先駆的な研究が挙げられる。[3]

　一般的には企業統治と類似の概念を取り上げたのは Willimson（1975）であるといわれているが[4]，例えば，彼は『資本主義の経済制度』において「会社の統治」(Corporate governance) を取り上げ（第12章），取締役会の再構成の課題を検討しつつ各種利害関係者の参加のモデルを吟味した。当時彼は"統治構造"(gvernance structure) 概念を強調したが，企業統治の概念と非常に接近している。[5]

　中国の状況をみると，1990年代初期打ち出されてきた近代企業制度の構築から取り上げられたと考えられる。中国で比較的重要な企業統治研究文献が出始めたのは90年代中後期からであった。代表的ものとして周小川などの研究が挙げられる。[6] 彼らの研究のなかで，周小川は，国有企業改革の要は国有企業について株式制改革を行うべきであり，株式制改革のコアは合理的な企業統治構造の構築であると指摘した。いわゆる合理的な企業統治構造とは，所有者，取締役会，経営陣との関係をはっきりさせることであると主張した。彼らは，国会に当たる全国人民代表大会が国有持ち株会社を組織することが，国有企業の所有権枠組構築の唯一可能な選択肢であると提言した。周らはまた，いち早く不良債権解決のための債権の株式への転換（債転股）の構想と資本市場の育成などを指摘した。

　張維迎（1995b）は，彼の博士請求論文のなかで西洋の経済学のアプローチで"労働雇用資本"ではなく"資本雇用労働"の必然性を立証した。[7] これによって所有制問題および国有企業が主導を占めている経済のなかで経営者市場の経営制度に彼独自の論点を示唆した。

　青木昌彦，銭穎一（1995）は，内部者支配を論述し，転換経済という独特な経済形態での企業統治に関して研究した。[8]

　張承耀（1995），費方域（1996b）は，中国国有企業改革と結びつけて内部者支配現象を探求し，内部者支配コントロールについて論じた。[9]

　全体から総合して観察すると，中国における初期の企業統治文献の研究は2

つに区分できる。前者はもっぱら資本主義企業を研究の対象としており，後者は主に社会主義国家の国有企業または転換経済のなかでの国有企業が研究の中心となっている。前者における歴史的研究は後者よりはるかに多く，研究の範囲およびその深さなどにも後者は前者に及ばない。

本章では，上述の特徴ある先行研究を主なフレームワークとして，中国における改革現状と結びつけて5つの側面から企業統治理論を明らかにする。

1 企業統治へのアプローチ

中国では，企業統治の概念に関する議論が活発に行われ，制度上の観点から企業統治とは「会社の各方面にわたる責任と権利を規範的に示したもので，現代企業制度のなかで最も重要な枠組であると理解されている。その中には，経営陣，取締役会，株主およびその他利害関係者が含まれており，この枠組を通じて企業目標と目標実現の為の手段が確保される」と認識されている。(10)

所有権，経営権分離の背景および今日までの企業統治構造の改革の背景を振りかえると，西側の諸国と大きな相違のあることが明らかである。根本的な違いは，西側の諸国の企業統治のベースが私有制であるに対し，中国は主に計画経済体制，公有制企業制度がベースであったことである。

時代の変化，企業行動のグローバル化にともない，中国もその時代の流れに従い大きく変わりつつある。自国における企業モデルの規範化，企業を規制する制度などが収斂し統一化に向かっている。中国の企業統治も，外国の経験を参考にしながら，中国の状況を踏まえた自国の企業統治システムの構築に力を入れている。

企業統治理論の系統的な研究がはじめられたのは1980年代からであるといわれている。企業統治論に関しては，それを語る論者の専門分野の違いによりさまざまであり，その研究の焦点やアプローチの方法が異なるが，経営者と株主の関係，または企業と各ステークホルダーとの関係におかれていると考えられる。ここでは上述の背景の下で企業統治を探求してみる。

上記の如く，企業統治に関する理論的諸研究が早くから行われてきたが，菊

池 (1994) は，典型的早期の研究で企業統治という言葉が最初にみられるのは，ウィリアムソン (Oliver E. Williamson) の『資本主義の経済制度』であると述べている。

また，企業統治問題について，Adam Smith (1776) は，『諸国民の富の性質と原因に関する研究』で当時の株式会社論を主に展開していた。株式会社における経営者と株主について，彼はつぎのように指摘している。「株式会社の事業は，株主総会によって統制されるが，経常的には取締役会によって運営されている。ただし，この当時，株主の多くは会社の業務に干渉することなく，配当を受け取ることで満足していた。」(11)

彼の指摘を探ってみると，2点考えられる。① 日常の業務執行は取締役会に帰属している。この点は現在も同じである。② 多くの株主は企業経営に関してあまり介入しないで，配当に大きな関心をもっている。こういう状況をみると，株主が経営から疎外されていたかもしれないが，彼はその点に関して，業務執行に関する取締役の側に問題があると指摘している。

さらに，企業統治のあり方を検討する際に引用される文献として Berle & Means (1932) の著作『近代株式会社と私有財産』がある。彼らは，1930年のアメリカにおける非金融企業上位200社を対象に株式の所有状況と企業支配についての実態調査を行い，資本家から経営者の支配の構造への転換を見出し，そして大企業においては支配者が経営者となっており，会社支配形態の第1位が経営者支配 (management control) であることを確認した。株式の分散化と大株主の後退がその背景にあることを指摘した彼らの研究は「会社支配論」に引き継がれ，今日の企業統治研究に大きな影響を与えた。(12)

Berle & Means は，『近代株式会社と私有財産』の冒頭で，2つのことを指摘している。1つは，株式会社の大規模化において，所有と経営が分離 (separation of ownership and control) しつつあることと，それにともない戦略的意思決定をするうえで専門経営者が必要になることである。これは，株式会社の発展段階により，株式の所有構造および分散状況を意味しているし，そのために所有と支配の分離が生じたことを示唆している。現在の立場からみると，

経営者問題をめぐる企業統治論と株式を有しない専門経営者が裁量をもつようになったことを意味している。これにより，自己の経営者としての地位を永続化できる事態を経営者支配と呼んだのである[13]。これが，のちの所有制とプリンシパル・エージェンシー理論の先駆けでもある。

また，Berle & Means は，株式会社の支配形態に着目し，株式所有の分散について，統計による経営者支配を実証的に解明したが，経営者支配の根底となる裏づけには，株式会社の大規模化はおのずと株式所有の分散の高度化を招来するという論理と，それにより事業株主を自然消滅させ，替わって経営者による企業支配を成立させるという論理とが背景にあったことがいえる[14]。

このように，Berle & Means は，株式会社について所有と経営が分離しつつあることと，所有と支配が分離することで，そこには経営者支配が存在するということを指摘した。さらに興味深いのは Berle & Means は，株式会社の利益の享受者はだれなのか，という点も明らかにしたことである。彼らは，いち早く経営者と利害関係者，つまり経営者とステークホルダーとの利害調整を述べていた。これは，今日の企業統治と経営者およびステークホルダーとの間における問題提起に直結している議論であることが確認できる[15]。

Berle & Means らの後に続いた研究者たちの間では，Scott（1986）は，①調査対象を最大級 250 社（非金融企業 200 社，金融企業 50 社）に絞り，②株式所有の分散（単独最大株主の持ち株比率の低下）と支配様式（過半数支配，少数支配，経営者支配など）を関連づけて考察し，③少数支配の成立要件を，Berle & Means が示した単独最大株主の持ち株比率の 20％から 10％まで下げることなどで，ほぼ共通認識が得られていることを明らかにした[16]。

また，Mace（1971）におけるアメリカ株式会社の取締役会の役割は理論と法的解釈との間にはギャップがあるという論説[17]，Jensen & Meckling（1976）におけるエージェンシーコストに関する先駆的な研究なども挙げられる[18]。彼らは，主に所有者と経営者との関係を取り上げ，企業統治の焦点は所有者と経営者利益の一致点であると論じてきた。

企業統治に関する概念を最初に打ち出したのが Williamson（1975）の"統治

構造"(governance structure)であると考えられる。現在の企業統治概念と非常に接近している。

　Fama & Jensen (1983) は，企業統治とは所有権と経営権分離の下で"エージェンシー問題"を明らかにすることにあると示している。彼らは，いかにエージェンシーコストを下げるかが企業統治の解決すべき問題であると示唆した。

　Cochran & Wartick (1988) は，企業統治は経営陣，株主，取締役会とその他利害者関係との間に生まれてくる特定な諸問題を解決しなければならないと指摘している。彼らは，企業統治問題の核心部分とは，① 誰が企業の意思決定（経営者の行動）の中から利益を得るか，② 誰が企業の意思決定（経営者の行動）の中から利益を得るべきか，という2点であると主張した。この二者間に問題が生じた場合，企業統治の問題もともに表に出てくると語っている。Cochran & Wartick は，企業統治の問題を以下の図 1.1 で示している。

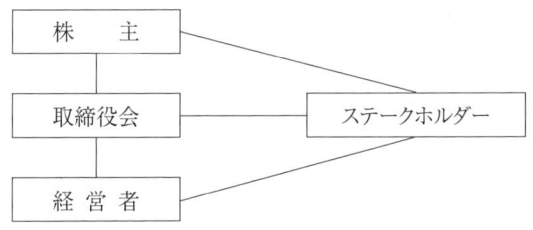

図 1.1　企業統治の解釈（Cochran & Wartick）

　企業統治に関する Cochran & Wartick の解釈は，Fama & Jensen の解釈より一歩進んでいると考えられる。

　Blair (1995) は，ミクロ的とマクロ的の角度から企業統治の概念を論じた。彼女は，ミクロ的には，企業統治とは企業の取締役会の機能，構造，株主の権限などにおける制度的配置であることを示し，マクロ的には，企業の統制権または剰余請求権の配分を法律，文化と制度的配置であるが，この配置が企業の目標を決めると示した。誰がどういう状況の下で統制をし，いかに統制をする

か，リスクと利益は企業の異なる構成員がいかに負担しまたは配分するかという一連の問題であると語っている。

Shleifer & Vishny（1997）は，企業統治は企業へ出資した投資家への利益確保が重要であると論じた[23]。例えば，企業利益の一部分を投資家へ還元したのか，投資された資金が一部の人によって横領されていないか，悪いプロジェクトに資金が流れていないか，いかに経営者をコントロールするのか，などである。要するに，Shleifer & Vishny は，投資家への利益の確保が企業統治の中心問題であると論じている。

企業統治を取り巻く核心的な問題とは，① 企業の意思決定と経営陣の行動のなかで誰が一番利益を受けているのか，② 誰が企業の意思決定と経営陣の行動のなかから利益を受けるべきか，の2点である。もしこの利益を受けているのが"誰"で，受けるものは"誰にすべきか"の2点が一致していない場合，企業統治には問題が生じる，と指摘している。

企業統治に含まれている問題をさらに取り上げるため，彼らは Buckhoiz の論文を引用して企業統治を4つの要素に分けて，要素毎に起きている問題すべては，経営者層とその他利害関係者との間に"誰"と"誰にすべきか"が一致していないことに起因していると指摘している。つまり，経営者層にはコントロール権が優先され，取締役は経営者層に従い過ぎ，経営に関する従業員の発言権はなく，企業に対して政府は寛容し過ぎる，などが指摘されている。

各要素で解決すべき問題点は企業とその利害関係者，例えば，株主，取締役会，従業員，政府などである。問題の解決策としては，株主の参加，取締役会の再構築と厳格な政府管理などが挙げられる。Cochran & Wartick は，企業統治上の問題をしっかり把握することこそが，企業統治とは何かという質問への唯一の回答の方式であると述べている。

他方，翻って企業統治に対する中国のアプローチを探ってみよう。

林毅夫等（1995）は，企業統治構造とは，所有者による企業による経営管理と企業の実績に関する監督と支配の行動を示していると指摘した[24]。企業統治に対する人々の実際の関心は，企業への直接支配または内部ガバナンス構造へ関

心があると指摘している。しかし，企業にとってもっと重要なのは，市場での競争を通じた間接支配と外部統治への実現である。従って彼らは，内，外２つの角度から企業統治を語っているが，いずれもその中心は経営管理と企業の実績に関する所有者の監督と支配である。

　費方域（1996a）は，企業統治はひとつの契約と制度の枠組であると指摘している。[25]企業を取り巻く各利害関係者とつながって，企業の目標，原則，問題解決指針，誰が剰余金の決定権と請求権をもつかなどを決め，出資者（または利害関係者）利益を守るかなど，主な内容は内部者支配メカニズムの構築であるという。

　張維迎（1998a）は，企業統治システムは，株式会社内部における各エージェンシー問題のメカニズムをはっきりさせることであると指摘している。[26]企業統治は企業内部における異なる各要素のエージェンシー問題の解決をはかり，表と裏における契約にともない剰余金請求権とコントロール権の配分などを行うことによって経営者と出資者の関係を調整する。

　全体からいえば，企業統治に関する理論的アプローチは各自の持論にかかわっている。1つは，株主を中心とする所有者利益重視論，例えば，Fama & Jensen（1983），林毅夫等（1997a），および Shleifer & Vishny（1997）などのアプローチであり，もう１つは，株主の利益と企業を取り巻く利害関係者らの利益とは同じラインに立って企業統治を語るべきであると主張する，例えば，Cochran & Wartick（1988），Blair（1995），および費方域（1996a），張維迎（1998a）などの観点である。

　菊池（2005a）は，企業統治とは，経営者による経営の執行活動に対してこれをどのように監視し，監督するか，そのシステムを指すものと考えられ，① 経営者の執行活動に対する監視および監査機能をいかにして強化するか，② 経営者の執行活動，パフォーマンス，これらに対する監視の機能に関するディスクロージャーを，いかに強化ないし拡大するかと指摘しており[27]意思決定機構の革新として社外取締役の導入や証券取引所の企業統治に対する役割，[28]そして企業行動の自己規制力の強化を提唱している。[29]

また，平田（2001）は，企業統治問題は，つまるところ，経営者問題にほかならないと示唆し，さらに，企業統治論は，経営者論，企業論のまさに中核をなす実践的理論であり，ここに企業統治論を構築する学問的意義があると指摘している。[30]

確かに，企業統治の言葉で意味される内容はさまざまだが，上述の各指摘をまとめると，基本的には会社の経営責任を株主からの受託責任と捉え，その遂行体制を問うものであると考えられる。企業統治の主題のもとに，株主の監督是正権や組織内部のチェックの仕組み，ビジネスリスクに対するマネジメント体制，さらには経営意思決定の仕組みなどが議論され，これらの議論においては，外部の各利害関係者（ステークホルダー）に対する責任を果たしながら，より高い付加価値を達成することが究極的な課題であると思われる。

2 プリンシパル・エージェント関係と企業統治

各階層の意思決定過程に関する情報経済学的アプローチに，エージェンシー理論がある。エージェンシー理論では，1人の人間が，何らかの用役を自らに代って遂行させるべく他の人間と契約関係にあるとき，2人の間にエージェンシー関係があるという。そして依頼する側をプリンシパル，依頼される側をエージェントと呼ぶ。プリンシパルとエージェントとの間に2つの本質的な不一致があると仮定する。1つは個人的利害の不一致である。

もう1つは，2人のもつ情報の不一致である。エージェントの方が任された仕事についての情報をより多くもつのが一般的で，その情報格差を自分の都合のよいように利用しようとする誘因をエージェントがもつことが，エージェンシー関係の本質のひとつとなる。[31]

Hart, O.（1995）は，「企業統治：その理論とインプリケーション」で，企業統治理論の枠組を打ち出した。[32] 彼は，2つの条件が備われば企業統治問題はひとつの組織のなかで必ず生まれるはずであると指摘している。

第1条件は，プリンシパル・エージェント関係である。つまり，組織の構成員（所有者，従業員または消費者）間の利益衝突の意味を示している。

第2条件は，取引コストである。多大な取引コスト問題には契約だけでの解決はできないことを示している。

エージェンシー問題が生じなければ，人々は指示に従って利潤の追求あるいは純市場価値の最大化または最小コストの実現のため働く。一個人としては，企業活動の結果にはあまり興味をもたずに，ただ指示通りで働く。人々の努力とその他諸コストはみな直接補うことができるため，動機づけをはからなくても人々の積極性の発揮への期待ができるし，ガバナンスの構造の構築によりトラブルの調停必要もないという。

中国の状況を振りかえってみると，国営企業時代の計画経済体制化から1990年代初めから本格的な社会主義市場経済への実施までは，まさにHartのこの分析と合致している。Hartは，エージェンシー問題が発生しなお契約制度が不完備の場合，企業統治がますます重要視されるといっている。プリンシパル・エージェントのスタンダードモデルにおける契約にはコストがかからないが，実際契約の費用は大きくなる可能性がある。

もし，取引コストの存在を知っているのであれば当事者らは完全契約を結ばずに，不完全な契約だけを結ぶだろう。あるいは，最初の契約を結ぼうとする際当事者らは往々にして曖昧であり，新しい情報が来たら契約を再度結ぶことになる。さもなければ法的訴訟が起こりやすい。従ってHartは，不完全契約の下では代理問題などが発生しやすいので，やはりガバナンスへの期待が大きくなることと示している。

企業統治構造はひとつの意思決定メカニズムであるが，この意思決定は最初の契約時点では明確に設定されていない。つまり，ガバナンス構造は企業における非人的資本の剰余コントロールを配分する機能を果たしている。もし，財産権使用権が契約段階ではっきり設定されていない場合，ガバナンス構造でこの問題の解決が図られる。従って，Hart氏のエージェンシー問題と契約の不完備性は企業統治存在の条件の理論的基礎ともいえよう。

一般的に，依頼人（プリンシパル）が代理人（エージェント）に仕事を依頼し，そこから得られる成果を両者の間で何らかの形で配分するような関係をエー

ジェンシー関係というが，株主と経営者との間の関係は前者が後者に企業経営という仕事を依頼する典型的なエージェンシー関係にあると理解することができる。そして，Jensen & Meckling (1976) が指摘するように，依頼人とエージェントとの間の情報の非対称性や両者の目的や動機の相違に基づく利害対立の問題（エージェンシー問題）は，株主と経営者との関係においても存在すると考えられる。[33]

　このように，企業統治の１つのアプローチは，株主と経営者との利害を調整し，企業組織を効率的に稼動させるためにはどのような仕組みが必要かという問題を取り扱うものである。換言すれば，それは株主から経営を依託された経営者が，自らを利するのではなく自社の利益を高めることを目標に経営を続けることを保証する仕組みを検討することであるといえる。しかし，企業組織の効率的な稼動という観点に立つと，株主の利益のためにいかにして経営者を規律づけるかという問題は，企業統治にかかわる多くの問題のひとつに過ぎない。

　実際，企業はさまざまな利害関係者（ステークホルダー）の相互連関に依存しており，その効率的稼動を問題にする場合には，彼らステークホルダーが受け取る付加価値の総額に関心を払うべきである。そのような視点から企業組織をコントロールする実質的権限を誰に与えるべきかが，企業統治のもう１つの（より重要な）アプローチである。

　国有企業の委託者である全人民と国有企業の経営者との間，および私営企業の委託者である株主と企業の経営者との間にはともに，効用の不一致と情報の非対称性が存在する。この存在自体がプリンシパル・エージェント関係が原因である。

　しかし，私営企業におけるプリンシパル・エージェント関係より国有企業のプリンシパル・エージェント関係がはるかにその特殊性と複雑性をもっている。なぜなら，最初の委託者から最終代理人の間には長い授権のチェーンで結ばれている。

　この中身をみると，２つの大きなシステムに分かれている。１つは，最初の全人民から国家権力中心への下から上への授権チェーンというシステムであり，

もう1つは,国家権力中心から最終代理者までの上から下への授権チェーンのシステムが併存している。この2つのシステムのなかで政府の役割は多大で,両システムの連結における鍵を握っている。最初委託者のエージェント役を演じながら,また最終エージェントの委託者でもある(張維迎 1998a,楊瑞龍 1997)。

しかし,私営株式会社の場合,プリンシパル・エージェントは割合簡単であり,前者のような複雑な中間チャンネルも必要ないし,政府による関与もない。

国有企業はこうしてまずは下から上へ,そして次は上から下までへという多階層にわたるプリンシパル・エージェント構造になっている。これ自体のメリットとしては,国家権力中心と各国有株式会社との間に割合良好な協力が結ばれ,前者による後者への支配もしやすい。従って,市場における取引コストの削減が期待され,資源の有効利用も可能である(図1.2)。

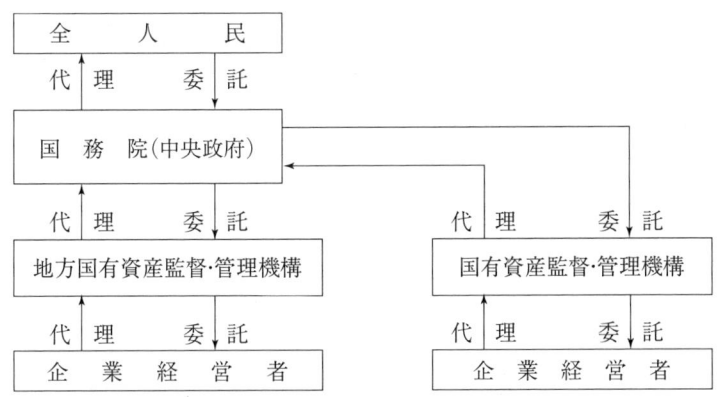

図1.2 国有企業におけるプリンシパル・エージェントモデル
出所)筆者作成

しかし,デメリットも少なくない。

まず,プリンシパル・エージェントは多段階になっているため,情報コストも当然高くなる。情報は最終代理者の下から上まで多階層のルートを通して伝達されて行かなければならないため情報の"流失"が生じる。

また,下級代理者が意図的に情報を隠すあるいはニセ情報を流すことで,

人為的な情報の非対称性が生じ、こういう情報のコストが急速に上がっていく。権力中心から打ち出されている政策は主に基本的な情報に基づいて制定するが、この情報の非対称性などから打ち出されている関係政策、規定、指針などの有用性には必ず問題が生じる。[34]

次に、多階層における代理者の複雑性は、最初の委託者と上級委託者における反応能力の低下を招き、下級代理者への拘束能力も低くなる。なぜなら、情報の下から上への伝達には割合長い時間がかかるため、政策の執行にも中間階層の煩雑さによって時間が費やされる。各階層ごとによる損失は大きくないかもしれないが最終結果は甚大であろう。

3つ目は、代理者における多階層構造自体が影響力コストを最大化する。垂直型授権構造の中で、異なる各階層の代理者は内部資源の配分に対して大きな配分支配権をもっており、自己利益の最大化の実現ができる。ゆえに、相当の時間と力を上級機関への遊説と人脈関係のネットワーク作りなどの非生産性行動に費やし、自分の利益を優先しながら上級機関の意思決定に影響を与える。このように費やした代価こそが影響力コストである。影響力を与えることによって生じる効率の低下は人的資源の無駄につながっており、こういう影響力の関与によって委託者の意思決定に誤りが生じる。[35]

4つ目は、多階層代理構造は不正と腐敗の温床となっている。多階層代理における異なる代理者（彼らはまた同時に下部階層の委託者でもある）らは剰余請求権がないため、彼ら同士で結託し私利を図っている。同じ代理者であるため、彼らは互いに庇う、互いにおだて合う、互いにミスを許すなどの行動をとり、革新意欲がない。また、同じ階層あるいは異なる階層の代理者らは握っている委託権を使い勝手に代理者を委託することもありうる。

私営企業のプリンシパル・エージェント関係に比べると、国有企業のプリンシパル・エージェント関係には、最初の委託者の低い行動能力が問題視されている。つまり、最初の委託者における身分の不確定性問題である。実際契約のなかに国有企業の最初の委託者における中間階層の委託者および最終階層の代理者への監督・管理は定めていない。しかし、私営企業では、委託者における

一部の代理者（取締役）への任免ができ，なお，一定条件の下で代理者への訴訟を起こすこともできる。

　こういうことは国有企業では所詮無理である。なお，国有企業の最初の代理者には中間階層の委託者と最終階層の代理者を監督・管理する意欲もない。なぜなら，彼らには剰余請求権が与えられていなかったからである。従って，委託者にとっては，監督・管理のなかから利益の享受ができない。

　有効な監督・管理活動には情報コストと監督コストがかかる。私営企業では，国有企業と違って委託者は直接剰余請求ができる。もちろん彼らにも代理者への事前識別と事後監督に払うべき情報コストと監督コストが生じる。しかし，このコストは彼らの剰余請求者としてもらう利益よりはるかに低い。従って，彼らにとっては監督・管理の意欲があるはずである。

　また，中間代理者，例えば，国家と各級政府部門という代理者における国有企業に対する代理権は最初の委託者による直接授権ではなく，行政の力によるものが一般的である。最初の委託者は自分の代理者の選択もできず，契約の内容も知らなくて，最終的には"一人一票制"の直接監督・管理方式の行使もできない。従って，最初の委託者のいわゆる監督・管理の力はほぼ皆無である。[34]周知の通り，私営企業における代理者への授権は株主が直接権限をもっており，往々にして有効な"一株一票"制を執行し代理者への直接・監督を行う。

　国有企業と私営企業におけるプリンシパル・エージェント関係のもう1つの区別は，この2つの企業の委託者における効用関数における差異の存在である。[36]通常，私営企業の委託者が追求している目標は利潤の最大化または株価の最大化である。しかし，国有企業の最初の委託者にとって，彼らの追求する最大の目標は福利関数の最大化である。多階層におけるプリンシパル・エージェント関係中，権力中心である国家にとっていえば，彼らの目標は二重性をもっている。

　1つは，各契約上においてあらゆる努力等を講じて取引コストを下げ，社会総生産高の最大化を図り，もう1つは競争と協力の基本規則に従い執権者における独占の最大化（もちろん，互いの協力によってこの2つの目標の達成がで

きるかどうかは別の問題である）を図ることである。しかし，最初の委託者と国家との差異は，具体的に国有財産権を行使する自然人である政府の官僚にとって，彼らの効用関数には給料，手当，人望，権力，私利，機構の再編，変革および管理部門の利便性などが含まれている。この点からも，政府の官僚は国有株式会社の直接管理者であるため，彼らの効用関数は必ず企業統治の実行に影響を与えることがわかる。

　国有企業の非効率性は，企業の所有者（委託者）である国家と，経営を請け負う経営者との間のプリンシパル（Principal—政府）・エージェント（Agent—企業経営者）問題にある。(37) この問題の解決は，プリンシパルが何らかの方法により企業の経営状態に関する情報を入手し，委託・代理間の情報の非対称性を解消する必要がある。実際，情報の非対称性が生じるが，当然ながら代理者である経営者は自己効用の増進のためには，情報の優位性をもつ者としての有利性を生かして，しばしば他の委託者を中心とする利害関係者の不利益を招く行動を行う。

　そこで，課題として2点挙げられる。

　1つは，代理者である経営者の効用と株主などを中心とする代理者の効用とを連動させ，株主等の効用（利益）を最大化するような意思決定が経営者の効用（利益）をも最大化することになるような経営者への動機付けメカニズムの導入，もう1つは，経営者の行為をモニターし，評価できる組織として，取締役に対する監査役制度を充実させ，取締役会に外部（独立）取締役を登用し，外部取締役を中心とした委員会の設置が必要である。

　プリンシパル・エージェント関係では，プリンシパルは何がしかの資源をもちエージェントにその運営を委ねるが，両者は異なる利害関係にあり，通常，内部情報は実際に運営を委託されるエージェントの方がより多く保有している。したがって運営を委譲するにあたってエージェントがプリンシパルの意向に沿っているかどうかモニタリングする必要があり，それには必然的に何らかのコストをともなうことになる。そこで，より少ないコストで最良の効果を出すためにはどうしたらよいか，あるいはエージェントがプリンシパルの利益に合

致した行動をとってくれるものと期待してプリンシパルがエージェントといかに行動を調和させていくかが、この議論における中心的な論点となる。[38]

エージェンシー問題は、近代企業制度においては終始存在している。しかし、成熟した市場経済のなかでは所有権と経営権が分離している会社は、みな比較的有効にこの基礎のエージェンシー問題を解決している。所有と経営の分離、つまり株主が企業の所有者であり、株主は専門的知識をもつ経営者に企業経営を委託しているとされる。このとき経営者はさまざまな企業関係者を代表して企業の経営を行うが、究極的には企業の価値を最大化する経営が求められることになる。

先進諸国の会社制度の発展過程では、株式制をひとつの有効な近代企業制度として、競争市場を基礎とし、また、市場の判断を経営者行動の判断として、市場メカニズムを経営者行動の監督、拘束などを実現の前提条件としている。[39] 競争の下で、優勝劣敗は企業生存の規律である。経営学の立場からも、この優劣は企業の利潤獲得ができるかどうかの判断基準となっている。

3　所有制と統治メカニズム

企業統治と直接関係する諸ガバナンスのメカニズムには、例えば、取締役会、経営者インセンティブ、代理権競争、敵対買収、監督メカニズムなどが挙げられる。しかし、私営企業と国有企業との間には共通性もあれば差異もある。ここでは、両者における上述の統治メカニズムを探ってみる。

（1）取締役会

取締役会は株主によって選ばれた業務執行意思決定機関で、企業統治のなかで果たしている役割は大きい。取締役会の役割とは、企業の発展戦略の制定、発展方向の把握、および経営者の経営行動への監督、評価、賞罰などを指す。諸外国の会社法では、会社業務執行の法律的責任は取締役会に帰属すると定めているが、この決定からも取締役会の役割の重要性が伺われる。

国有企業と一私営企業の取締役会の機能と職責は、ともに同じ会社法（公司法）に照らして行動が行われるが、その各自の構造と機能の発揮などには差異

がある。まず構造の視点から考えると，国有持ち株会社または国有独資会社の取締役会においては，その主管上級機関または国有資産経営会社から派遣された取締役がその取締役会で実権を握っている。これは派遣者側がこの会社の純粋大株主だからである。さらに，主管上級機関または国有資産経営会社による支配権の重視度が実際企業のパフォーマンスへの重視度より高いのも事実である。制度上でも国有資産の"流失"などの責任問題の追及が強調，重視されている。この点からも，国有企業の取締役会は私営企業より経営の多元化に欠けていることが伺える。当然，両者の目標も異なっていることがわかる。

もう1つ重要なのは，主管上級機関または国有資産経営会社から派遣された取締役自身の個人利益と企業パフォーマンスとの関係は，私営企業より派遣された取締役の関連度がより低い。中国の少なくない数の主管上級機関または国有資産経営会社から派遣された取締役は企業の株をもっておらず，ひいては取締役の報酬さえもらう勇気がない極端な例もある。(40)こういう両者の大きな差異は，取締役会機能の発揮と取締役モチベーションの高揚にも必ず影響を与える。

中国では，学術上，取締役や取締役会は，実際に経営を担当している取締役とそうではない取締役を区別せず，総体的に捉えられてきた。それゆえに，会社の取締役会内部の分化現象はあまり注目されてこなかった。そのうえ，中国の会社法では，取締役会は合議体の機関として捉えられているため，1人の取締役としての職権が定められておらず，会社経営の重要事項に関して取締役会が決定を下す点が強調されている。

こうして，取締役会において取締役間の対立は存在していないようにみられている。しかし，会社の実態に目を向けると，ほとんどの会社においては，取締役は，経営を担当している者とそうではない者に分かれている。(41)すなわち，取締役の全員がすべて会社の経営を担当しているわけではなく，もっぱら取締役の職権を果たしている者と多くの会社の取締役を兼任している者，あるいは別の表現によれば業務執行取締役と非業務執行取締役に分かれている。

ある研究結果によれば，非業務執行取締役が多数を占めている取締役会は，調査対象となった会社の9割弱を占めていた。(42)これによって，取締役会の機能

の弱体化と執行取締役による専断が並存するという現象が起こっている。兼任取締役が多数を占めている取締役会において，主導権を握っているのは業務執行取締役である。関係資料が示しているように，中国株式会社の取締役会の会合は平均して年に1回開かれているにすぎないため，取締役会の形骸化が深刻な問題となっている。その一方で，業務執行取締役は掌握している権限を通じて会社を支配している。いわゆる，取締役会の内部者による支配という現象がしばしば生じている。(43)

このように，業務執行取締役が非業務執行取締役から何ら有効な監督を受けずに，職権を利用して会社を支配していることこそ，中国の企業統治に問題が生じた原因のひとつといえよう。したがって，中国の会社の取締役会における取締役の機能分化という現象を正しく認識せず，単なる総体的な視角から取締役会を考察しているのであっては，形骸化した取締役会が会社を有効に監督していないという問題は依然として解決されないであろう。

会社の実態に対する考察が示すように，取締役会が会社を支配する面において果たしうる役割は限られている。取締役会の構成員の大多数が直接に会社経営を担当していないため，中国も西側諸国と同様に，取締役会が弱体化し，非業務執行取締役が形骸化しているという問題を抱えている。このような共通点があればこそ，西側諸国において取締役会の監督機能を強化するために取り入れられた独立取締役制度は，中国においても同様の問題を解決するためにこれを導入することが可能である。これこそが，中国の独立取締役制度を導入する現実的な基礎である。

(2) 経営者のインセンティブ

現段階における中国国有企業と資本主義体制国家における私有制の株式会社の経営者へのインセンティブ・メカニズムは異なっている。この差異はまずインセンティブの手段に現れている。私有制企業における経営者へのインセンティブ・メカニズムは多様化されている。例えば，給料，ストック・オプション，株式の所有，配当などの手段が講じられている。

国有企業の場合は比較的に単純で，所定の給料以外はパフォーマンスに反映

されてくる賞与くらいである。一部の国有企業では，例えば年俸制などを取り入れた手段を講じたが経営者らの抵抗で実現できなかったこともある。[44]

次はインセンティブのレベルの差異である。経済発展レベルを顧慮に入れても，中国の国有企業における経営者のインセンティブレベルが低いのは確かである。経営状況がよく納税額も高いいわば優良企業の経営者の収入はそれに反映されていない。例えば，ハイアールの張瑞敏氏らがもらっている報酬はそうである。[45]

第一の差異については行政命令などを講じることで解消できる。例えば，中国共産党第15期第4回中央全会ではストック・オプションの実験的試行が打ち出された。これによって，国有企業経営者のインセンティブの向上に大いに働くようになる。しかし，第2番目の差異の解消は簡単ではない。なぜなら，国内外における国有株式会社の企業統治の状況をみると，国有企業の経営者の報酬は往々にして政府関係機関の担当者が決めることで，彼らは公務員の給料をもらうだけで企業の剰余請求権が与えられなかったために，報酬アップへの積極性が欠けている。もちろん，この積極性が全くないとはいえない。例えば，企業の好況は彼らへの評価につながっている。

こういう官僚へのモチベーションは逆に企業経営者へのインセンティブの向上につながる。私営株式会社の場合，株主，ひいては取締役会自体は経営者のインセンティブ・メカニズム向上に関心をもち，積極的である。なぜなら，最終的には経営者のモチベーションによって企業に高い経済効果をもたらすことができるからである。

経営者が自己利益追求のために株主，さらには会社をも犠牲にして資源を無駄にする可能性などがある。株主と経営者，または上級機関の官僚と経営者との利害内容の不一致と情報の非対称性によって発生するエージェンシー問題を事前に抑制するためには，市場を通して間接的に経営者へ規律付けを行うか，取締役会を通じて直接的に規律付けを与える方法，ないしストック・オプションなどを活用して経営者の利害を一致させる方法などが考えられる。

中国の現状では，国有企業の経営者報酬を上げるチャンネルはある。主に経

営者市場から伺えるが，非国有経済の発展，非国有企業または私営企業の経営者報酬レベルは主に経営者市場での競争を通して実現されているが，これは国有企業に必ず伝えられてくる。こういう影響は同業種，同部門における私営企業の存在が国有企業にとってはプラスの役割となる。私営企業らの参入が禁じられている特殊分野における国有企業の場合，この伝達効果は高くない関係で経営者への報酬も影響を受けることになる。

(3) 代理権競争

　代理権競争はひとつの重要な統治メカニズムである。また，経営者インセンティブと拘束メカニズム執行の重要な手段の一つである。私営企業の場合，株主によって取締役，経営者への任免ができるのは当たり前のことである。しかし，国有企業の場合，名義上の所有者―全人民には経営者を任免する提案権が与えられていない。提案権は政府または組織部門に帰属されている。こういう制度の下で，経営者らは全力で政府関係者への賄賂などの手段を講じながら自分のポジションを死守することがしばしば公になっている。

　これに対して，私営企業の経営者たちは，企業のパフォーマンスを上げることによって自分のポジションを安定させることを重要な手段とするが，両者のやり方自体は鮮明な対照となる。私営企業の経営者による株主（少なくとも50％以上の株を保有する大株主）への賄賂は，そのコストが彼らにとって耐えられないほど極めて高いため現状では発生比率が非常に少ない。国有の場合，経営者の任免権を握っている政府官僚にとっては剰余請求権と支配権の享受ができないため，割合賄賂などを受け入れやすい土壌となっている。

　当然，私営企業の代理権競争は常に発生するとは限らない。例えば，分散型所有形態の場合，株主は諸コスト面からの顧慮も考えて頻繁に経営者の任免に票を入れたくないのも事実である。ある経営者を指名するため周りの株主に多大なコストをかけて工作を行わなければならないが，仮に成功したとしても，後で得られる収益は彼一人に限られない。

　また，代理権競争の下で，中小株主らは，自分の投票によって局面が予期通り変化することは所詮考えていなし希望ももっていない。従って，Hart（1995）

が語った通り，"自分が知っている悪魔はともかく知らない悪魔よりはましである"(the devil you know is better than the devil you don't)ことになる。[46]

もし国有株式会社が上場した場合，株主による投票はさらに一形式となってしまう。こうなると，代理権競争または投票の積極性はさらに低下していく。

ここで指摘しておきたいのは，国有企業にとって経営者の交替は私営株式会社より高い比率で行われていることである。ここにはパフォーマンスの低迷などの関係で経営者が交替される以外にも，政府官僚の交替が経営者に与える影響も大きく，経営者が交替されるケースも存在している。なお，経営者の高いパフォーマンスによって官僚に抜擢され経営の職務を去るケースもある。張維迎（1999）によれば，国有企業の経営者たちの権力闘争で消耗されるエネルギーは私営企業の経営者よりはるかに高く，こういうことも株式会社代理権競争の頻繁性を導く。[47]

(4) M&A

M&Aは，広い意味では，株式の持ち合いや合弁会社の設立などを含めた，資本の移動をともなう提携を指すが，狭義には，合併と買収の2つを意味する。敵対的買収を含む広い範囲でもM&Aは企業パフォーマンスの向上，経営陣への規律付けなどへの重要な一手段である。パフォーマンスが悪い企業は常に買収の対象となり，買収された後経営陣が更迭される可能性は高い。M&Aは企業における効率の向上に役立つため，欧米諸国ではこれが企業統治の重要なメカニズムのひとつとなっている。

企業は，独自の戦略の遂行に必要な経営資源を短期間に調達するために，他社によって既に構築された資源をM&Aという方法を用いて自らの内部に取り入れる。グローバル経済の訪れとともに，日本企業もグローバル社会における競争優位性の確立が急務となり，自らの最も得意とする分野に資源を集中する「選択と集中」の戦略をとり始めている。

一方，競争力の強化を望む日本企業も漸く過去の負の遺産処理を一通り終え，他社との差別化を図るために積極的な資源獲得のためのM&Aを行うようになってきている。獲得すべき無形資産は繊細になり，M&Aを行うために利用

できる制度はより多様化・複雑化している現在，M&Aは従来のように単なる企業同士が合併したり，ある企業の株式を別の企業が買収したりという単純な形式をとるものばかりではなくなってきている。

　ライブドアとフジテレビとの間のニッポン放送株の取得をめぐる抗争および西武鉄道による有価証券報告書虚偽記載にかかわる一連の事件が，大きく報道されたことは未だに記憶に新しい。菊池（2005b）は，これらの2つのケースは性質の異なる事件ではあるが，いずれも集中的所有のもとにある企業統治のあり方を問う事件であること，および株式会社における所有と経営の分離がいわれても，所有権の取得，売却が経営権に密接に関連している事例として重要な問題を提起していると指摘している。[48]

　私営企業にとって，パフォーマンスが高いが比較的に株価が低く評価されている企業，またはパフォーマンスが低く株価が下落している企業ほど買収される可能性が高くなると考えられる。企業の株主にとって買収額が高ければ株主権の譲渡は相対的に容易になる。もちろん，経営者らの抵抗はありうるが，買収側が関心をもつのは株式権の入手であり，企業の経営問題は別次元である。従って，M&Aに関して株主が果たしている役割は経営陣より大きい。経営者らの役割はただいかにして買収のコストを上げるかにあり，本質的な買収の阻止はできない。

　中国の国有企業の場合，上述の状況とは異なっている。国有株を中心とする集中型所有構造の下では，株式権の所有者が政府機関にほぼ集中しているため買収への決定権が政府機関の責任者の手中に握られている。国有企業の所有者にとって，企業への支配権はあるものの剰余請求権はないため，買収によって従来の支配権が失われてしまう。

　従って，1つの買収案件の成立によって彼らに新しい収益が生まれてくるわけではなく逆に従来の収益権が失われていく。ゆえに，国有株の支配者らにとって，国有企業への支配権の譲渡には当然ながら抵抗があるのも理解しやすい。買収側からいかに高値を出しても国有株の支配者らは安易に支配権を手放したくない。

張維迎（1998b）は，国有企業の支配権損失への補助策がない状況が国有企業のM&A実行の大きな障害となっていると指摘している。[49]

(5) 監督メカニズム

経営陣への監督は会社における健全な運営実行の重要な前提である。代理権競争とM&Aは，会社が極端な状況に置かれている場合，例えば，赤字経営，株価の下落，経営状況の悪化などの場合，企業統治の真の意味が問われる。しかし，一般状況の下では，株主利益の最大化のための重要な手段が経営陣に対する有効な監督である。

私営企業の場合，株主による経営陣への監督インセンティブは高い。なぜなら，経営者らが会社の資源を無駄にするかどうか，違法取引はあるのか，などは直接株主の利益とつながっている。もちろん，分散型所有の場合，株主による経営者への監督は株式所有の分散によって一形式になる傾向があってそのインセンティブが下がることがありうる。しかし，一般的な会社の資本構造からみると少なからず真面目な大株主がおり，この存在が経営者への良好な監督となる（Hart,1995; Shleifer & Vishny,1997; 孫永祥・黄祖輝，1999）。[50]

国有企業に対する大株主である政府責任者の監督インセンティブは一般的には働いている。なぜなら，企業経営の好況，不況は直接彼らが企業支配権の維持ができるかどうかに関わっているからである。もし，企業の経営が悪くて破産寸前に至った場合，その支配権は失われる，またはなんの値打ちもなくなる。極端にいえば，従業員が失業のため騒動を起こした場合，政府の責任者には責任が問われることになる。従って，経営陣への有効な監督はある意味では政府の責任者の願望と責任でもある。

従来国有企業，特に大手国有企業を管轄してきた，中央企業工作委員会，財政部（省），労働と社会保障部（省），国家経済貿易委員会，国家計画委員会の5つの中央官庁の体制から，新設の国務院国家国有資産監督・管理委員会への移管を決定してから，国資委が直接管轄するようになって業務簡素化，能率の向上などが図られてきた。例えば，大型国有株式会社への監査役会の派遣自体が中央政府による企業への監督の願望を表す。しかし，派遣されてきた監査

役（監事）にとって，企業に対する剰余請求権と支配権が与えていない。つまり，依然としてインセンティブ・メカニズムが働いてないため，彼らの監督効果には疑問が残る。場合によって経営の合法性，安定性などが一方的に強調され，管理，制度，製品の研究開発などが見落とされる可能性が高い。

次の表1.1は，上述の(2)から(5)までの4点を総合したものである。

表1.1 異なる株式の所有構造による企業統治メカニズムへの影響

統治メカニズム　　　株式所有構造	①集中的所有構造株主への絶対支配	②非常に分散的所有	③株式権利がある程度集中，相対的支配*
経営者インセンティブ	良好	後れ	一般
M&A	後れ	良好	一般
代理権競争	後れ	後れ	良好
監督メカニズム	一般	後れ	良好

＊：③には，その他大株主も含まれる
出所）孫永祥（2006）p.125より筆者整理

表1.1では，3つの異なる株式所有構造による，経営者インセンティブ，M&A，代理権競争，監督メカニズムの4つの統治メカニズムへの影響を示しているが，表から，第3番目の株式所有構造つまり，"株式権がある程度集中，相対的支配，その他大株主も含まれる"の状況では，4つの統治メカニズムに与える影響が総合的に他の2つの所有構造よりよいことがわかる。4つの統治メカニズムは企業の経営および経営者に，株主利益最大化実現のために最善を図るよう促している。そして，③の株式所有構造は企業のパフォーマンスの最大化について比較的よい効果があることがわかる。

4　ステークホルダーと企業統治

異なる所有制の下で企業統治と密接な関係をもっているステークホルダーは，次の図1.3で示されたとおり，従業員，株主，社会，取引先などとなっている。こうしたステークホルダーの地位と置かれている特殊性は企業統治に影響を与える。

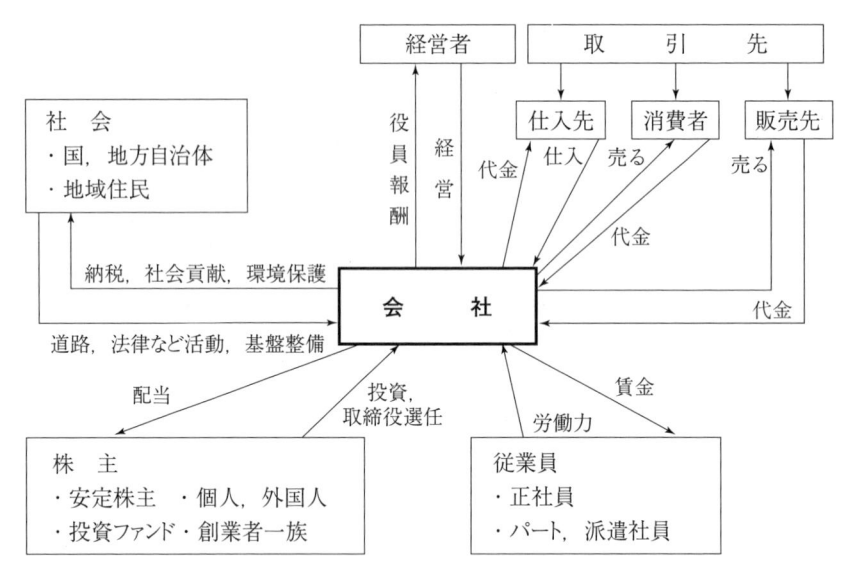

図1.3 企業とステークホルダーとの関係

出所）筆者作成

　国または地方自治体などは総論的に社会範疇に属するが，ここでは中国の特殊性から国有企業を支配している国家を取り上げてみる。国家はステークホルダーの一員として国有企業と私営企業にとってその意味が異なっている。国有企業の場合，最終的財産権は全人民に帰属する。しかし，実際示されている形または支配権は国家に帰属する。従って，国家と国有企業との間は必然的に深い関係でつながっている。

　国家の役割は，対国有企業と私営企業だけでなく，税収を中心とするその他の機能を果たしている。例えば，従業員の権益（最低賃金標準の制定）を守る，独占禁止または緩和，関連政策の実施，法律の制定などである。国家が置かれている特殊な地位で，また例えば，国有企業に納税額を減らさない前提の下で，企業の利潤を以て労働者の雇用を拡大することで社会における失業率を減らせる。

　こういう社会失業率を減らす方法は，政治家にとっては税収の一部を私有制企業への直接補助金として回して，これによって私営会社に大量の雇用問題を

解決させるという方法よりも国家にやらせたほうがコストが低い。なぜなら，人々は国有企業の利潤を使って拡大雇用を果たしても，それ自体が浪費とは思わないからである。しかし，角度を変えて，政治家が税収の一部を私営企業への補助金として当てて，それによって雇用問題を解決せよとするならば社会公衆の見る目は違うはずである。[51]

　国家にとって国有企業と私営企業との最大の差異は，国有企業は国家のひとつの基本的な部門として国家による強制的手段の行使ができ，目標実現の関数ともいえるということである。これは主に所有制の性質で決められたものである。国有企業の所有者は全人民であるが，全人民というものは抽象的な概念であり，一人ひとりの場合，彼らの行動は一組織中での行動と変わり"便乗行動"をとりやすくなる可能性が高い。

　理論上では，全人民に帰属すべき国有企業が国家によって無理やりに支配された場合でも，全人民にとってはこうした支配行動に反対できるパワーや動機付けが足りず，一個人として状況を見極めながら判断するパターンが一般的である。なお，もう１つの側面，つまり全人民所有制の実際行動形態から考えると，国有企業は国家所有となっているため，[52]国有企業のエージェンシーは政府のエージェンシーである。こういう観点からも，国有企業がなぜ支配されているかがわかる。

　この理論からさらに，私営企業に対する国家支配の制限と国有制企業への独占または保護政策の行使ができることもわかる。率直にいって損失が出ない限り上述のやり方は国家にとってメリットがある。もちろん，明らかな損失がないといっても実際にはそうではないのもある。[53]

　次は，取引先について取り上げてみる。図1.3でもわかるとおり，ここでは企業の主な取引先，債権者である金融機関を取り上げる。

　金融機関にとって企業の所有制の帰属が非常に重要である。もし，銀行と企業がともに公有制である場合，さらにそうである。ともに全人民所有の背景下に置かれているため企業に対する金融機関の拘束力は私有制企業に比べて非常に柔軟である。例えば，国有企業への融資または貸し出しは私営企業より大胆

である。国有銀行の代理者にとって国有企業への融資または貸し出しが予期通り回収できなくなっても，国の資金が1つの袋から別の袋に入れ替えただけのものと理解しているからである。

もし，私営企業に貸し出しをした場合はその意味が完全に変わってくる。また，中国における国有企業の企業統治には，銀行法の定めもあり金融機関が債権者代表として国有企業の取締役会のメンバーとして入ることはできない。従って，銀行における債務拘束力は極めて弱い。債権者利益または権力の行使と密接な関係となっている企業破産の角度からみると，国有企業と私営企業における破産への反応はかなり相違している。[54]

企業におけるステークホルダーのなかで，もう1つ重要なのは図1.3からもわかるように従業員である。中国の場合，国有企業と私営企業中に置かれている従業員の地位には一定の差異がある。いわゆる主な差異の根拠は従業員が企業から解雇された場合に現れる。国有企業の従業員であれば解雇には心理的に耐え難いが後者の場合素直に従う。

一定の意味からみると，前者の反応には一定の理解はできる。所有者の角度から考えると，解雇された従業員は本質的に彼が勤めている企業で一定の株主権利をもっているはずで（もちろんその数は非常に少ないかもしれない），その株主権利からいえば彼を解雇した国有企業の経営者がもっている株主権利とは相当である。そうなると，解雇された従業員が"経営者は私を解雇する権利がない"といっても間違いとはいい難い。

もちろん，上述の判定は難しい。いわゆる株主権利を捨て置いて考えるなら，公有制にしても私有制にしても解雇された従業員間の差別はあまりないはずで，彼らの効用関数も同様であり，インセンティブへの反応も同じかもしれない。

5　転換経済における企業統治

転換経済とは，計画経済から市場経済への転換過程における経済を指す。今日まで，転換経済の重要な特徴は，株式会社における市場化であり，[55] 株式所有制形式の多様化，または徹底的な改革である。例えば，中国における社会主義

市場経済の転換および完全化の実現のプロセスをみると,株式会社の所有制形態は多元化に向けてその実践が行われており,特に中国共産党第15期4次中央全体会議以降,「抓大放小(大を掴み,小を放す)」[56]の企業改革政策の下で,中小企業を全面的に市場経済に放すことによって経営を生かすなどの措置を通して中小企業における所有制が大きな変化をもたらした。

　理論的には,国有企業から私営企業への転換は有効な企業再編に役立ち,企業パフォーマンスの向上が期待される。そして,私有化への転換によって新しくかつ効率の高い所有者の集まりができ,株主のインセンティブも高くなり,やがて企業経営への監督も有効になる。また,キャッシュフローへのコントロールも国有制から私有制に変わり,企業と国家との直接管理ラインが解除され,予算がより実務的になり,経営者による利潤最大化の追求以外の目標が減少される。

　現在中国で行っている中小企業の制度転換は,経営者に多数の株式をもたせるやり方が一般的であるが,実はここには問題が存在している。1つは,経営状況が悪く,継続が難しい国有企業にとっては,転換の際往々にして純資産をベースにして行うが,実際パフォーマンスが悪く,負債総額が高い中堅国有制企業の純資産は非常に低いのが現状である。

　従って,経営者は比較的少ない資本で資産総額が極大な企業の支配権を手に入れることができる。支配権を手に入れた後,彼らは会社の資産を個人のところに勝手に移転するか,または短期的行為で投入した資本を取り戻し,企業の長期利益を顧みない。経営者は会社の株式権を抵当に入れて銀行から融資をうけ,これを以てまた会社の株式権を手に入れ最終的には会社を支配するという行動をとる。これは,経営者に対する監督体制の不備の下でモラルハザードが非常に危険な状況に至っていることを物語っている。これも国有企業から株式制への転換を終えた国有企業の企業統治メカニズム上に欠陥が生じたことを意味している。

　一方,転換した国有企業の経営状況が好調の場合,経営者は充分に掌握している会社の情報と経営者のポストという有利な条件をつかみ,評価機構と結託

して国有資産を低く評価し，またはその他の方法で国有資産を横領する。[57]

　従って，国有資産"流失"を避ける角度から外部者に直接会社を売却するのはよい方法である。しかし，株式制への転換自体は経済的プロセスでありまた政治的プロセスでもある。そして上から下へと推し進めることである。社会全体の安定と大多数の人々が賛同するという観点からみれば，経営者と従業員に会社の株式をもたせることは，中国ではひとつの必然的な選択であると考えられる。所有権構造の視点，ひいては企業統治の視点から考えるとこういう方式は最適とはいい難いかもしれない。

　中国における転換経済のなかでよりよい企業統治システムを構築し，そのうえ企業のパフォーマンスを向上させていくには，次の4点を指摘しておきたい。

　① 株式転換プロセスの改善。一定の状況下で外部者への直接売却を顧慮すると同時に資本構造の最善を尽くす。条件を許す前提の下で，ある種の企業には直接売却する。向上しつつある民営経済の地位と外資系による役割の拡大にともない，国有企業から株式制転換のなかで，直接外部への売却にはその条件が整っている。もちろん売却にともなう一定の衝撃は予想されるし，従業員解雇などを入れた再編の提案も買収側からかけて来るかもしれない。

　しかし長期的にみると，企業統治および今後パフォーマンスのアップにはプラスになる。経営者と従業員に株式をもたせることは短期的には安定を保つことができるかもしれないが，長期的に危機が潜在していることに比べると外部に直接売却した方が多数従業員の長期利益には合致している。もちろん外部買収側への一定の制限も必要である。これによって，直接売却にともなう衝撃の緩和が図られる。

　また，内部者による株式の大量取得が現状である状況の下で，株式所有構造の調整も必要である。例えば，会長または社長が完全に内部支配ができるほどの株式取得への制限と，他の取締役にも株式をもたらせるなどの工夫で，彼らがもつ株式数のトータルが会長または社長のもつ分を上回るように勤める。

　② 銀行の役割の重視。転換経済のなかで銀行は企業にとって最大の資金提供者となっているにもかかわらず企業統治に対する銀行の役割は弱い。企業の

所有者に与える銀行の影響は弱く，会社の取締役会に銀行の取締役が入っていないのが中国の実情である。銀行による企業経営戦略の調整，関係政策の制定などへの発言権もない。

　法律上で定められた企業統治に関する銀行の権利などは実際ほとんど実施にまで至ってない。例えば，企業の破産等に関して銀行側からの申し込みはほとんどなく，破産申告を提案しても実現できないのが現状である。こういう状況自体がさらに銀行の地位を弱めている。

　企業統治のなかで，銀行による弱い監督には2つの原因が考えられる。1つは，企業の内部者は内部支配権を外部に渡したくないため，いつも極力銀行の参入に抵抗すること。2つめは，外部者である銀行には常に情報の非対称性が生じることである。銀行の株式制転換への遅れも企業統治における銀行の弱い局面をもたらしている。従って，国有銀行の所有者として，銀行における株式制への転換メカニズムを最善化させると同時に，制度上では転換過程における銀行の役割の強化に努めるべきである。例えば，一定の債権を抱えている企業には銀行から直接取締役を派遣するなどの措置によって，企業経営者による内部資産の移転および内部支配の行動の監視，銀行の不良債権の再発生，企業による銀行債務の不履行などへの防止ができる。

　③ 資本市場を積極的に発展させる。資本市場の存在はM&Aなどの統治メカニズムの執行に有利になっている。資本市場におけるM&Aにはコストが高すぎるという議論があるが，株式流動性が低く，支配権争いが少ない国有企業または国有持ち株会社においては，資本市場を通してのM&Aは一定の意味をもっている。要は大株主の株式の流動性と資本市場の有効性を高めることである。この点において中国の資本市場はまだ十分ではないことも事実である。例えば，中国の資本市場における大多数の国有上場会社では，国家を中心とする大株主の株式所有比率が60%を超えかつほぼ流通できないという特徴をもっている（こうした集中所有に関しては第7章で取り上げる）。

　資本市場の存在は，企業経営活動における情報の公開，株主への情報の非対称性の低減などにも役立つ。非上場企業の場合にはそのような実現はできない。

なお，資本市場はまた企業監督への興論の強化もでき，ひいては企業統治の改善にも有利である。

④ 外部環境の改善。企業を取り巻く外部環境とは，製品市場の競争状況，法律の制定と実施，経営者，労働者などを含めた各要素市場などを指しているが，外部環境の改善によって情報の非対称性などの一連の改善が期待される。企業を取り巻くステークホルダーの存在からもわかるように，企業は常に外部とつながっている1つの組織体である。

製品市場での競争および各要素市場での競争が必ず企業内部に伝わってくることによって，企業統治構造の改善にはプラスになる。企業統治に関する法律，法規などの規定は，企業統治当事者の行為の改善，内部者による勝手な行動の防止，企業会計，外部監査などの情報非対称性の改善と関係ルールの制定と実施などに役立つ。従って，外部にとっては企業状況の適切な把握ができ，企業への評価さらに企業統治の改善に有利にはたらく。総じて，外部環境の改善は国有企業だけでなく，株式会社へ転換中のすべての企業のガバナンス改善にとって必要な条件であると考えられる。

まとめ

本章の企業統治のシステムの構築では，先行研究を主として中国における改革の現状と結びつけて，現代的企業制度に共通する「所有と経営の分離」の有効性を活かしつつ，企業統治を理論的に考察し，プリンシパル・エージェント関係と企業統治，所有制と統治メカニズム，ステークホルダーと企業統治，転換経済中の企業統治，の5つの側面から企業統治理論を検討してきた。

企業統治とは，主として企業の経営を監視する仕組みのことを表しているが，企業統治の定義は必ずしも定まっていないのも現状である。しかし，各国はこの問題を重視し，自国の事情に合わせて企業統治システムの構築を模索しているのが現在の潮流である。

日本における企業統治の議論は，バブル経済崩壊後の1990年代半ば以降企業の不祥事が多発したことから，企業運営の監督・監査の必要性が認識される

ようになり，注目を集めるようになった。その範例として，主としてアメリカにおける1980年代における経営の監督・執行の分離を核とした企業統治の議論経過と運用実態が紹介され，企業統治のあり方が模索されてきたという経過をたどってきたと考えられる。

　社会主義市場経済の枠組のなかで，旧東欧社会主義諸国とは異なり国有から株式制へという転換経済を実施しつつ，自国の特徴を維持しながらグローバル化の進展にリンクしようとするのが現在中国の姿でもある。

　所有制改革と競争市場育成とは互いに補完しあう要素として，いずれも中国国有企業改革にとっての必要条件であると考えられる。中国における国有企業改革の流れのなかで，とりわけ90年代後半以降，企業統治の確立に向けた動きが顕著になってからの動きは，① 株式会社制度を市場経済に適応したガバナンスの仕組みとして位置づけ，市場との連動を顧慮すべきであること，② 制度の改正を考えるに当たっては，国際競争という問題意識を明確にもつべきこと，の2点は，中国にとって貴重なインプリケーションになり得ると考えられる。

注：
(1) 菊池敏夫（1991）「最高経営組織と会社統治の構造—国際比較からみた日本の課題—」日本経営学会編『経営学論集』第61号，千倉書房　p.267
(2) Berle, A. and Means, G. C. (1932) *The modern corporation and private property*, Macmillan.
(3) Jensen, Michael C. and William H. Meckling (1976) "Theory of the Firm: Managerial Behavior, Agency Costs and Ownership Structure," *Journal of Financial Economics*, 3, 305-360.
(4) 菊池敏夫（1994）「コーポレート・ガバナンスの検討—国際的視点から—」『経営行動』日本生産教育協会経営行動研究所 Vol.9, No.3
(5) 前掲（1）
(6) 周小川・王林・肖梦・銀温泉（1994）『企業改革：模式選択与配套設計』中国経済出版社
(7) 張維迎（1995b）『企業的企業家—契約理論』上海三聯出版社　上海人民出版社
(8) 青木昌彦・銭穎一（1995）『转轨经济中的公司治理结构』中国経済出版社

(9) 張承耀（1995）「"内部人"控制問題与中国企業改革」『改革』第3期，費方域（1996b）「控制内部人控制―国企改革中的治理机制研究」『経済研究』第6期
(10) 張雪（2005）「企業統治と内部統制」『合作経営と科技』
(11) アダム・スミス著　大内兵衛・松川七郎訳（1969）『諸国民の富』岩波書店　p.1075
(12) 菊池敏夫（2004）『現代経営学』（四訂版）税務経理協会　pp.18-19
(13) 前掲（2）p.82.
(14) 平田光弘（1982）『わが国株式会社の支配』千倉書房
(15) 青木崇「現代経営者問題をめぐるコーポレート・ガバナンス論とその関連学問分野」http://www.toyo.ac.jp/daigakuin/pdf/kiyo/d/01.pdf
(16) Scott, J. P.（1986）*Capitalist Property and Financial Power*, Wheasheef Book Ltd., p.50.
(17) Mace, M.（1971）*Directors-myth and reality*, Harvard University Press.
(18) 前掲（3）
(19) Williamson, O.（1975）"Markets and hierarchies", *Analysis and antitrust implications*, Free Press.
(20) Fama, E. and Jensen, M.（1983）"Seperation of ownership and control", *Journal of Law and Economics*, 26, 301-325.
(21) Cochran, P. and Wartick, S.（1988）"Corporate governance-A review of literature", *International Corporate Governance*, Prentice Hall.
(22) Blair, M.（1995）*Ownership and Control*, The Brookings Institution.
(23) Shleifer, A. and Vishny, R.（1997）"A survey of corporate governance", *Journal of Finance*, June, 737-783.
(24) 林毅夫等（1995）「国有企業改革的核心是創造競争的環境」『改革』第3期
(25) 費方域（1996a）「什么是公司治理結構？」『上海経済研究』第5期
(26) 張維迎（1999）「従公司治理結構看中国国有企業改革」『企業理論与中国企業改革』第1版，北京大学出版社
(27) 前掲（4）
(28) 菊池敏夫（1997）「欧米企業の現状と問題点―先進諸国間で異なる当面の課題―」『マネジメントトレンド』Vol. 2, No. 1, 経営研究所, pp.58-63
(29) 菊池敏夫（2002）「企業統治と企業行動―欧米の問題状況が示唆するもの―」『経済集志』72巻，2号，日本大学経済学研究会
(30) 平田光弘（2001）「21世紀の企業経営におけるコーポレート・ガバナンス研究の課題―コーポレート・ガバナンス論の体系化に向けて―」『経営論集』53号，東洋大学経営学部
(31) 伊丹敬之・加護野忠男（1989）『ゼミナール経営学入門』日本経済新聞社　p.263
(32) Hart, O.（1995）"Corporate governance: Some theory and implications", The

Economic Journal, 105, 678-689.
(33) 前掲 (3)
(34) 杨瑞龙 (1997)「论国有经济中的多级委托代理关系」『管理世界』第 1 期
(35) 史正富 (1993)『现代企业的结构与管理』上海人民出版社，杨瑞龙 (1997)「论国有经济中的多级委托代理关系」『管理世界』第 1 期
(36) 国有企業の最終代理者と私営企業の代理者については２つの効用関数は同じはずである。
(37) 林毅夫・蔡昉・李周 (1997)『充分信息与国有企业改革』上海三聯書店
(38) 金山権 (2000)『現代中国企業の経営管理』同友館　p.93
(39) 同上
(40) 孫永祥 (2006)『公司治理結構：理論与実証研究』上海三聯書店　p.85
(41) 張開平 (1999)『会社権利構造』中国社会科学院出版社　pp.107-108
(42) 林凌・董紅 (2000)「法人の企業統治および経営成績：ハイテク上場会社からの実証的分析」郭峰ほか『会社法改正について』法律出版社　p.216
(43) 陳湘龍 (1994)「株式会社の企業統治について」前掲 (42)　p.194
(44) 上級主管部門が制定したインセンティブ方案に経営者らが抵抗に成功したことはしばしばあるが，これは所有制と関連があるかについては探究すべきである。
(45) 前掲 (40)　p.88
(46) 前掲 (32)
(47) 前掲 (26)
(48) 菊池敏夫 (2005b)「中・日企業における企業統治システム—比較からみた特徴と課題」『MBA 人』中国科技大学
(49) 張維迎 (1998b)「控制权损失的不可补偿性与国有企业兼并中的产权障碍」『経済研究』第 7 期
(50) 前掲 (3)；Shleifer, A. and Vishny, R. (1997) "A survey of corporate governance", *Journal of Finance*, June, 737-783；孫永祥・黄祖輝 (1999)「上市公司的股权结构与绩效」『経済研究』p.5.
(51) Boycko, M., A. Shleifer and Vishny, R. (1996) "A theory of privatisation", *The Economic Journal*, 106, 309-319.
(52) 楊瑞龍は国有企業全人民所有制のただ１つのパラダイムに過ぎないと示唆している。(1997)「国有経済における多階層プリンシパル・エージェント関係を論ずる」『管理世界』第 1 期
(53) 例えば，電信産業における国家の独占政策によって国は大量の収入と資源の利用ができる。しかし，全体の国民経済からいうと，電信産業の独占が与える効率損失による損失の方がさらに大きい。従って，国家にとって得よりも損の方が大きい。なぜなら，こういう措置によって国家の税収が減ってしまうからである。
(54) 近年，中国信達資産管理会社が鄭州百文株式有限公司の破産申請を出した際，

後者』の反応が非常によい事例となる。詳しいものは『上海証券報』(1999年3月30日付)を参照されたい。

(55) 江小涓 (1999) は，転換過程の判断には3つの異なる判断基準があると指摘している。1つめの判断基準は，資源配分のなかで主導的役割を果たしているのは市場メカニズムか政府の統制か，2つめは，企業の行動は計画経済での企業行動か市場経済での企業行動なのか，3つめは，異なっている業種の利益率のレベルは計画経済がもっている離散的趨勢か市場経済がもっている平均的趨勢か，である。

(56)「抓大放小」政策方針は，社会主義初級段階における生産力発展の全体構造から制定した国有企業の改革戦略であり，社会主義初級段階の生産力発展の各段階からの要求でもあると定義している。大と中小は全国の範疇から規定したものである。「抓大」とは，国有経済発展と関連する大型企業集団をつかみ，経済発展のなかで主導的役割を担当させる。「放小」とは，国有中小企業を放して生かすことで行政と企業（以下，政企と略す）の徹底的な分離をはかることである。「抓大放小」は国有企業改革の戦略であるが，これは国有企業の異なる性質によって分類，改革を行い，目指すのは国有企業全体の活性化を図ることであるが，次の3つの面から理論的に考えられる。① 大企業と中小企業の異なる改革目標，② 大企業と中小企業の異なる改革意義，③ 大企業と中小企業の異なる政策対応。前掲 (38) pp.118-119

(57) CCTVの2000年3月19日"競売自体が芝居であった"のニュースで，経営者が株式制への転換規則を裏で操作をして国有資産を横領した典型的な事件を報道した。この事件では，浙江省紹興県農工商公司の内部支配者が自分の会社を競売にかける際，競売参加者は10万元の予約金を払えばオファーができ，さらに提示の最高額が無効になる場合，次の2番目の提示額が落札額となると競売のルールを定めた。結果は，結託した内部者のなかの1人が162万元の価格を提示，もう1人が引き続き1,542万元とういう天文学的金額の提示で無効となり，結果として前者が安値で落札を果たし農工商公司を手に入れた。詳しくは『紹興晩報』(2000年3月24日付)を参考されたい。

第2章　企業統治システムと法規制

はじめに

　企業統治および企業の生存は、社会という大きな環境と不可分に結びついている。法規制、政治的要素などの変量が企業統治に与える影響はますます大きくなってきており、このような分野における研究の必要性は一層重要性を増してきている。

　本章では、企業統治を取り巻く関連法規制の特徴、法律と株式所有構造との関係および会社法（公司法）、証券法、破産法と企業統治との関係を分析し、企業統治システムに対する法規制の影響を取り上げる。

1　法律と企業統治

　いうまでもなく、法律と企業統治は非常に密接な関係で結ばれている。会社法はその国における企業運営の法的根拠となっている。さらには証券法も制定されており、公開会社の経営行動へのひとつの規制が行われている。

　Easterbrook & Fischel (1983) は、株主にとって企業に対する重要な法的権限とは、企業の重大な決定権、例えば、M&A、譲渡および取締役の任免などであると示唆している。[1]法律上、経営陣には上述問題への決定権がなく、ひいては取締役会のメンバーである取締役にさえもない。

　Roe (1990) は、公開会社に対する金融機関（基金なども含む）の株式の多数所有に関して法律上で制限する必要があると述べ、その理由に関して分析している。[2]金融機関の投資に対して法律上ではさまざまな制限があるが、例えば、銀行における企業株式の所有を許可しない、金融機関の投資を分散化する、また金融機関（基金など）の規模を制限する必要性について彼は指摘している。

彼は，このような法律上の制限の理由は一貫して金融機関による過大な集中型権力への不信感があったからであると述べている。このような不信感が，銀行による株式所有の禁止，保険会社による株式取得の禁止，基金が相手企業を支配できるほどの株式の取得の禁止などの法制定を促した。また，金融機関における投資の分散化および金融機関の規模に対する制限は，企業における株式所有構造の分散化を導き，一歩進んで所有権と経営権が分離され，さらに企業の支配権が社長に委譲されることになった。

　Easterbrook & Fischel (1991) は，会社法の背後の経済メカニズムについて研究を行ってきた[3]。彼らは，法律で社長の株主への忠誠義務が定められているが，これは株主が会社全体の枠組のなかで一番不利な地位に置かれているからであると語っている。例えば，従業員に対しては彼らの労働にはすぐその対価として給料が保障されている，そして彼らは辞めることで会社に脅威を与えることができるが，株主にはこのようなことができない。また，債権者は株主より先に債権の受領ができる。従って，法律で定められたこのような株主に対する社長の忠誠義務の意味がわかる。Easterbrook & Fischel らは，会社法はすべて企業活動参入者らが"署名"した契約の一部分であり，すべて会社における公共契約であり，遵守すべき条項でもあると指摘した。

　この点に関して，中国の張維迎(1996a)も同様の意見を述べている[4]。彼は，会社法の条項は"公共製品"に類似するもので，国家のバックアップが重要であると述べている。人々が会社を設立する際もっぱら会社法に則って"特殊契約"を結べば済む。彼らには2つの仕事を行う必要がある。1つは，企業の形態を決める（有限責任か無限責任か），2つめは，会社定款の制定である。後者は当事者間契約のもう1つの重要な内容でもある。

　法律と企業統治のもう1つ重要な課題は，企業統治に与える破産法の影響である。この影響に関する研究として挙げられるのは Aghion, Hart & Moore の有名な AHM プロセスである[5]。AHM は，破産後の煩雑な処理を簡素化し債権者の処理コストを下げるために工夫されたプロセスである。

　その後，Hart (1995) は，さらに破産プロセスに関する研究を行ってきた[6]。

異なる国家の法律に基づいて，彼はグレード・アップされた2つのAHMプログラムを打ち出した。良好な破産プロセスは，資本市場が完全であれ不完全であれともに比較的よい役割を果たしているといい，破産会社と経営が不良だが弁済能力がある会社とあまり大きな差はないと示唆した。後者に関しては，株主らによって新しい取締役会を選出し，選出された取締役会によって会社の存続か売却かを決定すればよいと述べた。破産会社の債権者にとってこういう株主の権限行使などの選択も問題解決のひとつの道である。

法律と政治が企業統治に与える影響が大きいことは，国際的研究によってよりよく理解することができる。西側の異なっている国，例えば，アメリカ，日本，ドイツなどの所有制の基盤はほぼ同じで，ただ，各国の法律，政治，歴史，文化などが異なっているだけである。似ている所有制とその他の要素の相違によってその企業統治にも相似点と相違点の特徴をもっている。例えば，Kaplan（1994a, 1994b）は，一般の状況の下では，日本とドイツの取締役会はアメリカの取締役会と同じく比較的に受動的であるが，特殊事態が起きた場合，例えば，赤字経営に陥ったとか社長が亡くなったとかの場合は取締役会は本当の役割を発揮していると述べている。[7]

Hoshi, T., A. Kashyap & Scharfstein, D.（1990；1991）は，メインバンク制の日本の会社は財務危機に直面した場合融資の獲得が他国の企業より容易であると述べ，[8]さらにAoki（1990），Roe（1993）等は，米，日，独など異なる国における企業統治の特徴に関して論じており，[9]Rafael La Porta等（1997；1998）は，法律と企業統治関係について独創的な研究を行い，異なる法律体系では投資家，債権者への保護程度は違うことを示した。[10]投資家への保護程度の差異は各国の資本市場の規模および株式所有構造にも影響を与えると強調した。

実際，20世紀初期の1904年，Max Weberは，"いうまでもなく重要なのは，法律と行政機関の理性的な構造である。なぜなら，近代理性資本主義は生産技術手段の必要だけでなく，1つの信頼できる法律制度と規則に従って業務を行う行政機関も必要である。さもなければ，冒険的，投機的な資本主義および政治の制約を受けた各種資本主義に変わり，決して固定資本と確定採算がとれた

理性的な企業は生まれない"と指摘した。従って，法律，政治と企業統治は密接につながっていることがわかる。彼はまた，"観念は歴史上有効な力である"と述べ，企業に対する文化，伝統，イデオロギーの影響を示している。例えば，周知のように，儒教文化の影響がある地域には同族系企業が多く，儒教文化の影響を受けた人が設立した企業にも同族系管理の色彩が強い。これは経済以外の要因が企業統治へ与えている影響を反映している。

中国における法律，政治，文化，経済環境が企業統治に与える影響に関する研究はまだ少ない。原因の1つは研究自体レベルの深さが足りないこと，もう1つはイデオロギー上の原因であると考えられる。

崔之元 (1996) は，アメリカの29の州における会社法の変革に関する研究を行い，アメリカ会社法変革の方向として"経済民主主義化"は"企業を取り巻く各ステークホルダーが企業の活動に参加し収益を受けさせる"ことであると示唆した。彼は，アメリカ会社法の変革は"伝統的私有制論理への重大な挑戦"であると述べたが，張維迎 (1996b) は彼の論点を批判した。

また，侯水平 (1997) は，日本企業における経営者監督に関する法律制度を研究し，中国企業の経営者への監督に対して提言を行った。林毅夫等 (1997a) は，企業統治に対する競争環境の重要性を論じた。

総じて，中国では法律と企業統治に関する重要性への認識はあるものの，法律，政治，文化，経済環境がいかに企業統治に影響を与えているかに関する研究の枠組みが未完成であり，企業統治に与える経済以外の要素（特に法律の場合）の影響への研究は外国の先行研究の紹介などの段階にとどまっている状況であると考えられ，今後のさらなる研究に期待される。

2 法律と株式所有の構造

企業の株式所有構造は，中小株主の権益保護を定めている法律の影響を受けている。もし，中小株主の権益保護の法整備が完全であれば，企業の株式所有構造は分散的傾向を示しているか，集中的傾向となっている可能性がある。ドイツ，フランス，日本などでは中小株主の権益への保障が不健全のため，集中

的株式所有構造傾向を示し，イギリス，アメリカなどには中小株主権益が割合保障されているため，企業の株式所有構造は割合分散的傾向を示している。

　中小株主保護の状況が直接企業の株式所有構造に影響を与える場合2点から考えられる。

　1つは，企業統治のサイドからみると，株主として経営者への監督が有効に行われるのであれば，必ず大きな株式の権限をもつはずである。さもなければ株主にとっては監督できる動機づけが欠けている。それに比べると，中小株主は会社内部における諸運営では往々にして所謂"フリー・ライダー"の動機が発生しやすく，経営者を監督できるインセンティブも足りない。彼ら自身の力だけでは自分の利益維持さえも難しくなる。従って，投資家利益の保護策が欠けている状況では，中小株主生存の確率は大きくなく，株式所有構造上ではほとんどが大株主に握られている状況である。

　もう1つは，投資家への保護が欠けていて，なお市場では比較的有効で合理的価格の状況であれば，中小株主らは当然低い価格で会社発行の新株を購入する。ゆえに会社のサイドからいえば，低価格での会社の株式の売買は元の株主の利益を損なうことになると認識している。そうなると，中小株主への株式発行の融資ができなくなり，これがまた間接的に株式の集中型所有へと進んでいく。ある意味では，所有権の集中は法的保護における一種の代替品である。なぜなら，中小株主利益の保護が不完全な状況では，大株主だけが予期通り報いられるからである。

　M&Aの制限に関する法規制は企業の株式所有構造に影響を与える。例えば，チェコ共和国ではどんな人でもある会社の株式の50%以上を取得した場合，取得後の60日間以内に，前6ヵ月間の市場の売買価格で公衆に一番有利となった価格と同等の値段で50%を超えた部分を公に契約価格で売却しなければならないと法律で定めている。しかし，中国ではその制限が30%となっている。こういう異なる法規制によって異なる所有権構造が生まれる。前者はM&A後企業における株式所有比率が50%までに達する可能性があるのに対して，後者には30%までとなる。しかし，株式買収者は株式の要約買収にはあ

まり高い意欲をもっていない。

　1つの原因は，株式の要約買収によって購入コストが高くなるからである。つまり，買収側は必ず株主に有利な価格で剰余株式を購入しなければならないため，大量の剰余株式の買収によってさらに高い購入コストがかかる。

　もう1つの原因は，完全要約買収によって上場会社は上場から退出しなければならないが，買収側にとってこれは望ましくない結果となる。例えば，中国証券法では，買収側が75%の株式を取得した場合，上場から撤退しなければならないと定められている。

　従って，前者の場合にはM&A後株式集中構造の傾向になり，後者の場合は前者より株式分散化傾向となっている。(16)

　また，関連分野への法規制およびディスクロージャーへの強制的実施と実施への監督・監視によっても企業の株式所有構造の差異が出てくる。例えば，前述のような同じ株式の要約買収でも，もし関連法規制が緩やかで，ディスクロージャーへの強制的実施と実施への監督・監視が厳しくない場合，あるいは厳しいけれど監督・監視が遅れても，M&A後表面上では筆頭株主は50%または30%制限の台を超えていない。

　実質上，その他の部分の株式は買付側の関連部門に譲渡する方式で実際買い集めた株式は規定を超えないように納め，他の株主に買い集める要求をしない。こういう状況の下で，全体の株式要約買収の有効性を図り，関連法規の実行に従い，ディスクロージャーへの強制的実施と実施への監督・監視を強化すべきである。実際中国の証券市場では関係部門に株式を買付け，上場会社のM&Aを行うことで，丸ごと株式の要約買収を避けている。例えば，中科創業株式有限公司におけるM&Aがそうである。(17)

　企業の株式所有構造に対する法律の影響は，投資額の制限，投資基金における投資分散化への要求などを通じて実現されている。例えば，投資額制限（例えば資本金の50%を超えないこと）の下で，企業の株式の所有構造は投資の不足で分散に向いている，また投資基金による投資金額が基金純資産の定められた一定の割合を超えてはいけないとか，企業に投資した基金の投資額が企業株

式の一定の割合を超えてはいけないなどの規定も企業の株式の所有構造に影響を与える。

上場会社の株式所有構造に対する法規制に関しては比較的に理解しやすい。かりに中国で，法規制の改革で企業における公開発行株式（流通株）総量が株式全体の現状の25％から（現在15％まで可としている）50％まで上げるのであれば，企業における株式所有構造は分散化の傾向に向かうはずである。

下の表2.1は，世界主要国10社国内最大非金融株式会社の所有権集中状況を示したものである。

上表からもわかるように，イギリス法系における国家の場合，株式の集中所有の傾向が割合低い。しかし，中国における上場会社の所有構造が圧倒的に集中所有の特徴をもっており，なおその集中度が世界の平均値を遙かに超えていることは注目すべき点である。

なお，中国の現状からみると，上場会社における所有権の特色は引き続き法制度における強い影響を受けながらさらに所有権構造にまで影響を強く与えていることがわかる。今まで，中国の「公司法（会社法）」および関連法規は，国有企業の株式制転換および上場の実現まで支援しており，それによって中国の証券市場が誕生し，上場国有持ち株会社を主体とする体系が形成されつつある。そして，証券市場における上場会社の株式所有構造にも影響を及ぼしている。また，関係法規の規定の下で上場会社には独特な国有株，法人株と流通株が生まれたが，これは法律が上場会社の株式所有構造へ影響を与えていることを示している。

3 公司法による企業統治への規制

Easterbrook & Fischel（1991）は，理論上では会社法の各条項は企業が各関係者との間に結ばれた契約の一部であると考えられるとしている。[18] 会社法の規定は各類型企業の共有の契約である。会社の定款は，ただ会社法で定めていないものと当事者として明確に定める必要があると認められた内容が書かれたものである。従って会社の定款は，会社法とともに企業と関わりがある各方面に

表2.1　各国（地域）10社国内最大非金融株式会社の所有権集中状況

	上位3位大株主持ち株比率の総和		時価総額の平均値
	平均値	中間値	百万ドル
オーストラリア	0.28	0.28	5,943
カナダ	0.40	0.24	3,015
中国香港	0.54	0.54	4,282
インド	0.40	0.43	1,721
マレーシア	0.54	0.52	1,637
シンガポール	0.49	0.53	1,637
タイ	0.49	0.48	996
イギリス	0.19	0.15	18,511
アメリカ	0.20	0.12	71,650
イギリス法系平均	0.43	0.42	6,586
ブラジル	0.57	0.63	1,237
エジプト	0.62	0.62	104
フランス	0.34	0.24	8,914
インドネシア	0.58	0.62	882
イタリア	0.58	0.60	3,140
メキシコ	0.64	0.67	2,984
フィリピン	0.57	0.51	156
フランス法系平均	0.54	0.55	1,844
オーストリア	0.58	0.51	325
ドイツ	0.48	0.50	8,540
日本	0.18	0.13	26,677
韓国	0.23	0.20	1,034
台湾	0.18	0.14	2,186
ドイツ法系平均	0.34	0.33	8,057
デンマーク	0.45	0.40	1,273
フィンランド	0.37	0.34	1,980
ノルウェー	0.36	0.31	1,106
スウェーデン	0.28	0.28	6,216
スカンディナヴィア系平均	0.37	0.33	2,644
全体サンプル平均	0.46	0.45	4,521
中国	0.76	0.84	3,644

注：中国のデータは，孫永祥（2006）『公司治理結構：理論与実証研究』上海三聯書店 p.60 より筆者作成
出所）La Porta（1998）p.1,147

対して拘束力があるひとつの総合的な契約であると考えられる。

会社法の存在が世界各国から認められているのは恐らく以下の3点からと考えられる。

1つは，世界各国の企業が経営活動を行う際，確かに共通性が存在しているため会社の運営には共通の要求と準則が必要となる。例えば，取締役の信用義務に関する要求などである。従って会社法の存在自体が必要となっている。

2つめは，会社法の存在によって，会社設立と運営，取引などに関わるコスト削減が期待される。会社法の存在によって関係各部門は会社の設立前に設置会社の内容，目的および当事者間の権利などへの理解と把握ができ，協議の回数や交渉のコストが減らされ会社設立と運営の効率を高めることができる。

3つめは，会社法で規範された各フォームと内容は，裁判官が種類の多い各企業の経営行動または行為から司法判断を下す際に有利となり，司法コストの削減もできる。さもないと非標準化の定款または契約は司法の効率とコストに不利な影響を与える。

企業統治の角度からいえば，会社法自体が触れている範囲が広いものの企業統治の各権利についてははっきり規定している。会社法では企業の所有権構造の状況を規定しており，株主総会，株主の権限，取締役会の権限，取締役の信用原則，社長の権限，債権者の権限などが定められている。実際これは企業統治の枠組となっている。企業統治理念のすべてを会社法で規制することはできないが，会社法は企業統治に対する重要な規制のひとつとなっているのはいうまでもない。

会社法の制定は，会社の運営，企業統治における経済学および経営学的研究，法学的研究の上で行われている。

「中華人民共和国公司法」は，1993年12月29日第8回全国人民代表大会常務委員会第5次会議でいわば中国版最初の会社法として採択された。そして，1999年12月25日第9回全国人民代表大会常務委員会第13次会議で若干の改正案が通過された。そして，6年後の2005年10月27日第10回全国人民代表大会常務委員会第18次会議で大幅に改正された会社法が採択され，2006年1

月1日から施行となった。

　この新しい公司法に対して中国は，国際変化を反映し企業統治の構築に役立つなど高く評価している。各国の企業統治システムを参考にし，国際社会に置かれている自国の状況と役割などを配慮して，新公司法では，企業の概念，企業の基本的特徴，企業の分類，株主の権利，法人の財産権，ステークホルダーなどの項目に大きな改正が行われてきた。少なくない改正のなかで，例えば，株式有限公司（株式会社会社）は最低資本金が1千万元から500万元，有限責任公司の場合も同様に10万元から3万元へと引き下げたことが注目される。1万元は約15万円だから約45万円でハイテク企業を設立できる。また，日本の会社法で資本金制限がなく，0円でも会社を設立できることに対して，中国では1人で会社を作れるようになってきたことも興味深いことである。

　新「公司法」は，株主人数（有限責任公司（会社）の場合株主人数が2～50人，株式有限公司の場合，5人の発起人），取締役会人数（5～19人），取締役任期（毎期3年），社長（総経理）が副社長を指名し取締役会で決める，企業の対外投資額は資本金の50%を超えることができない，などが強制的に規定されている。こういう規定の多数が会社法制定当初，外国の会社法を参考に取り入れたものであるが，実際実施の状況からみると，多数は中国の国情と合致しているが一部では中国の実際の状況と合わないこともあり，中国の現状にあわせて経済学・経営学的なアプローチによりさらに探求する必要がある。(19)

　旧「公司法」第77条の"株式有限公司の設立には国務院の授権部門または各省人民政府の批准を通らなければならない"という行政と計画経済の色彩が残って，条文自体は市場経済下における株式会社設置の一般原則に合致しない条文が新会社法で削除されたことは喜ばしいことである。しかし，行政と計画経済の色彩がすべてなくなってはいない。例えば，152条での，株式有限公司が上場申請をする際の規定であるが，"開業年限が3年以上で，最近3年間連続黒字であること"，しかし，"元の国有企業が法に則って株式会社に転換した場合あるいは本公司法実施後新たに組織されその発起人が国有大手企業である場合には開業年限の連続計算ができる"。これは明らかな所有制の差別であ

る。要するに国有企業なら率先上場ができるという意味である。159条の，"株式有限公司，国有独資会社および2つ以上の国有企業またはその他2つ以上の国有投資主体が設立した有限責任公司の生産経営資金の集まりには本会社法に照らして会社債権の発行ができる"という条文にも明らかな所有制の偏見を感じる。こういう規定自体は中国会社制度の健全化並びに全体企業統治のレベルアップには不利である。

　株主と債権者利益の保護，企業統治改善の角度から，中国の「公司法」はまだ改善すべきことが少なくない。例えば，大株主の監督権限の強化問題などがそうである。いくつかの国では，大株主（20%議決権または20%株式保有）に監査役会メンバーの任命，別の会計監査の招聘，会社に費用を出させ会社の帳簿監査を行う権限を与えており，株主総会出席者名簿のチェックによって経営陣による投票権支配の防止を図ると同時に株主と経営陣への監督役割も果たしている。また，いくつかの国では，銀行から企業へ取締役を派遣し，または取締役でなくても取締役会議事録，財務諸表などの調べができるように定めている。こういう措置も債権者利益の保護に有益である。

　中国会社法の企業統治に関する規定は，以下の3点に限って強行規定であるべきである。[20]すなわち，会社の意思決定機関，法定代表者および意思決定機関の権限である。これらは任意規定とするべきではない。これに対し，株主や取締役会の意思決定の権限を拡大するという観点から，CEOを設置するか否か，取締役会の構成員を何人にするか，議決の手順をどのようにするか，といったことに関する規定は，任意規定であったほうがよいと考える。

　第2は，監督機関の位置づけについてである。中国の会社法は取締役会中心主義を取っており，取締役会に多くの権限が与えられているがゆえに，会社の監督メカニズムをいかに強化するかはきわめて重要な問題である。中国では，国有企業から株式会社への制度転換，すなわち組織変更の過程において，多種多様な監督メカニズムが用いられてきた。企業の財務会計監査制度，監査特派員派遣制度，国有資産管理部門による監査役派遣制度，共産党委員会による監督制度および従業員代表大会による監督制度などである。

第3は，会社の経営管理に関わる紛争への司法機関の介入についてである。中国では，かつて会社機関をめぐる紛争解決に対しては，行政による裁量的な手段を用いるのが一般的であった。しかし，行政機関の裁量権が弱まってきている今日においては，会社機関をめぐる紛争が生じた場合，司法機関の介入がなければ，機関運営が麻痺状態に陥ることになりがちである。実務においてはこのような事態がすでに多発している。中国法には，英米法のように，裁判所が差止命令を発令するというインジャンクション（injunction）の制度がない。

要するに，今後中国会社法を改正する際には，企業統治に関する規定については，以下の3点が重要であり，ここに力を入れるべきである。すなわち，

① 任意的規定の割合を増加させ，

② 一元的な監督メカニズムを強化し，

③ 司法機関による会社管理への介入を強化することである。

会社法制と統治の枠組みの構築において，異なるモデルを採用したため，人々に無理を感じさせるに至っており，諸制度間の協調の利益は真剣に考えられていないようである。現在，中国の「会社法」は，欧州大陸会社制度の二元的構造を取っており（筆者は，欧州大陸会社制度の二元的構造ではなく，本質的には日本の二院制構造をもっていると考えている。詳しくは，第9章で取り上げる），取締役会と監査役会を並存させている。また，中国の特色として会社における共産党の核心的な役割も強調されている[21]。

4　証券法による企業統治への規制

証券法は，主に証券の発行，取引各方面の主体の行為に基づいて制定されている。そのなかで上場会社のガバナンスへの規範は証券法の重要な内容のひとつである。中国証券法の前の4章では，第1章の総則を除き，第2章が証券発行，第3章が証券取引，第4章が上場会社の買収で，ほとんど上場会社と関連している。またその章，節のなかに，企業統治規定のキーポイントとして挙げられているのが，持続的なディスクロージャーおよび上場会社買収に関する規

定である。

　持続的なディスクロージャーは，上場会社の企業統治に対して極めて重要である。なぜなら，上場会社の多数の株主らは，主に会社のディスクロージャーを通じて会社の経営状況，パフォーマンス状況の把握ができ，またこれによって経営陣への監督もできる。また企業のディスクロージャーによって会社の社会性をもたらす。社会の輿論は会社に対してひとつの監督の役割を果たし，企業統治改善の大きな促進力ともなる。持続的なディスクロージャーは証券市場と上場会社の発展に重大な役割を果たし，また投資家の投資の根拠ともなる。これは，ディスクロージャーの程度，正確性，適時性の向上につながっているからである。

　現行の中国「証券法」で規定されている持続的なディスクロージャーには2つの問題が残されていると考えられる。

　1つは，関係規定が曖昧で上場会社には逃避の可能性があることである。例えば，「証券法」第62条では，重大事件は必ずディスクロージャーしなければならないと規定している。しかし，"重大事件"への規定があまりにも曖昧である。この条項では"重大な投資行為"，"重要な資産購入決定"，"重要な契約"などが所謂重大事件であると示唆しているが，上場会社にとっては理解，判断が難しい。

　もう1つは，「証券法」第63条で，"発行人，証券会社の株式売買公告の説明書，会社債券募集方法，財務会計報告，上場報告に関する書類，アニュアル・レポート，中間期報告，臨時報告，不正が発生した際のその記録，説明の誤り，または重大な漏れなどによって投資家が証券取引で損失を被った場合，発行人，証券会社側は賠償の責任をとることと，発行人，証券会社の取締役，監事，社長などの関係責任者は連帯責任をとること"と規定している。ここで，「証券法」は，発行人，証券会社は"過ちがない厳しい責任"をとり，取締役，監事，社長など関係責任者は"推定過失責任"をとらなければならないと規定されている。

　このような規定は上場会社における持続的，正確，公正なディスクロー

ジャーには有益である。しかし，事実上1997年7月1日からの証券法施行以来，中国における不正，偽情報が次々と現れているが，未だに発行人，証券会社が責任をとっている事例，取締役，監事，社長などの関係責任者の責任が問われている連帯責任の事例は皆無である。法律による制裁が1枚の反故に過ぎないのであれば，中国を震撼させた"瓊民源"(22)，"銀広厦"(23)，"東方電子"(24)など投資家の信頼を極度に損なったディスクロージャーの不正スキャンダル事件はまだ出てくるに違いない。

「証券法」の企業統治に関するもう1つの重要な規定は，上場会社へのM&Aである。M&Aは企業統治のひとつの重要なメカニズムであり，経営不振，企業価値が低く評価されている企業の経営陣にはひとつの脅威となっている。それと同時に証券市場における株価にも衝撃を与え株主の利益に損失を与える。

中国の「証券法」では，投資家がある会社の株式を5%取得した場合には公告の義務があることを規定している。同時に，もしある会社の株式所有が30%までに達し，またその取得を続けている場合，要約買収を行うことが義務付けられている。しかし，実際この規定への執行があまり実行されていないのが現状である。ある個人または企業は，複数の株式口座を使って取得割合が5%を超えてもディスクロージャーの義務を果たしていない。ある企業は法人株の譲渡によって会社の大量の株を手に入れ，またその他個人口座を使って大量の流通株を取得することで企業を支配し，株価をコントロールしている。例えば，"中科創業"会社と"徳隆系"(25)による株式の操作がそうである。ここで指摘したいのは，やはり法律上の規定と実際の現実にギャップがあることである。つまり，規定と執行がリンクされておらず，違法者への処罰は容易でないことを示している。

中国「証券法」の枠組をみると，第2，3，4章が直接企業統治と関わりがあるものの，その他の章，節では，仲介機構，サービス機構などの権利と義務を規定している。例えば，証券取引所（第5章），証券会社（第6章），証券登記会社（第7章），証券取引サービス機構（第8章）(26)，証券業協会（第9章），証券監督管理委員会（第10章）などへの規定である。

このような内容の表面上では企業統治と関係ないようにみられるが，実際はそうではない。これは中国「証券法」の立法思想から解釈ができる。つまり，証券市場における監督管理対象を仲介機構に集中させる主な出発点は，監督管理機構（例えば，中国証券監督管理委員会）には十分な人力，物資が確保されていないため，数多い上場会社のディスクロージャーとその他の行為への監督管理が難しくなる。従って，間接的な方法，つまり証券会社，証券取引所，会計事務所，法律事務所などの仲介機構を通じて上場会社の質とディスクロージャーの監督管理を行う。

監督管理機構，監督管理仲介機構は営業許可書の発行と取り消し業務を行う。従って，全体的に比較的経済的で有効であると考えられる。ここでは，企業を取り巻く環境の改善から企業統治の改善が促進される。

しかし，中国の証券取引の歴史はまだ短く，表に現れている問題も不十分であるために「証券法」の立法には欠けているものが少なくないと考えられる。日本の証券法と比べ，次の2点を指摘して置きたい。1つは，投資や訴訟の規定がまだ明確にされていないことと，2つめは，"大株主による略奪"が重要な内容として証券法に加えられていないこと，である。この2点はともに企業統治と強く関連している。

投資家訴訟または株主による訴訟は，ともに上場会社の株主が操る経営陣および仲介機構の行為に対する制約のメカニズムである。現行の「証券法」第63条では"賠償責任"に触れているが，第11章"法律責任"のなかでは，関連の規定を明確に定めていない。偽情報，容易に誤解または過ちを招く記事あるいは不正などのディスクロージャーについてはその法律責任として，"発行人には30万元以上60万元以下の罰金を課し，直接責任者またはその他責任者には警告を出し，3万元以上30万元以下の罰金を課する。罪を犯した場合には法に則って刑事責任を課す"と規定しているだけである。

従って「証券法」では，罰金と刑事責任の処罰だけを言及したもので会社による投資家への賠償責任などにはふれていない。明らかに欠けている。つまり，株主訴訟メカニズムは株主にとって賠償を受けとる可能性があり，その積極性

は非常に高く監督管理機構および刑事訴訟機構には及びもつかない。

「証券法」のもう一つの欠陥は，大株主による会社利益，さらに中小株主の利益まで損なわれている"略奪"行為に関する規定がないことである。略奪行為は上場会社における普遍的問題である。株主が被る損害，証券市場投資家の信頼に与える損害ひいては証券市場が被る損害などは非常に大きい。従って，「証券法」では大株主の略奪行為を規制する規定を取り入れるべきで，健全なメカニズムの確立によって略奪行為で犠牲になっている中小株主の利益を守ることが望ましいし残された課題でもある。

「証券法」は，アメリカのモデルを取り入れて，証監会に立法，審査，法律執行等の権限を賦与した。最近の企業統治の改善に関する規定においては，コモンロー国家で提唱された"株主代表訴訟"[27]や社外取締役[28]などのメカニズムも導入された。このようなシステムは，中国の企業統治の規範を比較的に厳密にしたようにみえるが，理想的な効果を上げられるとは限らない。

監督のプロセスとコストを考えれば，現在，独立取締役，取締役内部の専門委員会および監査役会間の関係，権限および手順はまだ不明確である。独立取締役と監査役は株主の利益を保護する責務を果たしている。独立取締役は取締役会でその役割を果たすため，独立取締役が取締役会内で職責を履行することは，大株主から支配されず，会社全体の利益を守っていくのに資する[29]。そして，監査役会は独立締役を含む取締役会に対して監督を行う[30]。

独立取締役は一般に経験をもつ専門家であるが，監査役会も独自に仲介機構を招聘し，専門的意見を求める[31]。同様に，会社の取締役会には会計監査委員会を設けることができ，そのなかで独立取締役が過半数を占めるべきとされる。しかも，独立した会計専門家も含む[32]。監査役会も会社の財務を監督し，それに必要な費用は会社が負担するという形で仲介機構を招聘し，専門的な意見を求めることができる[33]。

監査役会は管理層と外部の会計監査人を招いて監査役会の会議に出席させることができる[34]。このように職能が重なり機能が重複することは，無駄な遅延と浪費をもたらす。そればかりか，独立取締役，監査役会，仲介機構間の意見衝

突が起こり，複雑な局面になる可能性もある。また，これほど厳しいやり方による混乱と浪費は，それ自体が企業統治における新たな問題となりうる。

5 破産法による企業統治への規制

破産と企業統治は直接関係している。理論的には，破産によって企業の所有権は株主から債権者に移される。こういう所有権の委譲は，多くの場合には複雑であり，簡単ではない。また企業の破産にともない，企業統治関係との関係は実質的な変化を引き起こす。

破産申請は債権者の重要な権力である点も破産のもう1つ重要な点である。債権者は企業統治の比較的受動的な役から相対的主動的役に変えることができる。当然ながらその前提は，会社の弁済能力が完全に失なわれた場合を指している。破産メカニズムの存在は経営陣にとってひとつの脅威である。もし破産という拘束力がなかったら，弁済能力がなく経営状況も悪い企業の経営陣らは好い加減で，帳簿を踏み倒し，手中に握っている会社の資源を消耗または在庫品の転売などで生活しているかもしれない。

実際破産プロセスに入る前，会社の所有者である株主にとってあまり会社を破産させたくないというのが事実である。なぜなら，破産によって会社への株主の支配権が失われるからである。一方では，心理的にいつの日か収益が回復すると期待していることもある。それと同時に，政府も地元企業の破産は望ましくないし，特に短期利益を追求している政府はさらにそうである。また，破産によって失業が生まれ社会不安を招く恐れがあるからである。上述の状況からみて，強制的な破産措置は必要であると考えられる。強制破産の決定者は裁判所であり，破産法に則って判断を下す。

中国の企業，特に国有企業の経営パフォーマンスはあまりよくなく，債務弁済能力も非常に低いという普遍性をもっているが破産率は非常に低い。主要な原因は法律と直接関わりがある。

そのなかで，1つは中国の各級政府による裁判所の決定への関与である。政府は裁判所に債務返済ができない企業を破産させないように働きかけをする。

例えば，提出した資料が揃っていない，社会の安定にとって不利である，などである。

　もう1つは，1986年に制定された「破産法」第42条では，"企業は破産宣告を受けた後，政府の監察部門と会計監査が責任をもって企業破産の責任を調べる。破産企業の法定代表は企業破産の主要責任を負い，行政処分を受ける。

　破産企業の上級主管部門が企業破産の主な責任を問われた場合，その主管部門の責任者に行政処分をする。破産企業の法定代表と破産企業の主管部門の責任者がもし職責を軽んずることによって企業が破産し，国家の財産が著しい損失を被った場合，「中華人民共和国刑法」第187条に則って刑事責任を追及する"と規定している。このような状況からの選択肢を考えているが，これはいわゆるM&Aである。つまり，破産寸前の会社と別の国有企業にM&Aを実行させることである。M&A後の効率がさらに下がっても顧みることなく行動する。

　総じて，中国における破産問題は深刻である。これは，以下3点を挙げられる。

　① 債権者の権利が甚だしく損なわれている。偽破産で債務を逃れる，債権者の破産要求が裁判所から下りにくい，などで債権者は不利な状況に置かれている。

　② 今現在完全で規範的な破産法が整備されていない。現行の破産法は1986年に制定されたもので国有企業だけが適用され，まだいろいろな欠点も少なくない。

　③ 破産を取り囲む外部環境の不完全。例えば，失業保険，老齢年金の不完備，などが残されている。

　こういう問題の未解決によって破産に直面している企業と関係する各方面の権利，義務などへの規範が遅れてしまい，これによってまた企業統治がマイナスの影響をうけることになった。破産は企業統治と直接関係している以上，法規制面での改革の課題は重い。

まとめ

　法律と企業統治は非常に緊密に関連している。異なる法規制の整備によって投資家への保護の程度は異なっている。英米法系国家における中小株主への保護は大陸法系国家より進んでいると考えられる。一般的に英米法系国家は大きな資本市場を擁しており，幅広い中小投資家は皆積極的に上場会社へ投資を行い，株式所有構造は分散型という特徴を有している。

　中国の現状をみると，中小株主または債権者への保護は十分ではない。法律の未整備にせよ，あるいは法律の執行面にせよ，残されている問題は少なくない。中小株主と債権者の権利の保護指標をみると，中国は世界の平均値より低く，株式所有構造をみても，上述の表2.1からもわかるように中国の上場会社における集中型所有構造はまるで世界各国をリードしているようである。これは，逆に国有株放出の必要性と重要性を示唆している。[35]

　会社法，証券法および破産法と企業統治との緊密な関係は上述の分析からも明らかである。会社法は一国のなかですべて企業が各相手との間に結ばれている契約の共通部分であり，証券法は，上場会社における企業行動の規制とルールを示しており，破産法は債権者の権利と破産後の企業統治への規制を示している。中国における企業統治の短い歴史と諸般の理由で，企業統治と法律の整備はマッチしていない現状から，今後の法整備が課題となっている。

注：
(1) Easterbrook, F. and Fischel, D. (1983) "Voting in Corporate Law", *Journal of Law and Economics*, 26, 395-427.
(2) Roe, M. (1990) "Political and legal restrains on ownership and Control of public companies", *Journal of Financial Economics*, 27, 7-41.
(3) Easterbrook, F. and Fischel, D. (1991) *The economic structure of corporate Law,* Harvard University Press; Faccio, Lang, Young (2001) *American Economic Review*, vol. 91(1), 54-78.
(4) 張維迎 (1999a)「从资本结构看国有企业重组」『企业理论与中国企业改革』北京大学出版社

(5) Aghion, P., Hart, O. and Moore, J. (1992) "The economics of bankruptcy reform", *Journal of Law, Economics and Organization*, 8, 523-546.
(6) Hart, O. (1995) "Corporate governance: Some theory and implications", *The Economic Journal*, 105, 678-689.
(7) Kaplan, S. (1994a) "Top-executives turnover and firm performance in Germany", *Journal of Law, Economics and Organization*, 10, 142-159 ; Kaplan, S. (1994b) "Top-executive rewards and firm performance: A comparison of Japan and the United States", *Journal of Political Economics*, 102, 510-546.
(8) Hoshi, T., A. Kashyap and Scharfstein, D. (1990) "The role of banks in reducing the costs of financial distress in Japan", *Journal of Financial Economics*, 27, 67-88 ; Hoshi, T., A. Kashyap and Scharfstein, D. (1991) "Corporate structure, liquidity and investment: Evidence from Japanese industrial groups", *Quarterly Journal of Economics*, 106, 33-60.
(9) Aoki, Masahiko (1990) "Towards an economic model of the Japanese firm", *Journal of Economic Literature*, 28, 1-27 ; Roe, M. (1993) "Some differences in corporate structure in Germany, Japan and the United States", *The Yale Law Review,* 102, 1927-2003.
(10) Rafael La Porta, Florencio Lopez-de-silanes, Andrei Shleifer, and Robert W. Vishny (1997) "Legal determinants of external finance", *Journal of Finance*, vol, LII, NO. 3, 1131-1150 ; Rafael La Porta, Florencio Lopez-de-silanes, Andrei Shleif er, and Robert W. Vishny (1998) "Law and Finance", *Journal of Political Economy*, vol, 106, 1113-1155.
(11) David Landes (2000) *Culture makes Almost All the Difference, Culture Matters*, Basic Books.
(12) 崔之元 (1996)「美国二十九个州公司法变革的理论背景」『経済研究』第4期
(13) 張維迎 (1996b)「所有制, 治理结构与委托一代理关系」『経済研究』第9期
(14) 侯水平 (1997)「日本公司经营者监督制约法律制度及其对我国的启示」『改革』1997年第1期
(15) 林毅夫・蔡防・李周 (1997a)『充分信息与国有企业改革』(第1版) 上海三联书店 上海人民出版社
(16) 最近香港証券取引所は予約買収規定を全面的に見直した。買い集める側は買付制限を35%から30%に下げた。
(17) 北京市第2中級人民法院は2003年4月1日, 深圳市中科創業投資株式有限公司 (深圳証券取引所上場) の証券取引価格不正操作案の一審判決を下し, 上海華亜実業発展公司に罰金2,300万元, 丁福根や董沛霖ら6人の被告に対して2年2ヵ月から4年の有罪判決が言い渡された。丁福根ら3人はこのほかに罰金10万〜50万元。同事件は, 1998年11月から2001年1月まで, 呂新建らが深圳康達爾 (集団) 株式有限公司の流通株式 (証券コード：0048) について, 丁福根らを動か

して不正に操作，後に康達爾は中科創業と改称した。呂新建は一時期同銘柄を5,600万株保有したこともあり，これは実に同銘柄流通株式の55.36%に相当する。呂新建らは，こうした株価操作で数億，数十億元にのぼる不正な利益を取得していたといわれている。呂新建らは別件で逮捕されて，すでに訴訟となっており，今回は丁福根らの判決が下されたことで，この「中科創業」不正株価操作事件は一応の解決をみることとなった。『中新網』2003年4月1日付報道。

(18) Easterbrook, F. and Fischel, D. (1991) *The economic structure of corporate Law*, Harvard University Press.
(19) 孫永祥 (2006)『公司治理結構：理論与実証研究』上海三聯書店　p.67
(20) 江平 (2004)「中国における企業統治に関する法制度の位置付け─基調報告─」名古屋大学法政国際教育協力研究センター『CALE叢書』第3号
(21)「会社法」17条は，会社における党の活動について規定している。1999年「中共中央の国有企業改革と発展の若干重大な問題に関する決定」によれば，国有独資および国有持ち株会社の党委員会の責任者は法的手続に従い，取締役会と監査役会の職に就くことができる。取締役会，監査役会および管理層の党員責任者は，党の規約と関連規定に従い，党の委員会に入ることができる。党委員会書記と代表取締役は一人で兼任することができる。(1999)「中華人民共和国国務院公報」第34期　pp.1515-1517
(22) 瓊民源の全称は海南現代農業発展株式有限公司である。かつて1996年には株価が1,059%まで上昇し全国でもビッグニュースとなった会社だったが，98年，会計による財務不正行為が発覚し，97年に株式取引停止処分を受けた。98年，中国証監会は瓊民源の調査結果と処分意見を公表したが，調査によると，96年に報告された5.71億元の利益のなかで，5.66億元は捏造であり，また5.57億元の96年に公的積立金も全く事実無根であったことがわかった。会長と社長等は証監会からの告発を受け，現在服役中である。
(23) 銀広厦のスキャンダルにおける天勤会計士事務所の行った違法行為は，その最もよい例である。新華社ニュース記事「財政部による中天勤会計事務所の営業許可証の取消」2001年9月7日
(24) 東方電子の財務不正事件を指すが，1997年から2001年の間17.0475億元の営業収入を偽って報告した。2001年11月発覚後当社の株価が大暴落に見舞われ大多数の株主がパニックとなり被害を被った。同じく旧経営者らは刑事的処罰を受けた。
(25) 不祥事が明るみとなっている徳隆系証券会社の中富証券について，「中国証券報」は「1億元に上る借入金が返済できず，担保として差し出した徳隆系上場企業の株価が下落したうえ，一部の資産が差押えられており，経営困難に陥る可能性があるのに加えて，多くの顧客が資金を引出せない状態にある」と報じた。
(26) ここで称している"証券取引サービス機構"は主に投資顧問機構，信用評価機構，会計監査と法律事務所などを指すが，証券取引サービス機構としてのそ

の名称は妥当でない。
(27)「上場企業統治準則」4条の規定による。
(28) これに関する議論としては，聶徳宗 (2000)「会社法人統治構造の立法パターンおよび発展趨勢」第 6 期,『法律評論』pp.33-40 を参照。The Standing Committee on Company Law Reform: Corporate Governance Review: A consultation paper on proposals made in phase I of the review, 2001, at 45.
(29) The Standing Committee on Company Law Reform: Corporate Governance Review: A consultation paper on proposals made in phase I of the review, 2001, at 45.
(30) 近年，この面に関する主要な著書は以下の通りである。
Eckehard F. Rosenbaum, Frank Bonkerand Hans-Jurgen Wagener (ed.): Privatization, Corporate Governance and the Emergence of Markets, (2000); OECD: Corporate Governance, State-owned Enterprises and Privatisation, (1998);
近年の論文は以下の通りである。
John C. Coffee, Jr., Privatization and Corporate Gove nance: the Lessons from Securities Market Failure, Journal of Corporate Law, vol.25 (1999), at 1-39; Joaquin F. Matias, From Work-Units to Corporations: the Role of Chinese Corporate Governance in a Transitional Market Economy, New York International Law Review, vol.12 (1999), at 1-54; Merritt B. Fox and Michael A. Heller, Corporate Governance Lessons from Russian Enterprise Fiacoes, New York University Law Review, vol.75 (2000), at 1720-1780; Finanna Jesover, Corporate Governance in the Russian Federation: the Relevance of the OECD Principles on Shareholder Rights and Equitable Treatment, Corporate Governance, vol.9 (2001), at 79-88; Rado Bohinc, Stehpen M. Bainbridge, Corporat Governance in Pos -Privatized Solovenia, vol.49 (2001) The Journal of American Comparative Law, at 49-78. レイ・キンベス「企業統治における政府の役割」(ルーマニアの経験を重点に)，ロボート・バストリ「高い効率の所有制度への道—ロシア，ハンガリー，チェコの経済体制改革を論じる」。両論文とも中国(海南)改革発展研究院編『中国企業統治構造』(外文出版社，1999 年)による。pp.2-24　pp.25-32.
(31) Gary Pench (1998), 1997 an Outstanding Year Despite Market narrowness, Moscow Times, Jan. 13.
(32) Black, B. and Kraakman, R. and Tarassova, A. (2000) "Russian Privatization and Corporate Governance: What Went Wrong?", *Stanford Law Review*, 52: 1752-1757.
(33) 前掲 (31)；Cary Pench (1998) Poor Management Desroys Sberbank Tatneft, Moscow Times, Dec. 15, p.1736.

(34) 前掲注 (30) Fox and Heller, p.1762
(35) 孫永祥 (2006)『公司治理結構：理論与実証研究』上海三聯書店　p.74

第3章　中国における企業の所有構造と企業統治

はじめに

　中国の憲法では，国家は社会主義の初級段階において，公有制を主とする多種類の所有制経済の共同発展を基本とする経済制度を堅持し，労働による分配を主とする多種類の分配方法を共存させる制度を堅持すると示している。現在，中国の所有制経済には，国有経済，集団経済，私営経済，個人経営経済，共同経営経済，株式制経済，外国と香港，マカオおよび台湾の投資による経済などの形が含まれている。
　国有経済とは，生産資源は国が所有する経済の種類で，集団経済とは，生産資源は集団が所有する経済種類で，私営経済とは，生産資源は個人が所有し，雇用労働力を基礎とする経済種類を指す。個人経営経済とは，生産資源は個人が所有し，個人の労働を基礎とし，労働者個人がその成果を所有していることを示している。また，共同経営経済とは，所有制が違う企業，あるいは企業と事業部門が共同で投資し，新しい経済体を作る経済種類を示している。株式制経済とは，全部の資本は株主が出資し，企業に投資する経済種類のことで，外商の投資経済とは，海外の投資家が中国経済の法律と法規のなかで外国に関する部分に基づき，合弁，合作あるいは独資の形で，中国の国内に企業を設置する経済種類をいい，香港，マカオおよび台湾の投資経済とは，香港，マカオおよび台湾地区の投資家が中国経済の法律と法規のなかで対外に関する部分に基づき，合弁，協力あるいは独資の形で，中国大陸に企業を設置する経済種類を示している。香港，マカオおよび台湾の投資経済は，外商の投資経済を参考に，合弁経営企業，合作経営企業および独資企業の3種類に分けられる。
　企業の所有構造は，企業統治システムの構築に重要不可欠で企業経営の動機

付け，企業パフォーマンスの向上などに大きな影響を与える。ある意味では，企業の所有構造は企業統治の深層部ともいえる。

中国では歴史的要因もあってこの面に関する研究は西側に比べると遅れているが，近代企業制度改革の実施，資本市場の絶えまない拡大・発展および上場会社の増加などにつれて，所有構造の研究などを中心とする企業統治の研究は近年注視され盛んに行われるようになっている。

本章では，中国経済のなかで一番代表的かつ支配的な企業形態である国有企業から国策によって転換された株式制企業の統治構造をはじめ，企業統治を取り巻く企業の所有構造と企業パフォーマンスに関する相関関係を，中国の先行調査研究などを交えながら探ってみる。

1 中国企業の統治構造の特徴

図3.1は，中国上場会社の株式構造である。図からもわかるように，株式構造は主に，国家株，法人株，個人株となっているが，それらは中国の特徴ともいえる大半を占める非流通株と，限られた流通株に分けられる。

上場会社における株式構造自体が取締役の構成に決定的役割を果たしている。流通株のシェアは低く，多数を占めている国有株，法人株などは流通しな

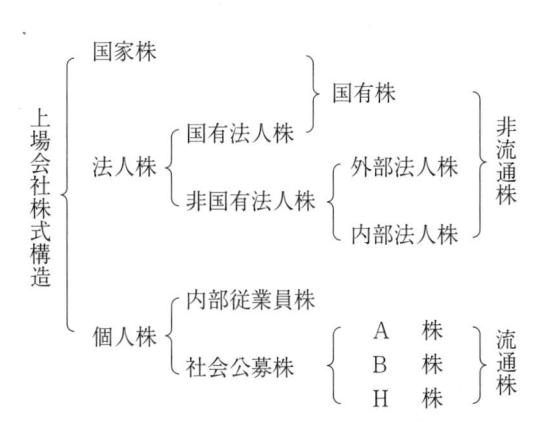

図3.1 中国上場会社の株式構造

出所）筆者作成

表3.1 上場会社における実際の所有状況

株主の性質	株主の組織形態		1999年	2000年	2001年	合計	全体に占める比率
個人持ち株	個人		0	0	1	1	0.03
	有限責任公司		19	35	48	102	3.27
	株式会社		5	7	7	19	0.61
	集団公司		21	27	33	81	2.60
	合計		45	69	89	203	6.51
集団(体)持ち株	集団(体)会社		13	12	12	37	1.19
	有限責任公司		10	13	11	34	1.09
	株式会社		2	2	3	7	0.22
	集団公司		22	26	27	75	2.40
	合計		47	53	53	153	4.91
政府持ち株	地方自治体	国資局	85	81	73	239	7.66
		財政税務局	7	8	10	25	0.80
		国有独資公司	70	72	74	216	6.93
		国有資産経営公司	50	59	70	179	5.74
		業種別持ち株会社	23	21	25	69	2.21
		政府機関	6	8	8	22	0.71
		全人民所有制企業	27	30	30	87	2.79
		株式会社	8	7	7	22	0.71
		有限責任公司	29	35	39	103	3.30
		国有企業集団公司	319	367	395	1,081	34.66
		合計	624	688	731	2,043	65.50
	中央政府	中央管轄企業	114	135	149	398	12.76
	その他	海外進出国有企業	10	11	11	32	1.03
		大学	13	17	22	52	1.67
		研究機関	3	6	7	16	0.51
		金融機関	6	8	10	24	0.77
		合計	32	42	50	124	3.98
情報未公開の株主の性質または株主の組織形態			61	73	64	198	6.35
合計			923	1,060	1,136	3,119	100

注:集団支配中の集団(集体)とは,非公有制の集団組織を指す。例えば,町の住民委員会(町内会),従業員持ち株会など。有限責任公司とは,株主人数が2～50(国有独資公司を除く)で,株主と公司(前者は出資額,後者は資産)ともに有限責任制である。集団(集体)公司も有限責任制であるが,組織形態は非常に特殊であるためここでは単独で示している。株式会社の株主は比較的に分散しており,株主と会社側ともに有限責任制である。国資局は国有資産管理局,国有資産管理委員会または国有資産管理弁公室を指す。地方財政税務局とは,地方財政局または税務局を指す。国有独資公司とは,国

有資産経営公司および業種別持ち株会社以外の株式制国有独資企業を指す。政府機関とは，国資局，地方財政局以外の政府機関を指す。国有資産経営公司とは，国有資産経営公司，国有資産投資公司（管理会社と持ち株会社），各省・自治区，市の投資公司（管理会社と持ち株会社），深圳市経済特別区発展集団公司，深圳市建設投資持ち株会社を指す。業種別持ち株会社とは，業種別持ち株会社と業種別資産管理会社を指す。地方自治体の全人民所有制企業とは，各地方における国有独資企業，公有制企業を示しているが，主に株式制転換前の企業を指す。地方国有企業集団公司とは，地方政府が持ち株主となっている国有企業集団を指す。中央管轄企業とは，中央管轄の全人民所有制企業，および地方のその子会社を意味しているが，各中央省庁，中国科学院，人民日報社，旧中央企業工作委員会が管轄している企業（最初公表された196企業を基準）を指す。海外進出国有企業とは，香港，マカオ，台湾地区および外国へ進出した企業を指す。研究機関とは，中国科学院など科学研究機構所属の各研究院，研究所を指す。証券機関とは，証券会社およびその基金を指す。金融機関は銀行，信託投資公司および金融資産管理会社を指す。大学とは，大学管轄の集団公司または公司を指す。
出所）Wayne Yu & Hongjun Zhu（2003）より筆者作成

い，いわゆる非流通株となっている。大多数の上場会社では，国有独資企業における株式制への転換，または企業集団内部で資産の人為的調整によって管轄の一企業を上場させるものが一般的であった。従って，親会社または企業集団は，発起人として上場会社を絶対支配下に置き，いわば上場会社における"1株独大"状況を呈している。

図3.2は中国における大株主の形態，表3.1は上場会社における実際の所有状況を示している。図と表から中国における株式形態と実際の所有状況を伺うことができる。

転換経済の実行にともなって導入されている一連の制度の下での中国上場会社の統治構造はさらに複雑となっている。ここでは主に2点が指摘できる。

1つは，中国の上場会社は古典的な企業制度発展に従って自然に生まれたものではない。主に，計画経済体制下の企業制度への批判と改革のなかで接ぎ木の形で企業に付加されたもので，それは国有企業に与えられた使命でもあった。全人民所有制の主導的地位を確保するため，国家の政策制定者らは株式所有構造のなかに国有株，法人株並びに公衆流通株を設け，国有株の絶対的な指導的地位を確保させた。こういう特殊な所有構造の下で，企業統治問題の中心は経営陣と株主間の利害関係だけでなく，支配大株主と中小株主間の利益衝突がさらに大きな問題となっている。

もう1つは，中国の上場会社の企業統治自体は転換経済の共通特性をもって

64　第 1 部　企業統治システムの構築

```
大株主の形態 ┬ 個人株主 ┬ 個人直接支配
         │ または  ├ 有限責任公司
         │ 同族株主 └ 株式有限公司
         │
         ├ 集団（体）┬ コミュニティ，従業員持ち株会
         │ 株主    ├ 有限責任公司
         │       └ 株式有限公司
         │
         └ 政府株主 ┬ 地方自治体  ┬ 地方政府：国資局，財政局，その他政府機関
                 │ 株主     │ 国有独資公司，国有資産経営公司，業種別持ち株会社
                 │        │ 全人民所有制企業，株式会社，有限責任公司
                 │        │ （非国有独資）
                 │        └ 地方国有企業集団公司
                 │
                 ├ 中央政府株主：中央管轄企業（国資委発足当初の 169 社が現在は再編
                 │              によって 08 年 1 月 30 日現在 150 社に）
                 │
                 └ その他 ┬ 海外進出国有企業
                        ├ 大学，研究機関
                        └ 証券，金融機関
```

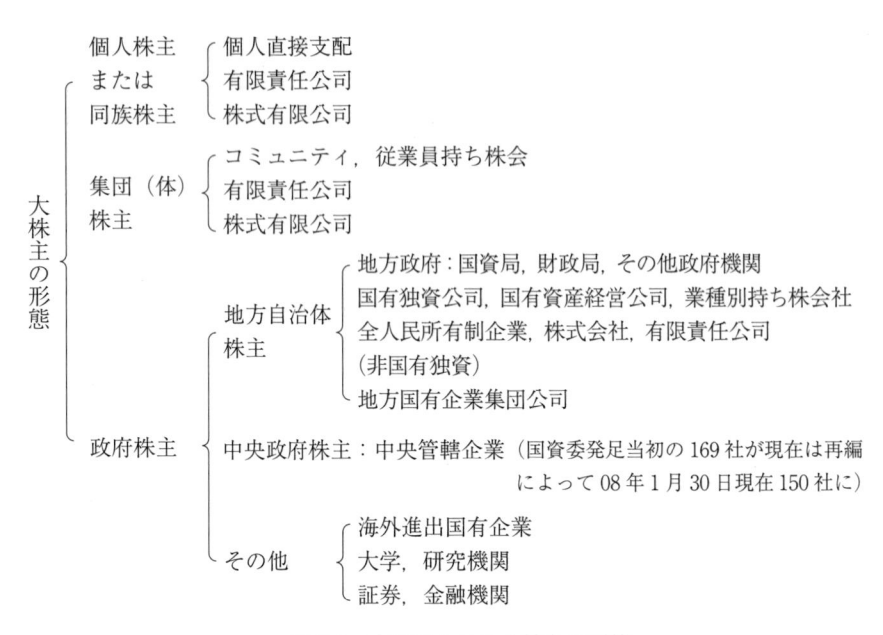

図 3.2　中国における大株主の形態

出所）筆者作成

いることである．つまり，数量と規模の面で絶対のシェアを占めている国有企業に改造と再編を行う際，法律体系の不健全さと監督面での弱さという状況の下で，企業の経営陣は計画経済解体の後残された真空帯を把握して企業を強力にコントロールしたのである．こういう状況の下では，経営陣が実際の企業所有者となっているといっても過言ではなく，いわば内部者コントロール（Insider Control）が生まれたのである．

　現段階における中国上場会社の企業統治構造には，2 つのシステムが存在しているといってよい．1 つは，株主支配の統治システム，もう 1 つは内部者支配統治システムである．この 2 つの統治システムは常に 1 つの会社として複雑に重なっている．株主支配統治システムでは，株主が個人または私営企業の場合往々にして同族型経営タイプが多い．もし株主が国家である場合，行政と企業が混同されていわば"政企不分"となることが多く，国家の企業に対する直接関与と行政的なコントロールは企業価値の最大化に相反している．この

2つのシステムは普通1つのキーパーソン・コントロールモデル（Key-person Control Model）の形に融合されるが，ここでのキーマンとなる重要人物は常に企業の最高経営者または株主の代表として，支配権，執行権，監督権などほとんどの権限を握っている。

何浚（1998）は，1996年までの上海，深圳両証券取引所に上場されている53社をサンプルとして，その企業の株式所有構造から異業種における上場会社の企業統治構造の比較調査，研究を行った。調査の結果，株式所有構造は奇形で，国有資本主体が空席となり，株主のコントロール権の欠如，経営陣のインセンティブ・メカニズムの不健全などが，上場会社における企業統治構造の主な欠陥であることを明らかにしている[1]。

また，何浚は，内部取締役の人数が取締役会全体に占める比率によって"内部者支配制度"を判断したが，これによると内部者支配が平均で76.6％であり，持ち株比率の増加によってその支配が増大している傾向を示している。

谷書堂，李維安と高明華（1999）は，1997年末までに上場されている104社を中心にアンケート調査から以下のような結論を得ることができた[2]。①上場会社の内部統治メカニズムは，一応企業が求めている行動規範と統治の機能には合致しているが，まだ完全を期するところまでは至っていない。②企業の主要な意思決定には最高経営者を中心とする取締役会が中心で，従業員取締役，監査役会，上級主管部門は補佐の役を果たしている。③取締役への規定，任期制，取締役の交替，養成と評価メカニズムは初歩的な段階だが確立されている。

趙瑜剛と王立彦による北京地域の16の上場会社における現地調査では，上層部の経営陣が職務を兼任している以外，上場会社における企業統治システムは比較的完全であるということが指摘されている[3]。

しかし，取締役，監査役メンバーの異動が頻繁で，このことは企業の持続的で安定した発展には不利であると指摘している。企業が上場を果たした後，その統治システムは表面的には一応完全であるとみえるが企業統治メカニズムへの転換は完全であるとは限らないし，動機付け制度の確立，評価制度と内部者

支配制度等への調査結果をみる限り，国有独資株式会社における統治メカニズムの転換が遅れており，なかでも国有事業部門における国有持ち株による絶対支配の場合，その運営への柔軟性が乏しく非常に硬直した状況に置かれている。それに対し，国有持ち株比率が比較的に優位の企業または外資あるいは民間の場合，その統治メカニズムの運営は柔軟であることが明らかにされている。

2 株式所有構造と企業パフォーマンス

Shleifer & Vishney (1986), McConnell & Servaes (1995) は，機関投資家が株式を一定比率以上保有することは，機関投資家のモニタリング強化を通じて，経営者のモラルハザードを防ぐ役割があるとの仮説をテストして，成長性の低い企業において機関投資家等の株式保有比率の上昇が，企業パフォーマンスの改善につながっていることを示している。[4]

Jensen (1986), Stulz (1990), Hart & Moore (1995) は，負債の規律効果があり，一定水準の負債が存在することで，正味現在価値 (NPV) は負であるが経営者の私的便益は正である投資のプロジェクトを選択するという経営者のモラルハザードを防ぐことができる，という考え方が提示され，実証分析が試みられてきた。[5]

また，Lang, Ofek, & Stulz (1996) は，アメリカ企業を対象に，投資機会の乏しい企業のみでは投資が負債に負に反応することを見出し，それを負債の規律効果の結果と解釈した。[6] このような分析は，株式所有構造のなかで株主や債権者等の外部統治構造の特性と企業パフォーマンスとの関係を示唆してきた。

中国株式会社企業の株式所有構造上の特質として，国有株主を中心とする圧倒的な支配的地位を維持している非流通株と3割強を占めているA株を中心とする流通株を挙げることができる（第7章で詳しく取り上げる）。

こうした集中的所有構造のもとでは，流通株式は非常に分散されていることと，機関投資家のもとに株式が集中するという傾向がみられる。なお，市場経済の発展にともない，流通できない株式に関しては2005年から，非流通株から流通株への改革が本格的に始まっており注目を集めている。

株式所有構造と企業のパフォーマンスの間の相関は，プラスなのかマイナスなのか？　これまでの諸研究発表によれば，結論は（統計的に有意なものに限っても）両方に分かれている。(7) さらに，いずれか特定のステークホルダーの所有と特定の企業成果指標との間には，強い影響が表れているのか否か？　または，その両者間には，単に相関 (association) がみられるにすぎないのだろうか？　株式所有構造は企業統治におけるひとつの重要な潜在メカニズムである。

　中国上場会社の集中的所有構造および特有の株式分布は，企業統治と企業パフォーマンスに大きな影響を与えている。近年，中国でも上場会社における所有構造と企業パフォーマンスの研究が盛んに行われている。ここでは中国の学者らの先行研究を取り上げ，所有構造と企業パフォーマンスとの関係を探ってみる。

　許小年と王燕 (1998) は，中国の所有構造が上場会社の企業パフォーマンスに与える影響を早期的に研究した学者である。彼らは，1993年から1995年までの期間における上場会社の所有構造と企業パフォーマンスに関する実証研究を行った。研究の結果，持ち株の集中度と法人株の比率が高い場合は企業のパフォーマンスに与える影響が大きいが，国家の持ち株比率が高い場合は与える影響が逆にマイナスとなり，流通株の比率が与える影響はあまり大きくないと指摘した。(8)

　許小年と王燕のこの研究は大きな反響を呼び，この問題に関する全国的関心が高まり，研究は本格化された。

　中国の国内の動向をみると，孫永祥と黄祖輝 (1999) は，分散的所有構造より集中的所有構造の方が企業経営の動機付け，M&Aおよび監督メカニズム機能の発揮にプラスとなり，ひいては企業パフォーマンスの向上に有利であるという。(9)

　彼らは1998年末までに上海証券取引所に上場された503社（A株）について実証調査を行ったが，株式集中度と Tobin's Q 値（トービンのq）の間ではU型関係をもち，彼らが立てていた仮説がある程度正確であることを裏付けたといっている。

施東暉（2000）は，国有株と流通株の比例が上場会社パフォーマンスへ与える影響は大きくなく，法人株主における企業統治構造での役割は異なっていて，外部法人を中心とする株主の分散的所有構造の企業パフォーマンスは法人持ち株型統治構造よりよく，法人持ち株型企業統治構造は国有持ち株統治構造よりよいと指摘している。[10]

しかし，企業パフォーマンスに対する所有構造の影響は業種の状況と業種間の競争にも及んでいる。

陳暁・江東（2000）は，業種，企業の規模とマクロ経済条件などの要素を除き電子・電気，商業と公共事業の3つの部門における上場会社への調査を通じて，法人株と流通株が企業のパフォーマンスにプラスの効果があるが，この場合競争が激しい電子・電気業界に限って国有株はマイナスの効果を呈するが，しかし競争が弱い商業と公共事業分野ではそうではないことを明らかにした。[11]

朱武祥と宋勇（2001）は，上場家電メーカー20社における調査を通じて株式の所有構造と企業価値に関する調査研究をまとめたが，彼らは，競争力が割合激しい家電業界では株式所有構造と企業価値とは大きな相関関係をもっていないという。[12]

陳小悦と徐暁東は，1996年から1999年まで金融業を除いた深圳証券取引所における全上場会社に対して調査を行い，外部投資家への利益確保ができない企業の流通株と企業パフォーマンスの間ではマイナス効果，政府からの保護を受けていない産業の筆頭大株主と企業パフォーマンスの間ではプラス効果があり，国有株および国有法人株と企業パフォーマンスには大きな相関関係がないことを示している。[13]

企業統治における株式所有構造と企業パフォーマンスとの関係に関する研究は海外の中国系学者によっても盛んに行われている。

許小年と王燕（1998）の研究結果とは逆にChen & Yuan（1998）の研究では，上場会社のパフォーマンスと国有株は正比例の相関関係をもつものの，法人株とは正比例ではないことを示唆している。[14]

Sun, Tong & Tong（2002）は，国有株と法人株を政府持ち株として前提した

上で, 1994 〜 1997 年上場会社サンプルを中心に分析した結果, 企業のパフォーマンスと政府持ち株との間にはＵ型関係があり, 適度な国有株の持ち率は上場会社パフォーマンスの向上に最適であると述べている[15]。

　Tian（2001）は, 1994 〜 1998 年のデータを用いて研究した結果, Sun, Tong & Tong と全く違う結論を出している[16]。政府持ち株と企業の価値とはＵ型関係となっているが, 適度な混合所有構造は企業パフォーマンスの向上に一番悪く, 低い国有株のシェアを上げた場合企業の価値は下がり, 逆に国有株が高いシェアを占めた場合企業の価値はその国有株の増加にともなって高くなると指摘した。

　Liu & Sun（2002-2006）は, これらの先行文献研究には１つの共通の欠点があると考えている。つまり, 企業における最終支配権をはっきり区分していないという点である[17]。彼らは, 先行研究が国有株と法人株を分けていることこそが曖昧であると強調しているが, 要するに法人持ち株主は依然としてほとんどが国有企業である関係で, 先行文献の結論には誤解を与えるおそれがあると示唆している。

　Liu & Sun は, 中国の 84％の上場会社は国家が最終的に支配しており, なかでも 8.5％は国家による直接支配, 75.6％が国家による間接的支配であると発表している。彼らは最終支配権の区分の前提の下で多種政府による統治方式効果の比較研究を行い, そのなかから一番効率が悪いモデルを見出したが, 残念ながら国有と非国有支配構造下の企業パフォーマンスに対する分析には及ばなかった。

　以上は, 主に中国における上場会社の企業統治, 特に所有構造と企業パフォーマンスとの相関関係に関する中国の学者らの研究状況を取り上げたが, しかし先行研究では, 株式所有構造の内部状況, つまり上場会社における集中所有の形成および変化にはあまり触れられていない。したがって, このような状況下における研究の結果には多少偏差が生じる可能性はあると考えられる。

　馮根福と韓氷（2002）は, 1996 年末までの 181 の上場会社のケースを挙げ, 4年間のパネルデータを用いながら株式集中における変動を分析した[18]。彼らの研

究結果から,上場会社のパフォーマンス,会社の規模,持ち株主体と業種の分布などは上場会社における株式集中に直接影響を与える主要要因であることがわかった。

李涛(2002)も内部における株式所有構造状況に注目した。彼は1989年までの上場会社を研究サンプルとして分析し,企業が上場する際政府が決める国有株の持ち率の変化を調べたところ,上場後の国有株の比率変動は企業利益の最大化過程を決め,上場後パフォーマンスが落ちれば落ちるほど国有株の比率が下がることがわかった。[19]

株式所有構造が企業パフォーマンスに与える影響に関する研究では必ずしも一致した結論が出されているとはいえない。以上における中国の先行研究,調査のケース分析から,以下4点でその原因が挙げられる。

① 中国における株式市場の歴史は短くデータの獲得も容易ではない。先行研究のサンプル自体も時間上の問題で一部に限られており,また多数の単なる表面上のデータによる静態分析であるため結論の安定性は欠けている。

② 市場競争の影響を見落としたこと。企業パフォーマンスに対する企業統治の影響は市場競争メカニズムの発揮に大きく左右される。研究に,所有構造が企業パフォーマンスに及ぼす影響の分析,市場競争の要因を取り入れなかったことによって,研究結果に必然的に偏差が生じるわけである。

③ 企業所有構造の変化と形成はさまざまな企業パフォーマンスレベルの結果につながっている。つまり,所有構造の変化は企業内部状況の変化を随時反映しなければならない。

④ 多数の研究文献では,純資産収益率またはTobin's Q値で企業のパフォーマンスを計ることを取り上げているが,純資産収益率は企業パフォーマンスの動態変化を反映せず,なおTobin's Q値は中国株式市場における正常ではない投資行動の影響を受けている。[20]

3 企業パフォーマンスに与える統治メカニズムの影響

所有者支配の強い会社と経営者支配の強い会社との間,または株式所有集

中度の高い企業・低い企業の間などで，異なる企業統治メカニズムが企業パフォーマンスに与える影響に関して，中国の学界では大きな関心をもっている。

魏剛・蒋義宏（2001）は，1998年における上場会社経営者の報酬を調べた結果，上場会社における経営者のキャッシュ収入は高くなく，報酬体系も不合理でその形も単一であり，業種間の格差が大きいことがわかった。経営者による"ゼロ報酬"，"持ち株ゼロ"状況が普遍的で，経営者の報酬と企業のパフォーマンスとはあまりリンクされていないと指摘している。[21]

于東智と谷立日（2002）は，2000年までの上場会社1,083社のデータを基に，企業の経営権と企業パフォーマンスとの相関関係の研究を通じて，会長と社長である総経理の指導構造と企業のパフォーマンスとは顕著な線形性関係をもっていないことが明らかになった。[22]このような結論から彼らは，最適な企業統治システムの構築について，根本的な決定要因は合理的な所有構造と市場化に合致する人事任免システムの構築であることを示した上で，中国現行の制度の下では，社長が会長を兼任することが最良の選択であろうと示唆した。

孫永祥は，上場会社における取締役会に関する調査を通じて，取締役会の形式，取締役の役割分担構造は企業統治にとって大変重要であり，取締役会の規模と企業パフォーマンスとはマイナス関係を呈するので，割合小規模の取締役会は企業統治効率の向上に有利であると指摘している。[23]

李格平と黄斌（1999）は，1997年～1999年6月までに譲渡された国家株の43社における企業統治システムの調査を通じて，法人株主の持ち株比率の増加と法人大株主の導入など所有構造の変化によって取締役会の構造，経営陣におけるインセンティブ・メカニズムおよび内部者支配問題などが根本的に改善されたことを示した。[24]従って，法人大株主の導入は株主と経営者との間に比較的有効な権力牽制メカニズムとインセンティブ・メカニズムの構築に有利であると考えられる。

龔玉池（2001）は，上場会社のパフォーマンスと経営者の交替との関係に関する調査研究を通して，企業のパフォーマンスと経営者の交替とはマイナス関係を呈していると指摘した。[25]特に産業構造改革後の企業の収益率で企業パ

フォーマンスを計る際，経営者の入れ替えが常例でない場合には資産収益率，営業収入などとはマイナス関係を示しているが，株式超過収益とは大きな関係を示さないといっている。なお，彼は，企業パフォーマンスに対する外部取締役の役割はあまり大きくないため，常例にともなう外部取締役の入れ替えは企業のパフォーマンスにあまり大きな影響を与えず，その入れ替えが常例でない場合でも影響は短期的にはあるが長期的にはほぼないと示している。

総じて，経営者を規律付ける手段として，経営者報酬のパフォーマンス連動が採用されていることが実証的にも確認されるが，経営者報酬と他の経営者の規律付けの手段，具体的には集中的所有構造の下で国有大株主や取締役による規律付けとの関係は，上述の先行研究，調査から比較的にはっきり示されている。集中的所有構造の下での大株主が経営者を直接コントロールする比率が高い状況下では，経営者報酬をパフォーマンスに連動させる必然性は当然高い。株主による経営者のコントロール圧力が弱く，経営者が自身の報酬決定に実質的な支配権をもつ場合，報酬制度が非効率的になる可能性はある。[26]

従って，経営者の報酬が企業のパフォーマンスに対して連動性をもっているかは，企業統治メカニズムによってその差異はあるが，その点を引き続き考察する必要があると考えられる。

まとめ

企業価値，企業のパフォーマンスは，企業における所有構造とひとつの関数関係をもっている。企業の所有構造はいうまでもなく統治メカニズムとつながっている。つまり，所有構造は企業統治の構築にプラスまたはマイナスの影響を与えるということである。企業統治構造と企業パフォーマンスに関するこれまでの伝統的な分析は，株主や債権者等の外部統治構造の特性と企業パフォーマンスとの関係に焦点をあててきた。経営者と株主の間のエージェンシー問題の解決を可能とする統治構造改革，特に情報公開活動への積極的な取組みは，企業パフォーマンスを引き上げることができる。急速に市場化する外部環境下にある企業にとって，情報の公開は，エージェンシーコストの引き下

げや，経営者の緊張感の上昇を介して，企業パフォーマンスに好影響を与える。[27]

本章では主に，図表および中国学者らの先行研究結果を取り上げながら中国企業統治構造の特徴，株式所有構造と企業パフォーマンス，企業パフォーマンスに与える統治メカニズムの影響を考察したが，中国の現状を考えると，企業の上級管理部門および証券取引所が新規上場の審査を行う際，企業の株式所有構造の合理性を十分に把握することがひとつのポイントである。これによって企業統治構造の最善を図り，ひいては企業のパフォーマンスの向上に努めていくことができると考えられる。

注：

(1) 何浚（1998）「上市公司治理结构的实证分析」『经济研究』(5)　pp.50-57
(2) 谷书堂・李维安・高明华（1999）「中国上市公司治理的实证分析—中国上市公司内部治理问卷调查报告」『管理世界』No.6　pp.144-151
(3) 上海証券取引所研究センター編（2003）『中国企業統治報告』復旦大学出版社　p.309
(4) Shleifer, A. and R. Vishney (1986) "Large Shareholders and Corporate Control", *Journal of Poltical Economy*, 94 (3), pp.461-488; McConnell, J. J. and H. Servaes (1995) "Equity Ownership and the Two Faces of Debt", *Journal of Financial Economics*, 39, pp.131-157.
(5) Jensen, M. C. (1986) "Agency Costs of Free Cash Flow, Corporate Finance, and Takeover", *American Economic Review*, 76, pp.323-329; Stulz, R. M. (1990) "Managerial Discretion and Optimal Financing Policies", *Journal of Financial Economics* 26: 3-27; Hart, O. and J. Moore (1995) "Debt and Seniority: An Analysis of the Role of Hard Claims in Constraining Management," *American Economic Review*, 85, pp.567-858.
(6) Lang, L., Ofek, E. and R. M. Stulz (1996) "Leverage, Investment, and Firm Growth", *Journal of Financial Economics*, 40, pp.3-29.
(7) 宮本順二朗「株式所有構造と企業成果」http://www.zaim.jp/0516.pdf
(8) 许小年・王燕（1998）「中国上市公司的所有制结构与公司治理」梁能主编『公司治理结构：中国的实践与美国的经验』中国人民大学出版社　pp.105-127
(9) 孙永祥・黄祖辉（1999）「上市公司的股权结构与绩效」『经济研究』(12)　p.5
(10) 施东晖（2000）「透视全球交易所整合浪潮」『证券时报』
(11) 陈晓・江东（2000）「股权多元化，公司业绩与行业竞争性」『经济研究』No.8　pp.28-35
(12) 朱武祥・宋勇（2001）「股权结构与企业价值—对家电行业上市公司实证分析」

『経済研究』No.12 p.8
(13) 陈小悦・徐晓东 (2001)「股权结构, 企业绩效与投资者利益保护」『经济研究』No.11 p.3
(14) Chen Xin-yuan and Yuan Hong-qi (1998) "The accounting research on asset construction of listed companies", *Accounting Research*, 12.
(15) Sun, Qian, Wilson Tong and Jing Tong (2002) "How Does Government Ownership Affect Firm Performance? Evidence from Chinas Privatization Experience", *Journal of Business Finance Accounting*, 29 (1).
(16) George Lihui Tian (2001) "State Shareholding and the Value of China's Firms" Working Paper, London Business School.
(17) Guy S. Liu and Sandy Pei Sun (2002-06) "The Class of Shareholdings and its Impacts on Corporate Performance – A Case of State Shareholding Composition in Chinese Publicly Listed Companies", *Inomics® RePEc Archive*.
(18) 冯根福・韩冰 (2002)「中国上市公司股权集中度变动的实证分析」『经济研究』No.8 p.6
(19) 李涛 (2002)「混合所有制公司中的国有股权」『经济研究』No.8 pp.19-27
(20) 前掲 (3) p.311
(21) 魏刚・蒋义宏 (2001)「中国上市公司股利分配问卷调查报告」『经济科学』No.4 pp.79-87
(22) 于东智・谷立日 (2002)「公司的领导权结构与经营绩效」『中国工业经济』No.2 pp.70-78
(23) 上海証券取引所研究センター編 (2003)『中国企業統治報告 (2003 年)』復旦大学出版社 p.312
(24) 李格平・黄斌 (1999)「国家股转让与上市公司治理结构的优化」『财贸经济』No.8 pp.36-42
(25) 龚玉池 (2001)「有效制度供给不足与中国经济增长」『经济学家』No.1 pp.16-20
(26) Bebchuk, L. A., Fried, J. M. and D. I. Walker (2002) "Managerial Power and Rent Extraction in the Design of Executive Compensation," *The University of Chicago Law Review*, 54 pp.887-951.
(27) 財務省財務総合政策研究所研究部研究報告書「進展するコーポレート・ガバナンス改革と日本企業の再生」の概要, 平成 15 年 6 月 20 日

第2部　企業統治システムの形成過程と集中的所有構造

第4章　中国企業の形態と企業統治

はじめに

　企業形態には，経済的企業形態と法律的企業形態がある。経済的企業形態はその出資者の種類，構成，出資方法の相違，人数によって分類される。企業の資本が，単独もしくは少数の出資者から調達された個人出資企業，少数出資企業であるか，または多数，広範囲にわたる出資者から調達された多数出資企業であるかによってさらにわけられている。法律的形態は，企業がどのような法規定に基づき設立・運営されているかによって分類される。日本では，商法において，会社は合名会社，合資会社，株式会社の3種類に分類されている。加えて有限会社法において有限会社が規定されているが，2006年5月から施行されている新会社法によって有限会社は廃止され，合同会社が新たに導入された。

　社会主義体制の国家としての現状と特殊性から考えると，中国の企業形態は主に全人民所有制企業，集団所有制企業および私有制企業に分けられる。つまり，この最終的所有者らと企業の経営者間にプリンシパル・エージェンシー関係が結ばれている。また，改革開放にともない中国経済の大動脈となっている。また，国有企業の株式制への転換が国策として大きく推進されている。また，その根幹となっている会社法である公司法によって，株式制企業の形態は有限責任公司（会社）と株式有限公司に分けられている。なお，外国からの直接投資を誘致するため，外国資本関連法に基づいて合弁，独資，合作という3形態の資本の企業が生まれた。

　本章では，中国の企業形態を主に所有制形態，法形態，その他の形態，の3つに分けて，企業統治の立場から近代企業制度，国資企業論および企業形態とその特質を取り上げる。

1 近代企業制度の確立と国資企業論

(1) 近代企業制度の確立

近代企業制度の確立は，中国共産党第14期3中全会で提起された改革構想である。その具体的内容は以下の3点にまとめることができる。

① 国有企業を近代企業，すなわちa) 国家を含む多数の出資者の投資によって形成された全法人財産権を保有し，民事上の権利を享有し民事責任を負う法人実体にし，b) 国家の所有者としての権限が出資額の範囲内へ限定された有限責任の，そして，c) 株主—取締役（董事会）—経営陣などの規範的な企業組織制度を確立した会社組織，具体的には株式会社，有限会社（公司）へ改革する。

この改革では，法人財産権の企業への付与による所有権と経営権の分離，多元的所有主体の会社制の形成が重要なポイントとなっているが，後者に関連して3点を付け加えると，第1は，株式会社制化の具体的方法は，大中型国有企業に関しては，従来の国有企業の資産を評価して国家株とし，それに新たな出資者を加えるというもので，国有資産の，民間への売却ではないことである。その限りで，ロシアや東欧のような全面的民営化私有化とは異なる。ただし，一般の小型国有企業に関しては，長期的には大部分の国有資産を集団あるいは個人へ売却することを容認する，いわば「抓大放小」の国有企業改革の戦略である。

第2は，所有主体の多元化に制限があることである。具体的には，国家の安全，国防，先端技術，ある種の特定の業種・製品に関わる企業に関しては，一部分は従来同様，国有独資会社（株主総会を設けず，国家授権投資機構あるいは国家授権部門が，会社の董事会に株主総会の一部の権限を授権し，董事会メンバーは国家授権投資機構，国家授権部門が任命派遣する）とし，国家が完全に支配するとしている。

第3は，大多数の大中型企業に関しては国家を含む多元的所有主体の形成を目標としているが，国家株の所有比率に区別があることである。すなわち機械，電子，自動車製造，建築などの基幹産業と基礎産業のなかの中核企業等につい

ては，国家が支配株を握ること，その他の産業政策に合致し，競争のある業種の大部分の企業については国家が支配的地位につかなくてもよいとしていた。後者に関しては民間への経営権の移転が容認されていたといえよう。

②国有資産を管理・運営する独立の部門を設立する。具体的には政府の行政部門としての国有資産管理部門（国資委），営利を目的に国有資産の運用を図る国有資産運営機構（持ち株会社），企業の，3階層の管理・運営体系を設立する。

この改革のねらいは，所有権と経営権の分離を目的とした上述の改革に加えてさらに，国有資産の所有主体を明確化しようとするところにある。従来，形式的には国務院が国家所有の所有主体とされていたものの，現実の所有権の行使は社会管理職能を担う中央，地方の各行政部門に分割されていた。

しかし，各部門が行使できる所有権は所轄分野に関連した部分的なものであり，どの部門も国有企業の運営結果に対して全面的に責任を負うことができない，また責任を負わない，その意味で所有主体を特定することができない構造であった。この改革は，政府の職能を社会管理職能と国有資産所有者職能とに分離することによって，こうした問題の克服を図ろうとするものであった。

③政府行政部門を整理・統合・再編成する。具体的には，従来，企業を直接管理・管轄してきた産業部門別の企業主管部門を解体し，その政府職能は総合経済管理部門へ集中，統合し，業種管理職能は行政権限をもたない業種別の協会へ移行し，資産管理・経営職能は国有資産運営機構（持ち株会社）へ移すことが提起されていた。

以上の現代企業制度確立構想は，国有企業の低迷の原因を，所有権と経営権の分離の不徹底，明確な所有主体の欠如など，所有制構造に求め，その改革こそ中心的課題であるとするものであった。

(2) 国有企業の解釈の変更——国資企業[1]

国有企業には，"国営企業"から"国有企業"（93年全人代第8期第1回会議における憲法改正によって），また共産党第15期大会後の国有企業から株式制への転換にともなう"国有と国有持ち株会社"へという3つの大きな変化が

あった。改革の深化と拡大開放のなかで"国有と国有持ち株会社"の概念では，すでに各経済領域に広がっている国有資本の役割への正確な解釈が遅れ，特に企業活動における国家株の重要な役割（国有資本の参加）への解釈が欠けている。

国有企業改革のなかで，特に競争が激しい分野では主に国有資本（国家株）参加の形が重要な役割を果たしている。こういう状況の下で，理論界では"国有資本企業"（国資企業）という新しい概念を打ち出している。つまり，国家資本が投資された企業は"国資企業"にすべきであるということである。

国資企業には，国家独資会社，国家持ち株会社，国家資本（株式）参加企業が含まれている。国有企業の外側からみると，国有企業はすでに単なる国有工業企業ではなく，非工業領域の国有企業，例えば，金融，保険，独占分野，公共事業分野，商業・小売業など，あらゆる国有資本の投資，運営の部門に及んでいる。情勢の変化，改革の進展によって，適時に国有企業の内部状況と外部環境への調整を行うことは企業改革には十分必要であった。

2002年から国有企業改革への構想が広くなりつつあって，異なる地域，業種，規模の国有企業などに対し，多チャンネルの改革構想が築かれ実施されてきた。

例えば，
① 積極的に政企分離を推進し政府と企業間の関係を明確にする，
② 近代企業制度つまり株式制企業制度への改革の推進によって規範化された企業統治制度の確立，
③ 国有資産管理への有効な方式の探索を通じた国有企業への監督，管理の強化，
④ 企業内部のインセンティブ・メカニズムの確立，
⑤ 独占部門に競争メカニズムを導入し，独占局面を排除，
⑥ 段階的に国有企業における社会負担を切り離す，
などである。

なお，2003年10月の共産党の16期第3次中央全会（16期3中全会）では，国有資本，民間資本が両立する「混合所有制経済」の発展を明記し，推進することが採択され，「重要な突破」$^{(2)}$と位置づけられた。それ以来，混合所有制経

済の発展はあるものの全体からみると，依然として国有資本がメインである状況は変わっていない。企業統治は，企業経営のチェック機能をどこに求めるかを意味している。中国の独特の企業形態の内容から考えると，改革開放前の全人民所有制企業という単一形態から形態の分類は豊富になっているがいずれにせよ集中的所有構造の前提の下で企業統治を探求しなければならない。

2 企業形態とその特徴

(1) 所有制形態による分類

　1978年改革開放前の中国企業の形態は，全人民所有制形態の企業がメインとなって，企業形態は非常に単純であった。改革開放実施後の企業形態は社会主義国家という立場から全人民所有制をメインとする多種な形態に展開されている。

　表4.1は所有制形態による中国企業の分類である。表からもわかるように，共産党第15期代表大会の決定によって国有企業を中心とする各所有制企業は株式制への転換が実現の方向となっている。

　第2章で取り上げたように，1993年12月に中国では初めて「中華人民共和国公司法」（会社法）が全国人民代表大会で採択され翌年から実施となったが，実はこれより5年前，つまり1988年4月14日第7回全国人民代表大会第1次会議で採択，同年8月1日より施行となった「中華人民共和国工業企業法」（中華人民共和国全人民所有制工業企業法）が今も生きていることに注意を払う必要がある。

　2つの法体系が対象にしている企業群は異なる種類の企業として並立しているかのような印象を与えるかもしれないが，実際そうではないと考えられるところに，日本の法律を知る者からみた際のこの問題の複雑さがある。ごく簡単にいえば，この2つの法体系は企業の分類のための視点をどこに置くか，という点において異なっており，前者は「企業の所有体制」による分類が基本となっているのに対し，後者は「企業の責任体制」による分類が基本となっている。そもそも拠って立つ視点が違う法体系であるので，その両者の関係は以下

に述べるとおり,極めて複雑な様相を呈してくる。[3]

まず,工業企業法と公司法体系の相互関係については,両者は対象となる企業群を異にするものではなく,企業を分類する際の視点が異なっていると考えられるから,少なくとも理論的には同一の対象について,2つの法体系に属する法規が二重に適用されるということもあり得る,というのがひとつの帰結である。

しかし,ここで議論は反転する。例えば,国が絶対支配者として,かつ単独株主となっている国家独資会社であれば,それは国有であり,かつ,株式会社でもあるということで,企業法の体系に属する法規(例えば,全人民所有制工業企業法)と会社法とが重複して適用されるということになるのかという問題を考えてみよう。仮にそうだとすれば,会社(企業)の機関についての規定など,同一の現象について2つの法体系で異なる内容をもつ規定が設けられている例は枚挙にいとまがないほどであるので,本来両者の関係を調整する必要があるはずである。しかし,時間的に後に制定された会社法にはそうした法の干渉・

表4.1 中国の企業形態——所有制形態による分類
(1993年第8期全人代第1次会議)(1997年共産党第15期全国大会)

- 全人民所有制企業:国営企業 → 国有企業 → 株式制へ転換
  2003年第10期全人代第1次会議で,国有企業の改革を推進してきた従来の6つの中央官庁の体制から,新設の国家国有資産監督管理委員会(国資委)へ移管を決定(第6章参照)
- 集団所有制企業: 都市の行政部門が出資,経営する企業⇒旧二軽工業局管轄の集体企業
  農村の行政部門が出資,経営する企業⇒社辦企業
  都市の労働者又は農民の共同出資,経営する企業
  代表的なもの:郷鎮企業(その後,97年元日より「郷鎮企業法」が施行)
  (農村部の末端組織である郷+都市部末端組織である鎮が興す企業)
  なお,集団所有制も公有制のひとつであると決められている
- 私有制企業: 1978年の改革開放から徐々に復活
  雇用人数≧8人⇒私営企業
  雇用人数≦7人⇒個体戸(自営業)

出所)拙著(2002)『現代中国企業の経営管理』同友館,第3章「企業の種類と概況」に基づき整理

抵触に備えた規定は何ら設けられておらず，このことからするとあくまで株式会社である以上，会社法のみが適用されるという建前になっていると解するほかはない。ここでは，法体系相互間の干渉はない（2つの法体系は適用対象を異にしている）かのような観を呈しているのである。

他方，全くの私有企業としての株式会社についても，会社法のみならず，「企業法」に属する「私営企業暫行条例」（これは所有制を基準とした分類に基づいた法規であることは疑いない）の規定が適用されるのではないか，という問題があるが，こちらについては私営企業暫行条例の規定が簡単で，明確な矛盾・抵触がないということもあって，適用ありとする見解が有力なのである。

中国の国有企業は本格的に株式制への転換が行われている最中であるが，その転換が全部終わったわけではないし（3分の2強の国有企業の転換が終わったといわれている），こういうことからも工業企業法の役割は今も果たされているといえるのである。

全人民所有制企業は，企業の資産が公有であり，所有権は国とする企業，つまり国有企業のことである。上場企業の約8割が国有資本支配企業である。国有企業は，中央政府直轄企業と地方政府（省・市等）所轄企業に分けられている。2004年末現在，全国4,155の重点国有企業のなかで，株式制への転換を果たした企業が3,437社で全体の82.7％を占め，前年より1.5ポイント増加した。なかでも，19.8％を占める177社の中央管轄企業が株式制転換を完了し（前年比1.9ポイント上昇），82.1％を占める491社の国家重点企業についても株式制への転換が終わったが，前年比2.5％増となった。(4)国有企業の株式制への転換によって企業統治システムの構築を完成させるにはまだ時間がかかり，まさに今が正念場であることが伺える。

集団所有制企業は，都市の行政単位，農村の行政・経済単位が出資，経営する企業，都市労働者あるいは農民の共同出資・経営する企業およびこれら各出資者の協同経営による企業のことである。代表的なものに農村の行政単位である郷，村が管理，経営主体となっている"郷鎮企業"がある。

私有制企業は，都市，農村の個人経営企業のことである。このうち，雇用人

員が 8 人以上のものは"私営企業"として区別される。8 人以下のものは"個体戸"(自営業者)と呼ばれる。

(2) 法形態による分類

1993 年全国人民代表大会で初めて採択された「公司法(会社法)」によって,中国では株式制企業形態が生まれてきた。なお,1997 年中国共産党第 15 期全国大会で国有企業を中心とする企業の株式制企業制度への転換決定によって,今後中国における企業形態は法形態,つまり株式制企業形態が主な企業形態になると考えられる。

表 4.2 は,法形態による中国株式制企業の分類である。

表 4.2　中国の企業形態―法形態による分類

―有限責任会社(公司): a) 国家全額出資有限責任会社(国有独資公司)
　　　　　　　　　　　 b) 私営有限責任会社
　　　　　　　　　　　 c) 有限責任会社(国家独資会社と私営有限会社を除く)
　　　　　　　　　　　　 登記資本の最低額:
(株式制企業)　　　　　 1) 生産を主とする会社 50 万元→3 万元
　　　　　　　　　　　 2) 商品卸売業 50 万元→3 万元
　　　　　　　　　　　 3) 小口販売業 30 万元→3 万元
　　　　　　　　　　　 4) 科技開発・情報提供・サービス業 10 万元→3 万元
　　　　　　　　　　　 5) 特定業種:必要に応じて別途制定
―株式有限会社(公司): a) 1 人有限責任会社
(1 人の自然人株主または 1 つの法人株主)の設立可,登録資本金最低限度額 10 万元)
　　　　　　　　　　　 b) 株式有限会社(私営株式会社を除く)
　　　　　　　　　　　 c) 私営株式有限会社
(登記資本の最低額:株式有限会社の登記資本の最低限度は,人民元 1 千万元→500 万元)
(「中華人民共和国公司法」会社法は,1993 年 12 月 29 日公布,翌年 7 月 1 日より施行;2005 年 10 月改正,06 年元旦より施行)
出所)「中華人民共和国公司法」(2005 年 10 月改正)より筆者作成

1 の (1) で示したように,共産党第 15 期全国大会前の 1993 年 11 月の共産党第 14 期 3 中全会で現代企業制度が打ち出されてきた。全会では,国有企業

は公司制（会社制）を導入し，大中型国有企業の形態は，出資者が単一の独資公司，出資者が複数の有限責任公司・株式有限公司などになり，小型の国有企業は，請負経営，リース経営，株式合作制などの形態をとるようになるとしている。

国有企業における株式制の実施は，1984年に始まったが，試行段階でのスタートであり，わずかの国有企業が株式制を試行しているに過ぎなかった。その後株式制への転換はより本格的な行動となっている。

現在，中国の株式制企業は株式の所有形態などにより主に次の4つの類型に分けることができる。

① 法人所有タイプ，

② 企業従業員所有タイプ，

③ 株式を一般公開するが，株式を市場で売買しないタイプ，

④ 株式を一般公開し，市場で売買できるタイプ

既に第3章で取り上げた通り，企業における株式構成は，国家株，法人（または国有法人）株，個人株，外資株などとなっている。株式制企業形態では国有株が中心となる集中的所有の構造を有している（株式集中的所有構造については第7章で詳しく取り上げる）。国有企業については，多くの株式は事実上国家しか保有できない。企業の最大株主となる国家は，自らの意思で取締役を送り込み，経営についても意思決定に影響を与える。これは，国家が企業を直接管理していた従来の体制と同じである。

株式制は政府と企業の職責分離に役立ち，同時に，企業の経営メカニズムの転換と社会における資本の蓄積にも役立つ。しかし，中国が置かれている独特な状況，企業の内部，外部等の多方面における複雑な要因のため，残された課題は少なくない。

(3) その他の分類

改革開放後，中国が最初に着手した一つが対中直接投資への誘致であった。中国に直接投資を行う場合，3つの形態があるが，表4.3で示されたとおり，第一は，合弁企業で，中国では「中外合資経営企業」といい，第2は，合作企

業で「中外合作経営企業」であり，第3は，独資企業で，「外資企業」という。この3つの形態を中国では総称して「三資」企業とも呼んでいる。⁽⁵⁾

表4.3　中国の企業形態―その他形態

- 合弁企業：法律用語は，「中外合資経営企業」（中外合資企業法，1979, 1990）
- 独資企業：法律用語は，「外資企業」（外資企業法，1986）
- 合作企業：法律用語は，「中外合作経営企業」（中外合作経営企業法，1988）

出所）関連法規等より筆者作成

合弁企業は，英語訳では equity joint venture であり，双方が出資をし，独立した法人格をもった企業を設立する。原則として経営は共同で行い取得した利益は相互の出資比率で分配していく，というわかりやすい形態である。

合作企業の合作には単に2者が協力をするというだけでなく，より広い意味が含まれている。合作企業は，大きく2つに分けられる。⁽⁶⁾

1）法人格でない企業

法人格にない事業体を複数当事者でつくり，基本的には契約でいろいろなことを決めていくが，日本でいえば，民法上の組合，英米法のパートナーシップに該当し，ベトナムでは経営協力と称し，朝鮮民主主義人民共和国（北朝鮮）では合作と称している。ところが中国では，日本でいう組合に関する法的な規定は基本的にはないといっていい状況であるため，合作を行う時には契約のなかで詳細にわたって締結することが必要である。例えば，海洋石油開発，陸上石油開発などで本方式が採られている。ベトナム沖合での石油開発も経営協力形態がほとんどである。外国側がすべてのリスクと損失を背負って石油探査をし，商業的な石油が見つかった時には，約定により，比率によって分配し，最終的に期間が来たら設備などはすべて中国の所有に移行する制度である。

2）法人格を有する企業

ここでのポイントは，中国側が出資する合作企業と出資しない合作企業があることである。前者の場合には合弁企業を基にして考えると難しいわけではな

い。しかし，後者の場合，出資をしないのになぜ合作ができるのかというところに疑問がある。そこで中国では，都合上「合作条件」という言葉を作った。

「合作条件」とは，わかりやすい例でいえば，大連で法人格をもった日本料理屋をつくると仮定して，大連側はビルのワンフロア，もしくはワンルームを合作条件として提供するという。合作条件としての提供であるから，毎年決まった固定の支払いを当方へお願いしますというのが大連側の考え方である。ここで重要なのは，建物は決して出資ではなく合作期間中に物理的に当該場所を使用できるということを許可しただけのことなのである。従って，企業がうまく立ち行かなくなった場合には，中国側は出資をしていないのであるから，部屋なりフロアなりは直ちに引き上げてしまう。当該場所に据えつけられていた残された設備は全くの動産または廃棄物にしかならず，ほとんど無価値になってしまう。これが法人格をもった「合作企業」の典型である。

中国側が一番好むのは上述の方法である。特に農村の場合に，中国側が土地使用権を合作条件で提供する。しかし，中国の農村の土地の使用権は，国有地にしない限り絶対に譲渡したりはできない。土地を国有地にせずに合作を行うためにと知恵を絞って考え出されたのが合作条件なのである。合作条件であれば土地に関して何ら譲渡行為は発生せず，企業が万一撤退する場合にも中国側に返還されるだけなのである。この形態が中国でいうところの合作条件である。もちろん，合作条件という語は合作法という法律に記載されている。従って，中国の実態を熟知していない限り本当には理解できない言葉であろう。

なお，独資企業とは，文字通り全額の100％の外国資本の出資で独立した法人格をもつ企業のことである。したがって，中国では外資企業という。

現在，企業形態は外資100％企業（独資企業），外資と国有企業，集団所有制，私有制企業との共同経営企業（合弁，合作企業），国内所有形態が異なった企業間の共同経営企業，株式合作制，などである。

中国で，外資系企業の独資企業化の傾向が進んでいる。独資での企業設立，合弁企業の中国側株主の株式を取得する形での独資化実現，国有企業の買収による独資実現などを行う海外企業が増えている。2003年で設立された外資系

独資企業は2万6,943社で,三資企業総数の65.59%を占めた。実行ベース外資導入は333億8,400万ドル（全体の62.39%）だった。2004年11月までの統計によると,合弁企業設立件数は1万289社（同26%）,実行ベース外資導入額は157億ドル（同27%）であった。独資企業設立件数は2万7,746社（同70%）,実行ベース外資導入額は389億ドル（同70%）であった。(7)

実は,筆者が1996～1997年総合研究開発機構（NIRA）における中国進出日系企業労使関係調査プロジェクト（委員長：笠原清志立教大学社会学部教授）の一員として三資企業の状況を調べた際,合弁企業が全体の72.2%,独資企業が24.4%だった。(8)

外資系企業の独資化は,ある程度必然的なことであるが,なぜ中国三資企業のなかで,独資企業と合弁企業のシェアは逆転したのか。以下の3点が考えられる。

第1に,このことは中国の対外開放政策が経済のグローバル化に一層適応し,海外企業にとって魅力が高まっていることを示している。

第2に,多国籍企業の対中投資戦略の変化を反映している。現在,中国に生産基地を設立し,世界市場に進出する多国籍企業がますます増えている。世界的な経営の一体化という戦略目標の実現のため,企業の統合や資源分配が世界範囲で加速しており,多国籍企業はそのために独資という手法を多く取っている。

第3に,一般企業の発展の傾向に合致していることである。現在,世界の多国籍企業の投資は,基本的に独資によるものが主流である。

3 国有企業のパフォーマンス効果と今後の展望(9)

国有企業の改革状況と国情に基づいて国家の資産権と企業の管理権との分離を明確にするため行われた。

① 公有制を主体とする近代企業制度
② 有限責任公司や株式有限公司への改組などを法制化した「会社法」
③ 行政の企業経営への介入・関与を排除した「政企分開」

④ 生産力の強化,株式制の実施による財産権の明確化,
などの実施は,行政が企業へ不当に干渉することを止め,所有権と経営権を明確にし市場経済に合致した企業制度への脱却をめざすことがねらいだった。

企業形態の展開およびその特徴から,中国経済の命脈を保つのが国資企業であることはいうまでもない。中国企業連合会が発表した 2006 年中国企業ベスト 500 社[10]のリストをみると,選ばれた上位 500 社のなかにはまさに上述 3 方面の企業形態が揃っているが,圧倒的にシェアと競争力をもっているのが国有と国有持ち株会社である。筆者は,500 社企業の営業収入,資産総額,納税総額,利潤総額,経常利益を基に分析した結果その特徴を以下のようにまとめることができる。

(1) 全体のパフォーマンス

ベスト 500 社の営業収入は,14.14 兆元（約 212.1 兆円）で,前年度中国 GDP の 77.6％を占めている（ちなみに,2006 年アメリカのベスト 500 社の営業収入はアメリカ全 GDP の 73.0％を占めている）。500 社の納税総額が 9,938 億元,利潤総額が 6,428 億元で,それぞれ全国の納税総額と利潤総額の 33.1％と 22.1％を占めている。

(2) 国有と国有持ち株会社のパフォーマンス

ベスト 500 社のなか,国有と国有持ち株会社が全体の 69.80％を占める 349 社に達している。39 兆 919 億元の資産総額で 500 社全体資産総額の 94.95％という圧倒的シェアを占めている。営業収入は,84.49％を占める 11 兆 9,467 億元に達し,利潤総額は 500 社全体の 87.99％を占める 5,654 億元に上っている。従業員は 2,042 万人で 500 社全体の 90.15％を占めている。従って,国有および国有持ち株会社のパフォーマンスは依然として主導的地位を占めている。

しかし,資産総額が圧倒的な地位を占めているものの,相対的収益が低いことと,全体の利潤総額の 88％に過ぎないことは経営効率上の問題,中国経済の持続的な成長の足かせになる懸念があることも認めざるを得ない。

(3) 私営と民営持ち株会社のパフォーマンス

私営と民営持ち株会社は計 87 社で,ベスト 500 社の 17.40％という小さなシェ

アを占めている。私営と民営持ち株会社の資産総額は7,127億元で500社全体の1.73%，営業収入が1兆1,204億元で全体の7.92%，従業員は143万人で全体の6.30%を占めている。従って，私営と民営持ち株会社は緩やかな上昇を示している。

なお，2007年における中国企業ベスト500社分析報告[11]からも同じパフォーマンスが伺える。

(4) 今後の展望

中国企業ベスト500社企業のパフォーマンスは大きくなりつつあると評価できるが，世界ベスト500社との指数と比較した場合その低さには驚きを禁じえない。世界ベスト500社に比べると（2005年の実績），営業収入が9.3%，経常利益が6.7%，資産総額が7.1%しか占めていない。中国企業連合会会長陳錦華[12]氏[13]は，「中国経済地位は急速に上昇しているが，企業競争力はそれにマッチしていない。財務データのギャップの背景には，①体制とメカニズム，②トータル競争力のギャップ，③企業統治システムの構築，問題が存在している。」と語ったがまさにその通りである。

1978年に始まった改革開放政策のゴールは，これまで明確に示されることがなかったが，本書のはしがきで示した通り，中国政府は2005年末，「2020年に改革開放政策を終了する」と初めて期限を定めた。今からみると残された時間は12年にも満たないが，国有大手企業グループの再編・統合や，外資・民間資本の受け入れ，大型株式上場など，さまざまな形で中国経済の屋台骨を背負う有力企業グループ群を育て上げる方針である。ただ，「あと15年で改革を実現する」という政府としての意思表示は明確で，2020年までに国有企業を改革する体制はある程度整っていると考えられる。問題は，企業統治システムの構築をいかに着実に実現できるかどうかである。

国務院国有資産監督管理委員会は，2006年10月末現在，161社あるいわゆる中央管轄企業グループを，2020年までに30社に集約すると公表した。また，これらの企業をAからDまでの4つのグループに分け，外資や民間資本による出資，株式上場などの条件や制限をグループごとに決めるビジョンを打ち出

した。

　例えば，Aグループには，国益と国家安全上の理由から外資参入を認めない企業が分類されている。軍需産業，電網・電力，石油・石油化学，電信，石炭，民間航空，水上運輸などが含まれることになる。BからDのグループについては，事業資産を細分化しながら段階的に株式上場を実現させ，いずれ企業グループ全体を上場させるという動きが進む。すでにグループ全体として上場可能な大型企業グループは7～8社あり，そのうち上海宝鋼集団は早くもグループ全体上場の準備を進めていることを明らかにしている。

　国有企業改革でいえば，特に中央管轄企業は公司法（会社法）に則って企業統治強化の一環として，董事会（取締役会）を編成する動きが始まっている。既に大手161社のうち，上海宝鋼集団有限公司をはじめ7社が董事会をもっているが，2015年ごろには，より多くの国有大手が董事会をもつことになるだろう。

　国有企業改革で注目を集めているのが，2005年から非流通株を流通株に転換する株式の非流通株改革(14)を本格的に開始させ，外資や民間資本の出資を受け入れ，資本構造の合理化を図る方針のことである。

　市場経済の発展にともない，中国証券監督管理委員会，国務院国有資産監督管理委員会，財政部（省），中国人民銀行，商務部（省）は2005年8月23日に共同で「上場会社株式所有構造改革に関する指導意見」を公表，翌月9月5日に中国証券監督管理委員会は「上場会社株式所有構造改革の管理方法」を公表，執行となった。

　実際中国では，1999年と2001年の2回にわたって，上場会社から実験的に数社を選んで国有株の売却，つまり国有株の放出を試みた。この実験では，対象となる企業の株価だけでなく，売却の対象範囲が他の上場企業の株に拡大されるのではないかという思惑から，市場全体の株価も急落しパニック状態まで落ちてストップされた経緯があった。このような教訓から，2005年からの非流通株改革においては，「指導意見」に従い市場の需給関係に配慮して，国有・法人株が流通株に転換されてからも，売却が認められないロックアップ期限が

設けられている。

　具体的に，実際の市場への売却は，最初の1年間は一切認められない上，発行済株数の5%以上を保有する非流通株主については，売却株式数が次の12ヵ月（流通権取得から24ヵ月）以内は5%，24ヵ月（同36ヵ月）以内は10%を超えてはならないと規定されている。その規定に加え，一部の企業では，非流通株の売却を認めないロックアップ期間をさらに延長するなど，これより厳しい売却条件が付け加えられている。

　中国証券監督管理委員会はこのような国有株など市場での取引が禁止されていた「非流通株」について，売却解禁後でも通常取引での大量売却を制限する「相場下支え策」を2008年4月20日付で始めた。これらの措置により，これまで市場における需給の悪化を防ぐことができたが，大量解禁の期限が間近に迫ってきていることも予想される。

　非流通株は，一定のロックアップ期限を過ぎれば，自由に売却できるようになっているが，これにより将来的に，中国本土における非流通株と流通株の共存という証券市場の二重構造が次第に解消されることになる。これによって，両株主の利益が一致するようになると同時に，国有株の非流通から流通へ，つまり国有株の放出によって，大型国有企業の民営化への改制が本格的に行われることになる。

　従って，今後企業統治のさらなる構築と改善，ひいては企業の効率経営化と競争力の増大への期待は大きくなると予想されるが，残された課題も少なくない。

まとめ

　中国の企業形態は所有制形態による分類が主流だったが，改革開放を実施してからその企業形態も多様化しつつあって，概ね所有制形態，法形態，その他の形態等による分類となった。国有企業における株式制転換の共産党中央委員会の決定にともない，さまざまな企業形態のなかで，公司法で定めている会社形態が中心となり，なかでも国資企業，つまり国有企業と国有持ち株会社のパ

フォーマンスがますます大きくなっている。

本章では，中国独特の企業形態を取り上げながら展開し，近代企業制度の確立と国有資本企業論および外国直接投資のなかでの外資企業の形態とその動向を考察した。「2020年に改革開放政策を終了する」と宣言した中国にはこれからさらに企業の再編，M&A，株式所有構造の多様化などに重点を置いて進めていくと思われるが，こういう一連の改革のなかで力を入れるべき課題はまさに企業統治システムの構築であると考えられる。

注：
(1) 金山権（2004）「中国国有企業改革の新動向と経営行動―WTO加盟を中心に―」『アジア経営研究』第10号　p.14
(2) 『人民日報』評論員論評「解放思想，与時倶進」2003年10月24日
(3) 早田尚貴（2001）『中国の国有企業改革とコーポレート・ガバナンス』21世紀政策研究所 http://www.21ppi.org/japanese/thesis/200103/kokuyu.pdf
(4) 「股份制企業：体制改革推動税収猛増」（国家税務局）2006年3月20日　人民網報導
(5) 金山権（2000）『現代中国企業の経営管理』同友館　p.161
(6) 同上書　p.162
(7) 『人民日報日本語版』2005年4月18日
(8) 前掲（5）p.163
(9) この部分の今後の展望に関しては，中国情報局【第16回特別インタビュー】「金山権教授に聞く―2020年の改革開放政策の終了に注目」2006年9月19日の一部分を引用した。
(10) 『中国企業発展報告（2006）』企業管理出版社 2007　pp.245-348
(11) 中企連企業発展課題組（2008）「2007年中国企業500強分析報告」『中国企業発展報告（2007）』企業管理出版社　pp.88-125
(12) 『中企聯網 2006年9月2日』
(13) 中国企業ベスト500社発表記者会見での挨拶（2006年9月）天津
(14) 中国本土の株は非流通株と流通株に分けられ，A, B, H株など市場に流通している株式と，国有株や法人株など流通していない株式がある。2005年末まで上海，深圳両証券取引所で計15回で361社の株式改制が終わった。なかでは中央管轄国有持ち株会社が46社，地方の国有持ち株会社が361社に達した。株式の改革のほとんどはA株に転換しており，改革後の銘柄はG株と呼ばれている。

第5章　企業統治システムの構築とそのプロセス

はじめに

中国の経済が長期にわたって実行してきた社会主義計画経済体制からようやく市場経済へ転換し始めたのは1990年代の初めからである。企業統治システムの構築も全体経済体制の改革，発展と相応しながら統治システムの構築に力を入れつつある。

本章では，企業統治システムの構築の背景，3段階に分けてみた企業統治システムの形成とその評価，分析，および政府主導型，同族主導型，法人主導型の中国企業統治構造の3モデルの特徴と比較の考察を試みる。

1　企業統治システム構築の背景

(1) 企業統治改革の背景

中国では，企業統治の概念に関する議論が活発に行われ，制度上の観点から企業統治とは「会社の各方面にわたる責任と権利を規範的に示したもので，現代企業制度のなかで最も重要な枠組であると理解されている。そのなかには，経営陣，取締役会，株主およびその他利害関係者が含まれており，この枠組を通じて企業目標と目標実現の為の手段が確保される」と認識されている。[1]

時代の変化および企業行動のグローバル化の進展が中国に与える影響は非常に大きい。隣国日本の変動，特に企業統治構築などが中国に与える影響がそうである（詳細に関しては第3部の第9章で取り上げる）。

日本では，株式の相互持合いの急速な解消により，株式会社の支配構造への変化，統治構造への変化が相次ぎ現れてきた。外国人（機関投資家）の株式所有率の急増がそのひとつの特徴ともいえるが，例えば2003年末の機関投資

家の所有比率21.8％から2004年末の23.7％に増加し，2005年末には26.7％まで上昇した。いくつかの企業の例をみると，海外の機関投資家における株式所有比率は，対オリックスの場合は59.3％，ヤマダ電機は56.1％，HOYAは54.3％などとなっている[2]。

また，間接金融から直接金融への移行すなわち，メインバンクの機能低下（モニタリングなど）などの動きを反映して，株主総会，取締役会など会社機関の形骸化状態が，徐々に活性化されてきた。執行役員導入，社外取締役制度導入による取締役会の変化，新しい会社法による委員会設置会社制度の導入などが重要視されてきた。

こういう大きな外部環境の動きと時代の流れに従い中国も大きく変わりつつある。自国における企業モデルの規範化，企業を規制する制度などが収斂し統一化に向かっている。中国の企業統治は上述の日本を中心とする外国の経験を参考にしながら，中国の状況を踏まえて自国の企業統治システムの構築に力を入れている。

改革開放実施後の1979年から，中国の法曹界と経済界では日本だけでなく西側諸国の会社制度の研究，分析も行われた。1981年版のアメリカモデル会社法（Model Business Corporation Act）が早速中国語に訳され，研究された[3]。特に，1990年代からの世界経済のグローバル化にともない，企業統治問題がますます世界各国から重視されるようになり，日本，アメリカ以外の国々への研究も行われてきた。

そのなかで取り上げられたひとつがイギリスの企業統治改革のケースである。企業統治の財務に関するCadbury Report（1992）[4]，上場会社取締役の内部財務統制に関するRutterman Report（1994）[5]，取締役の報酬に関するGreenbury Report（1995）[6]，企業統治原則のHampel Report（1998）[7]（例えば，企業統治を"会社を支配し，コントロールするシステム"（The sysytem by whivhcompanies are director and controlled）であると示している）などが取り上げられた。なお，それ以外にも例えば，1999年採択されたOECDの"企業統治原則"（OECD Principles of Corporate Governance, 1999年5月，外務省翻訳）や，日，独などの

諸国のさまざまな経験も中国の企業統治理論の研究と構築に大きな参考となっているようである。

しかし，所有権，経営権分離の背景および今日までの企業統治構造改革の背景を振りかえると，西側の諸国と大きな相違のあることが明らかである。根本的な違いは，西側の諸国の企業統治のベースが私有制であるのに対し，中国は主に計画経済体制，公有制企業制度がベースであったことである。

なお，エンロン事件やワールドコム事件など1990年代末から2000年代初めにかけて多発した不正会計スキャンダルを受けて，アメリカでは監査制度やディスクロージャーの強化・徹底，企業統治のあり方等に関する抜本的な改革が行われてきた。2002年7月，Sarbanes Oxley Act of 2002がSECによる上場企業規制の方向を示しているが，これも中国上場企業の統治システムの構築に重要な影響を与えている。

(2) 企業統治改革過程の概観

1949年の新中国の誕生以降，中国は計画経済とその後の市場経済の道を歩んできた。経済制度の発展に適応しながら中国の企業統治メカニズムは大きな変化を遂げている。その過程は大きく3つの段階に分けられる。

第1は，改革開放実施の1978年前までの企業への行政的統治の段階，つまり経済体制改革前の企業統治段階，第2は改革・開放実施の1978年から近代企業制度実施前までの計画経済と市場経済併存時の企業統治段階，そして第3は1993年から現在に至る近代企業（株式制企業）制度確立にともなう近代企業制度構築の段階である（本章2で詳細に述べる）。

株式制企業における企業統治システムはこうした過程を経て形成されつつあったが，本格的には1990年代中・後期からスタートを切ったといえよう。1990年代に入って，証券取引所の設立，会社法，証券法等の採択，株式上場規則，独立取締役制度の導入，上場会社の企業統治原則，国有資産管理条例などが施行され，株式会社，特に上場会社における企業統治システムの構築の時期をむかえた。2002年1月，中国証券監督管理委員会（証監会）と国家経済貿易委員会は共同で「上場会社企業統治準則」を発布し施行されたが，これは中

国の強力な拘束力をもつ企業統治の規則であると評価されている。

また，その年，証監委と国家経貿委は共同でこの「準則」を基に，全国1,100の上場会社における企業統治の実施状況の検査を行ったが，中国ではこの2002年を"企業統治の年"と名付けている[8]。

アメリカなど西側国家における企業統治の特徴は，分散型所有構造を反映した会社制度を基礎にしている。中国が行っている企業統治の改革は，まず国有企業を全部掌握している行政統治，つまり国家行政機関から独立させ，企業の経営管理を行政の直接関与から分離させることであった。この時期，企業改革のねらいは，"請負経営"，"放権譲利"などの方式によって企業を真に"自主経営，損益自己負担，自己管理，自己発展"の独立企業法人へと成長させることであった。"国営"企業から"国有"企業へと転換したのはまさに大きく踏み出した一歩であろう。

1992年以前までの国有企業の改革は主に放権譲利と呼ばれるように，企業自主権の拡大などが主要な内容であった。92年からの国有企業の改革は所有制改革の新しい道を探り始め，国有企業の株式制転換を図った。国有企業への投資主体多元化，株主多元化，財産権多元化を打ち出したが，これにともない取締役会メンバーと経営陣の多元化問題が浮き彫りとなった。続いて打ち出されたのが近代企業制度の実施であった。近代企業制度実施の意義は，西側の企業制度を参考に中国式の社会主義市場経済制度を確立することである。つまり，伝統的な所有制による企業制度の区分から国際化に向かい，投資家が負うリスクと享受すべき権益の特徴を反映した企業制度を構築し，これによって中国の企業制度をいち早く国際化の動きにリンクさせることである。

1993年の共産党第14期3中全会で，国有企業改革の方向は近代企業制度の確立であることを示し，1999年の第15期4中全会では，企業統治システムの構築が近代企業制度確立の要であると強調した。2003年温家宝国務院総理が第16期3中全会学習キャンペーン時，"企業統治システムの確立は企業近代化制度確立の根本である"と語った[9]。また，2004年3月2日，国務院常務会における"中国銀行，中国建設銀行の株式制度転換試行調整会"では"株式制転

換遂行の要となるものは企業統治システムの確立である"と示唆した。

　実際の執行状況は，1990～2001年間に新しく設立された企業の90％が株式制企業であった。2002年まで，国有企業の87.3％が株式制への転換を行い，2003年には1,287社が上場を果たした。その他の企業は依然として"企業法"に則って設立されたものである。2003年まで，189の中央管轄企業中180の国有独資企業が株式会社に転換を果たしたのは10％未満であった。政府は，135の中央管轄企業における株式所有構造の改革を2006年6月末までにできる限り完成させ，11の地域における上場企業の株式所有構造の改革を2006年内に完成させる目標を打ち出したが予期通り目標の達成ができたといっている。

　国有企業改革にともない，多数の企業が株式制度への転換を果たし，取締役会と監査役会を設置し，経営陣が任命され近代化的企業制度の確立へ大きく踏み切っている。優良企業は海外で上場を実現し，株式所有構造が多元化されグローバル化の進展のなかで中国企業の企業統治システムは構築されつつあり競争力も向上しつつある。しかし残された課題も少なくない。"中国への投資のなかで一番困っていることは企業統治システムの構築が余りにも遅れていることである"というアメリカからの指摘にも注目したい。

2　企業統治システムの形成とその分析

　1949年の新中国の成立から50数年の年月を経て，中国は，長い間の計画経済の実施の段階から1990年代初めから逐次に市場経済の段階に転換しつつあるが，いわば幾多の曲折であるともいえる。企業統治システムの形成は，国家全体の経済体制の発展と適応しながら大きな変化をもたらしている。こういう面に関する研究では，学界，経済界はもちろん政府機関でも盛んに行われている。所有制からの分析，国有企業改革のプロセスに沿う分析，計画経済展開にともなう分析，株式制を中心とする分析，まさに百花斉放だが，改革開放までの段階，市場経済を打ち出された前までの段階，近代企業制度実施から現在までの段階における研究が主な共通点をもっている。

　筆者は，改革・開放実施の1978年をひとつの区切りとしてその前まで実施

されてきた行政統治段階，そして改革・開放実施の1978年から近代企業制度の実施が打ち出された1993年前までの段階，いわば計画経済と市場経済併存時の企業統治段階，そして近代企業制度実施から現在に至る近代企業制度構築の段階の3つに分けて取り上げる。

（1）行政統治段階（1949～1978年）

1949年の新中国の成立以来，中国は当時のソ連の高度集中された計画経済体制をそのまま導入し，国営企業は各政府の行政部門に置かれ（1993年まで），行政と企業が分離しておらず，国家が直接企業の経営管理を行い，行政的統治方式で企業のすべての権限を掌握し指揮をとってきた。この段階の主な特徴は，計画経済に依拠したことであった。政治と経済が非常に緊密な関係を保ちいろいろな要素の配慮から国家は重工業を優先発展させ，高い蓄積，高速度の粗放型成長方式をとったが，これは遅れている生産力状態を変え，国の実力を向上させ，物資の極度な不足を改善し，国民の生活レベルの向上をはかるなどには非常に必要であった。しかし，この時期の経済成長方式は主に投入が多く産出は少なく，低い経済効率，甚だしい資源の浪費，深刻な生態環境破壊，遅い技術進歩，遅れている生産技術・設備，不合理な構造，劣る製品品質，低付加価値などの一連の問題に直面したため多大な対価を払ってきた。この時期における高インフレ，少なくない国有企業の経営の困難，財政赤字と財務超過，低い経済発展などすべてが粗放型の経済成長方式と密接な関係があると考えられる。

行政ガバナンス段階の主な特徴をまとめると以下の通りである。

① 企業管理の手段は主に行政手段で行い，企業は規模の大小と管轄関係によってランクづけされ，企業の経営者は行政の主管部門より任命される。

② 企業の生産計画は市場によって決めるのではなく国家のマクロ計画に依存するもので，企業経営パフォーマンスの指標は企業が作り出した経済価値ではなく，国家計画の達成度によって判断される。経営者および従業員の動機付けは主に政治的待遇と精神的インセンティブであった。

③ 企業の経営者は経営自主権がなく，経営成果の享受もできない。従って，企業パフォーマンス向上へのパワーが欠けている。企業の規模と企業が占有し

ている経済資源によって彼らの"権限範囲"と行政の等級が定められている。従って，経営者らは企業のパフォーマンスの向上よりむしろ企業規模の拡大を助長させてきた。

(2) 計画経済と市場経済併存時の企業統治段階 (1978 ～ 1992 年)

1978 年共産党第 11 期 3 中全会以降，中国の経済体制改革が本格的なスタートを切った。改革・開放の実施から近代企業制度実施前までの 15 年間，企業統治の特徴は計画経済と市場経済が併存の形で現れていた。この計画経済と市場経済併存段階には，経営は主に「放権譲利」「利改税」「請負責任制」という3つの内容を中心に行われてきた。「放権譲利」とは，企業への自主権賦与と利益の委譲を指し，「利改税」とは，利潤上納税制に改めることを指し，「請負責任制」とは，上級行政部門から経営を請け負って企業自ら経営行動を行うことを指している。

この段階では，国営企業の活性化を目指す中国の企業改革は 1978 年の本格的な企業改革のスタートを切ってから，上述の3つのキーワードの改革が中心に行われてきた。総合すると，次のような発展段階を経過している。[14]

① 1978 年末からの「放権譲利」の実施。1978 年末共産党 11 期 3 中全会で改革・開放の実施から前後して放権譲利を中心に企業経営自主権の拡大の試行。大型工業企業を対象に利潤の留保と使用，生産計画，製品販売および中級幹部の任免などの自主権の拡大。

② 1981 ～ 1982 年の企業の国への利潤上納請負を内容とした経済責任制の急速な試行。企業が請け負った上納額を上回る利潤をあげた場合，超過部分はすべて企業に留保されるか，国と企業で一定の比率に基づいて分け合う。留保利潤は技術・設備の改造投資，従業員の福祉と報奨の3分野に，企業が自主的に使用する。

③ 1983 ～ 1984 年の「利改税」の実施。これまでの経済責任制の下で企業の利潤上納請負額が比較的低く固定されて，国の財政取人確保の面で生じた問題から，すべての企業の利潤上納を租税納付に改める「利改税」が実施されており，また 84 年 10 月から，企業は所得税や産品税（一種の取引税）など 11 種の

税を納めた後,残りの利潤をすべて留保し,自主使用できるようになった。

④ 1987年からの請負責任制の実施。企業が国に税金・利潤上納の基準を請負,超過達成分の大半または全部を企業に残し,未達成分が出た場合は企業が補うという制度,即ち請負責任制が実施された。1987年から国営企業の改革の重点のひとつが国有企業制度の確立であった。つまり,所有権と経営権分離の原則の下で,国営企業は経営請負責任制を主とする経営メカニズムの改革を実施することであった。

1987年末現在,全国の大・中型全人民所有制工業企業のなかで82%が経営請負責任制を実施している。[15] 国家は企業に対し,全人民所有制の財産占有権,利用権,処分権を認め,企業は国家から認められた財産の経営管理権を効果的に利用することによって,国家財政への上納任務と資産価値の増加を請負い,国家の所有権の実現を保証する。[16] 経営請負責任制はまた,企業の国家に対する依存度を減らし,経営のリスクを自ら担い,それによってしだいに効果的に自己発展と自己拘束メカニズムを形成することを促進し,政府部門の経済管理機能の主体を直接管理から間接管理に転換するための条件を作り出した。

しかし反面,企業統治との関係でいえば,この「経営自主権の付与」によって,企業統治の問題が初めて提起されたといえよう。国家・行政・企業の3者が名実ともに一体であった中国の旧体制においては,その経営の実際上の非効率性はともかく,企業統治という面においては,最終的な損益負担者である国家自らが行政機構を通じて各企業を管理しているため,少なくとも原理的には問題の起こりようがなかった。しかし,企業の経営効率化の観点から個々の企業に対し経営自主権の付与が行われたとき,最終的な損益負担者による直接的な管理 (supervising) を離れ,個々の企業経営者の経営判断にゆだねられた企業の経営をいかに監視 (monitoring) していくべきか,という企業統治固有の問題が,中国企業でも初めて表面化することになったと考えられる。[17]

このように,国家と企業との間における利益分配の適正化に着目した一連の改革は,その目的自体は正当なものであったと評価できるし,実施方法として租税に着目した点も,国家が,企業の実質的所有者としての「国家」と行政主

体としての「国家」という二面性を有しており，これを適正に使い分けない限り真の意味で企業の自主性を高めることにはならない，という正しい認識に基づいたものであったといえる。

ところで，また別のいい方をすれば，この時期の改革は，企業統治論の実体的基礎となる「利益配分の在り方」に関するルールを緻密化したものであったという説明もできるであろう。もちろん，利益は全額国家に上納しなければならない（中国の旧体制下でのルール）とか，全く逆に利益は全額企業の自由にしてよい，というようなルールも作ることは可能である（出資者である国家自体がそれでよいとするのであれば，ガバナンスの観点からは何の問題もない）し，そして，そのようなオール・オア・ナッシング (all or nothing) 的な実体規範に従う限り，企業統治にさして意を用いる必要もない。しかし，実体的な利益分配のルールに弾力性をもたせ，そこに企業経営を担当する者（経営者）の裁量を取り入れることによって，企業および経営者，従業員のインセンティブを高め，ひいては企業活動の効率性を高めていこうとする決断をしたとき，そのような実体的ルールを手続面から支えるものとして，そこに初めてガバナンス問題を解決する必要性が生じてくるのである。[18]

（3）近代企業制度確立にともなう企業統治の段階（1993年〜現在）

1993年11月，中国共産党第14期3中全会で「社会主義市場経済体制の確立に関する若干の決定」が採択され正式に社会主義市場経済を指向することになった。「近代的企業制度の確立」方針によって大型・中型国有企業の株式制への転換，混合所有化が図られる。全会では，国有企業改革の目標は近代企業制度の確立であると位置づけたが，要するに"「産権清晰」（明確な国家の国有資産所有権と企業の法人財産権），「政企分離」（行政府の企業生産経営への不介入），「権責明確」（明確な出資者の所有者権益と責任，企業の損益自己負担），「管理科学」（科学的な組織管理制度)"という内容である。[19]

ここで注目されるのは，同決定において，「社会主義市場経済体制の基盤」として，「国有企業の経営メカニズムを転換し，現代企業制度を確立する」ことが第1の目標として掲げられていることである。国有企業改革を第1の政策

課題とし、その方途として「経営メカニズムの転換」が挙げられているが、「現代企業制度」という概念は、このときに初めて打ち出されたものであり、仮にそれがいわゆる「企業統治」とほぼ同じ狙いをもつものであるとするならば、中国における企業統治論の本格化はこの決定により始まったものであると評価することができる。それは当然、企業統治改革の初期段階であるといえよう。ただ、国有企業の形態と株式会社（公司）形態との2本建て体制であることの必然的な帰結として、そこでいう「現代企業制度」とは、株式会社のみならず純粋の国有企業についても当然に確立すべきものとされている点が特徴的であり、会社化は「現代企業制度を確立するうえでの有益な模索である」とされるに止まっていることに注意を要する。[20]

その後、公司法（会社法）が1994年7月1日施行され、出資者の有限責任を前提とし多数の出資者による企業統治のあり方を法的に規定した。公司法は現在中国における企業統治の基本的枠組である。公司法に照らして、国は他の出資者と平等の立場で出資比率に基づき株主総会での投票、取締役の選任を通じ経営に対する監督を行う。公司法では3つの株式会社形態が定められた。つまり、国有独資公司（会社）、有限責任公司（会社）、株式有限公司（会社）である。

中国版の会社法である「公司法」の施行によって国有企業を中心とする株式制への転換が始まり、本格的な近代企業制度の試みが開始された。株式制の実行によって今までの国有企業における単一所有者主体の局面を打破し、これによって所有者の多元化が図られる。また、出資者間の相互制約メカニズムの構築もでき、出資者と経営者、従業員などのステークホルダーが共同で企業統治システムの構築へ参加ができ、これによって行政機構所有者が一貫して握ってきた残余コントロール権と支配権の構造が改められた。内部者支配問題と所有者利益の確保などが可能となる。

しかし、株式制転換の実践からみるといくつかの問題が提起されている。国有株による絶対支配の現状、政府の出資者としての役目と社会管理者としての役目が分離されていない"政資分離"の問題、および"政企分離"などの根本的な解決まで至っていない。政府の関与は依然として根強く、取締役会の"有

名無実化"，内部者支配と権力の濫用などの問題が解決できないため，甚だしい国有資産の"流失"，企業パフォーマンスの低下が生じている。それと同時に，国有企業の特殊な位置づけ（例えば，生産，社会保障，社会管理等が一体となっている）と資産構造（例えば，高い資産負債率，重い返済負担など）のため，企業は本当の市場の主体になる力などもなく，株式制転換下の企業統治も働かなくなっていた。

　1993年から現在に至るまで，近代企業制度の確立は中国国有企業改革の特に大手国有企業改革の中心となっている。中小国有企業，ときには小企業の非国有化は資本密度が低く，戦略的および社会的政策負担が軽いため，経営者に対する所有者の直接監督が容易である。従って，近代企業制度の確立も比較的成功している。しかし，大手国有企業における企業統治システムの構築には，各要素市場体系などへの影響が大きいが，こういう市場体系の形成が未だにできていない。

3　企業統治構造の3モデル

(1) 企業統治構造の3つのモデル

　企業統治問題は国境を越えて世界的な課題となっているが，転換経済の下に置かれている現段階の中国においては，また特殊な意味をもっている。

　1つは，30年を超える漸進的な改革の模索を経て，中国企業は逐次に企業統治システムの構築が近代企業制度の要であることと近代企業制度の確立には必ず企業統治システムを規範化しなければならないことを認識している。

　もう1つは，転換経済化の下でさまざまな財産権の特徴の異なる所有制企業が大量に生まれ，このような企業はまた異なる企業統治のモデルを構築している。従って，企業統治構造の比較研究は必要不可欠である。

　所有制による企業の分類は多元化趨勢を示しており，これがまた企業統治モデルの多様化を表している。実際，アメリカのアングロ・サクソンモデルとか，日本の成熟されてきたモデル等で中国のモデルにそのまま代替することはできない。

中国における企業統治構造は主に，政府主導型，同族主導型，法人主導型の3種類に分けることができる。

1) 政府主導型統治モデル

政府主導型統治モデルは，主に株式制への転換が行われていない国有企業が対象である。また，株式制に"転換"されている，国有独資公司（会社）および国有持ち株の株式有限公司（会社）と有限責任公司（会社）のなかで，株式所有構造は高度な集中的所有の特質をもっている。

内部統治状況をみると，大株主の代表である政府（政府各部門，政府所属各部門，行政色彩が濃厚な持ち株会社，企業グループである集団公司が含まれている）は積極的で，有効な役割を果たしている株主とはいえない。

政府主導型統治モデルのなかで，企業の取締役会の意思決定機能と経営陣の業務執行の機能は全く分離されておらず，会長と社長は1人で兼任，取締役会と経営陣は基本的に結合または兼担状態である。集中的所有構造の下で，中小株主を中心とする一般株主における企業の意思決定への参与は非常に低く，中小株主特に小株主の経営陣への監督の力は弱く行動手段も乏しい。政府主導モデルの下で，経営陣の報酬等へのインセンティブ・メカニズムはあまり働かないのも事実である。従って，国有企業の経営者の全体の報酬は低く，報酬構造も単一で，長期的な動機付けメカニズムも欠けている。従って，政府主導モデルの下では有効な報酬インセンティブのメカニズムはないといっても過言ではない。

実際，経営者に効果的なインセンティブとは，支配権およびその支配権によって生まれてくる在職期間中の隠れている収入である。政府主導モデルの下で経営陣によるインセンティブの有効性はまた株主総会，取締役会，監査役会という"新三会"と共産党委員会，従業代表大会，労働組合で構成されている"旧三会"との関係をうまく解決できるかにも関係する。

2) 同族主導型統治モデル

同族主導型統治モデルには主に私営企業と相当数量の集団（体）企業が含まれている。私営企業の組織形態は主に私営独資企業，共同企業（「合夥企業」）[21]

と有限責任公司がメインであるが，近年私営企業のなかでも有限責任公司の増加が目立っている。

　同族主導型統治モデルの内部支配は，血縁で結ばれた同族内部で権限を配分しながらバランスをとるメカニズムである。大手私営企業には株主総会，取締役会，監査役会および経営陣の制度と組織が整っていて，逐次近代株式制に向かっている。しかし，同族による企業へのコントロールは非常に強い。これは，取締役会メンバー，経営陣の構成が閉鎖性と同族化の特性を有しているからである。

　なお，企業における最高意思決定などは企業のオーナーである企業主による独断で決めることが多い。同族主導型統治にはその組織，構成員などは問題ないが，重要な意思決定は依然として企業主に集約され，オーナーである企業主は権限をほぼ独占しており，取締役会の機能の発揮は余りよくないと指摘されている。[22]

　同族主導型内部支配では，経営陣のインセンティブの問題は比較的よく解決されている。これは，経営陣のなかには同族のメンバーが相当入っているからである。剰余請求権とコントロール権の整合性は高く，経営陣の高い報酬と株式権限の贈与などは普遍的に実施されている。

　同族支配の観点からみると，同族主導型統治システムは経営陣のモチベーションの向上のため基本的には外部市場メカニズムにあまり依らないし，外部ガバナンスの影響も少ない。しかし，同族企業全体にとっては，商品市場，資本市場と労働市場の激しい競争により同族企業の生存，破産，M&A，再編など市場メカニズムによる問題が絶えず発生している。これは，同族企業の企業主と経営陣には生き残るためのプレッシャーでありチャンスでもある。

3) 法人主導型統治モデル

　ここでいう法人とは主に各企業を指すが，機関投資家，基金および金融機関をも指す。中国では，企業の形態を問わず企業法人が株主として存在しているのは普通である。例えば，連営企業，合弁企業，法人持ち株のさまざまな株式[23]有限公司と有限責任公司がそうである。これら，"法人所有"の会社では，政

府主導型と同族主導型の違う企業統治モデルを有している。

　法人主導型統治モデルの特徴は，経営陣モチベーションの向上を重視していることである。上場会社のなかで，法人持ち株会社における取締役の平均報酬および自社株の平均持ち株比率はともに国家持ち株会社より高い。[24] 法人主導型統治モデルの下で，法人株主は取締役会において保持している議決権で経営陣の解任ができる。

　法人主導型統治モデルでは，法人株主は取締役会に対して直接的に有効な監督管理ができ，そして引き続き維持するため，M&Aなどの外部市場によるガバナンスの影響を最小限におさえることと外部市場による統治への影響力を小さくすることもできる。これは，中国の場合，未だに真に成熟されたM&A市場が形成されていないことと，国有株と法人株は協議によってその譲渡は可能であるが，許可手続きが繁雑で，取引費用が高価であることもその要因として考えられる。しかし，外部市場メカニズムへの依存性は政府主導型統治モデルに比べると，法人主導型統治モデルの方が大きい。

(2) 企業統治構造の規範と発展

　異なる所有制企業における3つの企業統治モデルは，中国経済の市場化改革の背景の下で逐次形成されてきたが，市場化改革の深化によってこれら企業統治モデルの構築も改善されつつある。例えば，アメリカ，イギリスなどの委員会設置会社モデル，ドイツの共同決定モデル，日本の監査役設置会社と委員会設置会社の二者択一など企業統治モデルの参考，導入によって自国の国際化を推進している。激しい市場競争力のプレッシャーとなりつつある資本市場一体化に従い，中国企業統治の3モデルにおける改善すべき点としては以下の4点を挙げることができる。

　1) 内部統治の有効性

　国有企業改革のなかで，集中的所有構造となっている国有株の放出をはかり，段階的に国有株の集中的構造から株式の多元化を実現することで内部統治の有効性を実現する。そうするためには，株主の積極性の向上と内部支配の強化が必要となる。国有企業における株式所有構造の多元化と分散的所有の実現に

よって規範に依拠した株式制度への転換が実現される。それと同時に，企業統治構築のなかでの機関投資家による役割の発揮をも重視すべきである。

2) 外部市場メカニズムの完全化

内部統治有効性の確立と同時に，同じく有効な外部統治メカニズムの構築も必要である。上述3つの政府主導型，同族主導型または法人主導型モデルにせよ，M&A，企業再編，企業破産などのメカニズムの導入によって企業統治の効率化をはかろうとする点では現状ではほぼ欠落している。これは明らかに中国の商品市場，資本市場および経営者市場がまだ成熟されていないことを示唆している。市場メカニズムの確立と改善によって効率の高い企業価値評価，コントロール権委譲の資本市場およびその他一連の制度の構築によって企業経営陣への有効な制約もはかられる。

3) 経営者のインセンティブ

いろいろな有効な手段を講ずることで経営者の動機付けを向上させることは，モチベーションの遅れている現状では経営者の役割発揮に必要であり，有効な企業統治システムの構築にも不可欠である。特に指摘しておきたいのは経営者の報酬である。経営者への報酬構造は多種多様である。中国の場合，基本報酬である固定収入がメインであるが，リスク収入（ボーナス，株式取得等のオプション）面でも積極的に取り入れることで経営者のモチベーションの向上をはかるべきである。近年，試験的にこういうメカニズムを導入し始めている企業があるがさらに推進すべきである。

4) 国際経験を糧に統一化へ

企業統治システムの構築は中国事情に沿って行われるのが基本であるが，グローバル時代の状況から考えると当然なこととして，随時外国の経験を参考に取り入れることも大事である。中国の理論界では「中国上場会社企業統治原則」[25]を確立すべきという輿論が高まっており，これは世界の一員である中国として国際経験を糧に，企業統治システム構築の統一化に向けて取り組もうとしていることが伺える。

まとめ

　本章では，外部環境の動きとグローバル時代の流れに従い中国の企業統治改革も大きく変わりつつあることを示唆した。その上で，このような環境の下で行われている企業統治システム構築の背景に注目した。改革・開放元年である1978年を境にその前まで実施されてきた行政統治段階，そして改革・開放実施の1978年から近代企業制度の実施が打ち出された1993年前までの段階，いわば計画経済と市場経済併存時の企業統治段階，および近代企業制度実施から現在に至る近代企業制度構築の段階，以上3段階に分けて企業統治構築のプロセスを取り上げた。

　なお，中国における企業統治構造は主に，政府主導型，同族主導型，法人主導型の3種類を取り上げそれぞれのモデルの特徴と比較を試みた。

　中国における企業統治は，時代の変化に沿って自国における企業モデルの規範化，企業を規制する制度などが収斂し統一化に向かっている。また，日本を中心とする外国の経験を参考としながら中国の状況を踏まえて自国の企業統治システムの構築に力を入れている。

　「改革・開放」以来行われてきた「放権譲利」「利改税」「請負責任制」，そして現在の「現代企業制度実施」は，行政統治以降の各段階における企業統治のキーワードともいえよう。改革・開放以降行われてきた諸段階の企業統治システム構築の実践をみると，企業所有者である国家の側に，経営者の行動を適切にモニタリングし，段階的に経営自主権を拡大していく制度やその仕組みなどを主とする統治システムの構築は社会主義計画経済体制下での行政統治段階よりはかなり進んでいる。経営自主権や利益留保を認めることによって経営者，従業員らにインセンティブを与えようとする企業統治改革の基本的な方向性も十分評価できる。

　国有企業を株式制に転換し，会社法に則って経営行動を行っている企業にとって，株式市場の動向を通じて企業統治が規律づけられていくという点にその特徴がある。市場を通じた株主を主とするステークホルダーの意思表示とそ

れに対応した経営こそが企業統治システム構築の要請であると考える。企業統治システム構築の基本的な方向は，企業の統治基本を市場の規律にゆだねていく方向であると考える。こうした方向性は，単に企業統治の観点からだけでなく，ほぼ全面的に市場経済を導入した「社会主義市場経済」の方向性と完全に合致するし，資産の流動性を高め，中国経済の将来に向けた発展の余地を確保する上で，必ず達成しなければならない目標であると考えられる。[26]

注：
(1) 張雪（2005）「企業統治と内部統制」『合作経営と科技』2月17日
(2) 柳町功（2006）「異文化組織論」http://gc.sfc.keio.ac.jp/class/2006_14503/slides/04/6.html
(3) 奚曉明（2003）「企業統治導入の背景とその主要な法律的措置」『中国民商審判』第1巻
(4) 企業管理の財政の面と呼ばれるCadburyのレポートは，企業管理の危険および失敗を軽減する会社および会計システムの整理の推薦に着手するAdrian Cadburyが議長を務める委員会のレポートである。レポートは1992年に出版された。レポートの推薦は欧州連合で，その後アメリカ，世界銀行，および他の人々までさまざまなレベルで採用された。
(5) Rutterman Report(1994): The Rutteman Working Group (1994) introduced disclosures in financial statements regarding systems of internal financial control, and the Turnbull Committee (1999) recommended extending this to all systems of internal control. http://www.mdx.ac.uk/risk/riskissues/governance/rutteman.htm
(6) Greenbury Report(1995): Study Group on Directors Remuneration set up the CSI, 17 July 1995.
(7) Hampel Report (1998): Sponsored by the London Stock Exchange, the Confederation of British Industry, the Institute of Directors, the Consultative Committee of Accountancy Bodies, the National Association of Pension Funds and the Association of British Insurers, January 1998.
(8) 上海証券取引所研究センター編（2003）『中国企業統治報告』復旦大学出版社 2003　p.1
(9) 温家宝（2003）『社会主義市場経済体制を完全化する綱領的な文書』党建出版社
(10) 何家成「企業統治案件の国際比較」『学習時報』2004年3月25日
(11) 国務院弁公庁国研室「国有企業改革をさらに深化させよう」2006年3月15日

www.gov.cn「合夥企業」の"合夥"とは，パートナーの意味を指す。
(12) Gamble, W. (2002) *Investing in China*, QUORUM.
(13) 筆者は，上海・深圳証券取引所の研究レポート，企業統治国際シンポジウム（中国）での各報告，経営・法学分野の学者らの研究論文などを分析したが，おおよそ所有制からの分析，国有企業改革のプロセスに沿う分析，計画経済の展開にともなう分析，近代企業制度を中心とする研究，株式制を中心とする分研究が主力で，「政治型ガバナンス」「契約型ガバナンス」「制度型ガバナンス」などの説もある。
(14) 金山権（2000）『現代中国企業の経営管理』同友館　p.23.
(15) Beijing zhoubao 1988 No.27　p.15
(16) 劉詩白（1988）「社会主義商品経済与企業産権」『経済研究』第3期
(17) 林毅夫等は，伝統的な中国企業について，「所有者と経営者のインセンティブが相違し，情報の非対称性と責任の不平等性が存在する状況下では，企業の生産・経営自主権を剥奪することは経営者が所有者権益を侵害することを防ぐための内生的なガバナンス方式であり」，このようなガバナンス方式は上記の状況を前提にすれば「次善のもの」であったとみる（林毅夫・蔡昉・李周『中国の国有企業改革』日本評論社　p.15）。他方，「放権譲利」型の改革は，「伝統的経済体制の自主権のないミクロ経済メカニズムがもたらした効率と活力の不足という問題」を「ある程度解決した」（同書　p.54）が，広い意味でのコーポレート・ガバナンスの仕組みが欠如していることから，「改革は企業の積極性を引き出せるものの，所有者権益の侵害機会をより多くつくり出してしま」い（同書　p.64），「国有企業がより多くの自主権を獲得し，ひいては生産効率と経営状況を改善するインセンティブを備えるにつれ，国家の利益がかえって保障されなくなっている」（同書　p.57）と論ずる。ここでは，必ずしも林等と結論を同一にするものではないが，国有企業改革の当初段階（林等のいう「放権譲利改革」）において，インセンティブ・メカニズムの構築のみが強調され，盾の裏側であるコーポレート・ガバナンスの視点が欠けていたという指摘はまさに正当である。
(18) 21世紀政策研究所「中国の国有企業改革とコーポレート・ガバナンス」2001年3月　http://www.21ppi.org/japanese/thesis/200103/kokuyu.pdf
(19) 近代企業制度には以下の4つの項目が含まれている。①財産権の明確化＝国有か株式会社か，②権力と責任の明確化＝企業／政府の相互依存体質の排除，③行政と企業の責任の明確化＝企業の社会運営の行政への移管，④科学的管理指導体制の確立＝株主総会，取締役会，監査役会，労働組合などの規範化。金山，前掲（14）　p.112
(20) 前掲（18）
(21) 日本版の合名会社である。1997年2月23日の第8期全国人民代表大会24回常務委員会で採択され，2006年8月27日第10期全人代第23回会議で修正された「中華人民共和国合夥企業法」によると，①構成員が2人以上で無限責任で

ある，② 契約書の提出，③ 共同出資，④ 企業の名称，⑤ 施設と経営への必要条件を備える，などと定めている。
(22) Jiagui, Chen(2001) "Contrast and Perfection of Three Types of Enterprise Governance in China", *China Industrial Economy,* Vol.7.
(23) 2者以上の同じかまたは異なる性質をもつ企業法人または事業単位法人が，自主，平等，互恵の原則に基づき，共同で投資し設立された経済組織。主に，国有連営企業，集団（体）連営企業，国有・集体連営企業，その他連営企業が含まれている。
(24) 前掲 (22)
(25) 2002年1月に中国証監委によって「上場会社企業統治準則」が公布されたが，準則を原則にグレードを上げるべきであるという議論が盛んに行われている。
(26) 前掲 (18)

第6章　企業統治の視点からみた国有資産監督・管理委員会

はじめに

　中国の中央政府が管理する国有企業は国務院国有資産監督管理委員会（国資委）という組織の管理下に置かれている。2003年に設立された国資委は，当初の196社にのぼる超大型中央管轄国有企業の監督・管理を行っている巨大組織であるが，1年後の2004年の3月に管轄企業はさまざまな改革と努力により，196社から185社に減少したが純資産総額は6兆9千億元（約104兆円）から8兆900億元（121兆3,500億円）まで増加し(1)，2007年末には150社に統合されたが国有資産総額は12兆元まで増えた(2)。

　また，国有企業を管理する側も，国有資産管理体制の強化，国有資産監督・管理暫定条例の公布と執行，地方における国資委の設立など新たな一歩を踏み出した。このような一連の努力で，国資委が設立された初年度の2003年末現在，中央管轄企業における営業収入と営業利益はそれぞれ4兆元と3,000億元を突破した(3)。しかしながら，成長を遂げている国有企業のプラス面の陰に隠れて見落とされがちなマイナス面が存在していることも否定できない。例えば，資産管理委員会の3階層の企業統治はどうなっているのか，国資委の主要な任務といわれている「資産保全・増殖」をめぐる問題，誰がマンモス化した国資委を監督するのか，などの課題はまだ残されている。

　本章では，上述の状況を踏まえ，3つに分けて企業統治の視点から中国における国有資産監督・管理委員会の問題を検討してみることにしたい。

1 中国における国資委設立の必要性

(1) 改革政策の転換—企業管理体制の改革

　国有企業の改革は企業自身で行うことが重要である。しかし，中国では，企業の改革は企業自らが行うことではなく国家の意思に従って行うことである。1978年から現在までの主な改革プロセスを振りかえってみると，企業は国家の政策に従いながら"放権譲利"から，利改税，請負制，株式制，現在の近代企業制度の実施まで辿ってきた。国家は同一モデル，同一政策，同一時期にすべての国有企業に改革を実施し，企業は今度はこういう"制"の改革，次はああいう"制"の改革，というように完全に政府のいいなりになっている。従って，改革といえば企業は受け身であり，国家が主動的である。

　理論上，国有企業の所有者は国家であり，企業は限られた自主経営権の行使だけで，主として国家の従属物である。企業の所有者である政府の改革なしに企業だけの一方的な改革は難しい。従って，国有企業の改革はまず国家が国有企業を管理する体制の改革から始まり，次に企業の改革がある。現在のプロセスは，完全に本末転倒な政府による企業改革だけが行われ，政府自身の改革が遅れている。改革開放30年目を迎えている現在，国有企業の改革こそ政府における国有企業管理体制の改革から着手すべきである。

　計画経済の体制下では，企業の財産権，経営権，人事権，収益配分権，生産要素配分権などすべてが政府の各部門に握られ，1つの問題の解決すら政府の複数部門を通さなければならない。こういう状況の下での企業の活性化の向上は机上の空論であった。実際に改革初期，政府はこの問題の重要性および解決の必要性を意識し，国有資産管理局の設置によって問題解決を図ろうとした。しかし，既得権益にしがみつく官僚層の抵抗は消えない。具体的には，

　① 企業改革案はしばしば政府の主管部によって最終決定され，企業側の改革計画は採用されにくい，

　② 行政側が（条件や必要性を無視して）企業を無理やり統合させたりするため，寄せ集めのグループ企業が生まれ，官僚重役が増える，

③決まったやり方を企業に押し付けようとする，などの矛盾が生じている。

経営を知らない役人が企業に関与する現状は，政企分離の実施は進んだといってもまだいろいろな課題が残っていることを物語っている。(5) 結局，国家の意思決定が揺れて執行までは至らなかった。朱鎔基政権時代の最後にやっと国有資産管理機構への改革が始まり，まず政府の主管部門が国有企業を管理してきた体制から新設の国有資産監督・管理委員会への移管を決めた。これは政府にとって第一次の構造改革ともいえる。しかし，企業改革は徹底的ではなかった。企業は完全な独立法人になっていないし計画体制が未だに働いている。また，旧国家計画委員会，旧経済貿易委員会，財政部（省），中央企業工作委員会，労働・社会保障部（省）による国有企業への影響は変わっていない。政府と企業の従属関係の分離，企業の独立法人としての経営は難しい。

共産党中央委員会は問題の重要性を認識し，2002年11月17日の中国共産党第16回全国代表大会報告の第4部分「経済建設と経済体制改革」の第4節では，経済体制改革の重点が国有企業の改革であるという従来の政策を転換して改革の重点を"国有資産管理体制改革の深化"であると強調したことが興味深い。

引き続き，2003年10月14日の第16回共産党中央委員会第3次中央全体委員会で採択された「社会主義市場経済体制を完成させるための中国共産党中央委員会の若干の決定」の第3節「国有資産管理体制を完全にし，国有企業改革を深化させる」でも，テーマ通りはっきりと国有資産管理体制の改革を国有企業改革の先頭に置いていた。これは，改革の対象は政府であり，そのため国資委を設置し，国資委が国家の代わりに出資者の責任を果たすということである。同時に，所有者の権利，義務と責任を明確にし，資産・人員・業務の管理を総合して資産管理体制を築き上げることを明記した。

「決定」では，近代財産権制度の健全化が打ち出されたが，この財産権制度確立の要は国家である。実際に企業は財産権をもっておらず，国家がその権限を企業に与えてからもつようになっている。(6) 国有資産管理の主な枠組みは次の図6.1の通りである。

第6章　企業統治の視点からみた国有資産監督・管理委員会　115

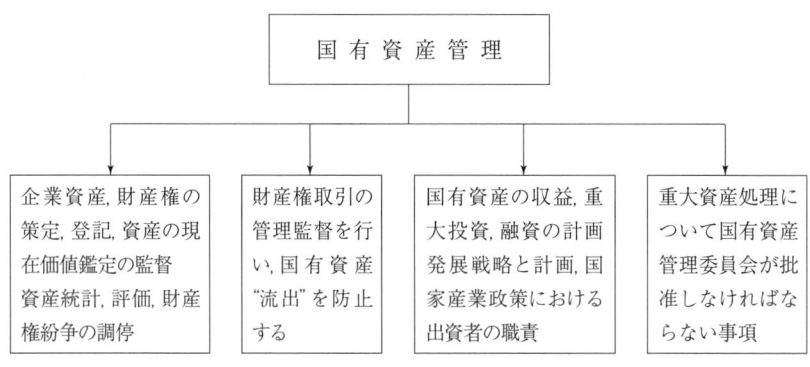

```
                    ┌─────────────┐
                    │ 国有資産管理 │
                    └─────────────┘
   ┌──────────┬──────────┴──────────┬──────────┐
┌────────┐ ┌────────┐ ┌────────┐ ┌────────┐
│企業資産,│ │財産権取│ │国有資産│ │重大資産│
│財産権の│ │引の管理│ │の収益,│ │処理につ│
│策定,登 │ │監督を行│ │重大投資│ │いて国有│
│記,資産 │ │い,国有 │ │,融資の │ │資産管理│
│の現在価│ │資産"流 │ │計画発展│ │委員会が│
│値鑑定の│ │出"を防 │ │戦略と計│ │批准しな│
│監督資産│ │止する  │ │画,国家 │ │ければな│
│統計,評 │ │        │ │産業政策│ │らない事│
│価,財産 │ │        │ │における│ │項      │
│権紛争の│ │        │ │出資者の│ │        │
│調停    │ │        │ │職責    │ │        │
└────────┘ └────────┘ └────────┘ └────────┘
```

図 6.1　国有資産管理の主な枠組

出所）筆者作成

　近代財産権制度の確立は政府による国有資産体制のもう1つの重要な内容ともいえる。改革の重点が政府であると明記したことこそが国有企業改革の対象をしっかり握っていることを意味し，病因を正確に診断したともいえる。方向と方法が正しければよい問題解決につなげることができる。まさに，これこそが政府の第2次大改革ともいえるだろう。

（2）第1次構造大改革―国資委の設立

　中国は1998年に国家国有資産管理局を設立し，国有資産監督管理体制改革を探り始めてから5年という年月を経て，2003年3月の第10期全人代第1次会議で国資委を設立し，国有企業の改革を推進してきた従来の5つの中央官庁の体制から，新設の国家国有資産監督管理委員会への移管を決定した（図6.2）。

　なお，国有資産の保全，増殖のため3段階式の国有資産の監督・管理の深圳

```
┌─────────────────┐
│中央企業工作委員会│──全体を吸収統合──┐       2003年3月第10期全人代で採択
├─────────────────┤                    │
│財　政　部　（省）│──企業収益機能部門─┤──機能──┌──────────────────┐
├─────────────────┤                    │         │国有資産監督管理委員会│
│労働・社会保障部(省)│─給与・福利厚生機能部門┤  ──移管──└──────────────────┘
├─────────────────┤                    │
│旧国家経済貿易委員会│─企業制度改革・再編機能部門┤
├─────────────────┤                    │
│旧国家計画委員会 │──企業管理部門────┘
└─────────────────┘
```

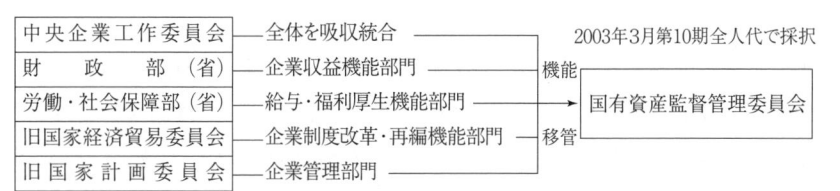

図 6.2　国有企業改革の新推進体制―国有資産監督管理委員会

出所）筆者作成

モデルが肯定され参考にしながら全国へ推進するようになった。これによって，中国独特のルールのもとで管理，運営されてきた国有企業の制度改革がスタートを切った。国資委は専ら196社の中央管轄企業を直接監督管理する。[7] 2003年末から競争力強化のため企業間のM&A，例えば，業務が類似している中国藍星集団総公司と中国昊華化工集団公司による合併，中国鉄道総公司と中国海外工程総公司，中国衛星通信集団公司と中国四維測量技術総公司，中国国際旅行社総社と中国免税品（集団）総公司との再編成（再編成により，中国海外工程総公司，中国四維測量技術総公司，中国免税品（集団）総公司は，それぞれ中国鉄道総公司，中国衛星通信集団公司と中国国際旅行社総社の全額出資の小会社になる）により196社から185社に減ったが，純資産総額は1兆1千900億元増加した。[8]

また，2006年には全社に「現代企業制度」を確立させ，[9]国資委は国を代表して出資者としての職責を履行する。国資委の監督・管理範囲は，中央管轄企業（金融分野の企業を除く）の国有資産である。国資委が現在遂行している主な改革のプログラムは以下の通りである。

1）国有企業の株式制移行，外資導入を奨励

国有企業の株式制移行を速める。①大手国有企業への外資導入，②条件を満たした大手国有企業の域外上場，③国有企業の株式制移行における民間資本の参入，などを奨励。出資者を多様化させ，混合所有制の組織体を発展させることで，公有制度の主な形態として株式制を早期に定着させる。さらに，条件を満たす国有企業の再編・上場を急ぐとともに，地方の国有資産経営会社における出資者多様化への改革の模索を認める。[10]

2）国有企業の改革を加速

国有企業の改革を5つの面から取り組んで行う。つまり，①より合理的な企業経営管理制度を確立する，②国有経済の配置と構造を調整する，③国有資本の合理的な流動体制を完備する，④国有経済の制御力，影響力，および牽引力を強化する，⑤国際的競争力のある大手企業と会社を育成する，などである。これは，国資委の直接指導の下で国有企業改革を加速させたい政府の

意図を示唆した(11)。

3) 中央管轄企業，経営者への業績審査の全面スタート

中央管轄国有企業の責任者に対する経営業績審査が2004年から全面的にスタートした。2004年に中央管轄の国有企業経営者が国資委と「2004年度経営業績責任書」の調印を行って以来，2005～2006年度における「経営業績審査責任書」の調印も行われ，本格的に各企業の経営業績への審査を実施し，賞罰制度をとり入れた。

4) 中央管轄企業経営者の公募制の推進

2005年5月には23の中央管轄企業が国内外から管理職の公開募集を行い，8月には経営業績審査結果を公表し13の企業が募集から落とされた(12)。

5) 国有企業の社会事業を切り離し，重点分野を決定

国有企業から社会事業を切り離すことに関する2004年の重点項目が決定された。中央政府による東北振興策に従い，同地域で重点的に切り離し作業を行うほか，中央管轄企業3社――中国石油天然気集団，中国石油化学工業集団，東風汽車集団で社会事業の切り離しを進める。国有企業が経営する小中学校は全国で1万1千校以上，病院は6,100以上に上る。国有企業は毎年，都市建設費と教育関係費として計約500億元を負担するほか，社会事業のために年間456億元を拠出している。特に，中央管轄企業の社会事業費のうち，中国石油天然気集団，中国石油化学工業集団，東風汽車集団の3社だけで全体の55%を占める(13)。

2 深圳・上海モデルおよび全国への普及

1992年，全国で最初に試験的に行われた深圳の国有資産管理委員会における3段階式体制，いわゆる深圳モデルは第10期全人代で肯定される形となってきたが，深圳市で実際に実施されているケースをみると，図6.3の通りである。

(1) 第1階層，市国有資産管理委員会

市国資委は，共産党市委員会，市政府指導の下で，専ら国有資産職能における意思決定と指導を行う機関として深圳市管轄の営利的，非営利的国有資産と

118　第2部　企業統治システムの形成過程と集中的所有構造

```
                    ┌─────────────────────────┐
                    │ 深圳市国有資産管理委員会（指導機関） │ 市国資委
                    └─────────────────────────┘                      国有資産
         ┌──────────────────┼──────────────────┐                    運営機構
 ┌───────────────┐  ┌───────────────┐  ┌───────────────┐
 │市投資管理会社（公司）│  │建設投資持ち株会社（公司）│  │商貿投資持ち株会社（公司）│
 └───────────────┘  └───────────────┘  └───────────────┘
 ハイテク・基盤 ↓産業を中心に   建設, 不動産↓開発を中心に   商業・貿易↓観光を中心に
    ○    ○    ○         ○         ○         ○    ○      各企業
```

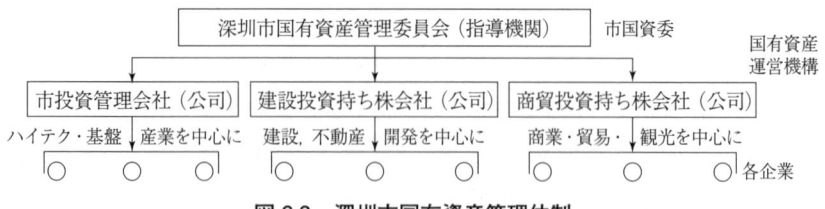

図6.3　深圳市国有資産管理体制

出所）深圳市現地調査により筆者作成

資源の国有資産に関してマクロ的管理と監督を行い，3つの市級国家資産経営公司に国有資産の出資者としての所有権をもっている。

市国資委の下に設置されている国有資産管理弁公室は，市国資委の常設窓口として日常の事務と市政府の一行政機関としての国有資産における監督・管理機能を果たしている。

市国資委は，市体制改革弁公室，財政局，国土局，経済発展局，貿易発展局，運輸局，計画局，監察局，監査局，統計局，法制局，共産党市組織部および3社の市級国有資産経営公司の責任者より構成され，市長が国資委主任に，経済担当の副市長と共産党市組織部長が副主任に就いている。市国資委は，定期的，不定期的に会合を開き，国有資産経営管理中の重大問題への検討，解決を行う。

市国資委の権限は，

① 国有資産管理における規則，制度を制定し，国有資産管理の法律，法規と政策を執行し，その執行状況のチェックと監督を行い，違法の場合には法律に従って処罰を行う。

② 国有資産運営機構としての国有資産経営公司の設立，変更，終止を決定し，国有資産経営公司の長期発展計画，年度経営計画，収益経営計画への審査と許認可の決定をし，国有資産経営公司の重大事項報告の受理，国有資産経営公司の人員，賃金と諸費用のコントロールを行う。

③ 国有資産経営予算案を編制し市人民代表大会の審査許可後実施する。

④ 規定されたプログラムに従い，国有資産経営公司の会長（董事局主席），副会長（同副主席），社長（総裁），副社長（副総裁），監査役会主席など主要責

任者への賞罰を行う。

⑤市管轄下の営利，非営利および資源的国有資産管理中の重大な事項を調整し，区属国有資産管理機構の運営を指導，監督し，海外の国有資産の監督管理を行う。

市国資委の下に設けられている国有資産管理弁公室は，市国資委の常設窓口として日常の事務以外また市政府の一機関としての国有資産職能機能を行使している。

主な職能としては，
① 市国資委の各決議，決定の執行。
② 国有資産管理のなかで起こっている主な問題へのリサーチと解決への助言を行う。
③ 国有資産の検査，国有資産財産権の確定，資産評価と財産権の登記などの作業を指導し，国有資産の財産権取引，国有資産財産権トラブルの調停および国有資産"流失"処理を行う。
④ 国有資産の保全，増殖の指標体系の制定および3社の市国有資産経営公司経営への査定を行う。
⑤ 関係部門と共同で国有企業の改革を指導する。
⑥ 国有資産の分類統計，総合統計および国有資産管理面での情報収集を行う。
⑦ 国有資産管理人員のトレーニングを行う。
⑧ 市国資委が下すその他の仕事を担当する。

(2) 第2階層，市国有資産経営公司

市国有資産経営公司は，市国資委が授権した国有資産運営機構として，政府を代表して授権された範囲内で企業経営状況および出資企業への資産受益状況の把握，重要な決定，経営者の任免などを行う特殊企業法人である。国有資産経営公司は国有資産の保全，増殖の責任を負い，市国資委と市全人代の監督を受ける。

(3) 第3階層，国資持ち株会社および国資企業

主に市所属各国有企業であるが，経営活動はほとんど行っていない管理型の

企業集団，つまり純粋持ち株会社および普通の企業である。前者は純粋持ち株会社として直接の経営活動は行わず，財産権管理だけに専念する。従って，その下にはまるでチェーンのようにまた4段階，5段階の下部企業がついている。

「公司法（会社法）」の規定に従って，深圳市の国有独資企業，国有持ち株会社，国有資本参加の会社は法人財産権をもっている独立法人である。これら企業は国家およびその他出資者投資によって形成されたすべての法人財産に関して法に基づいて自主経営，損益自己負担を行う。また，独立民事権利をもち，民事責任，資産の保全・増殖の任務を果たす。国有資産会社とその会社が出資した会社との関係は，上下関係でなく国有資産出資者と企業法人との関係である。

上述の3つの階層で取り上げた国有資産の管理新体制で，まず，第1階層では，国資委の設立によって政府が国有資産所有権行使機構の代理者として経営管理行使機構との分離を果たし，第2階層では，国有資産経営会社の設立によって，国有資産運営機能と国有資産管理監督機能の分離を果たしている。第2と第3階層の間には，企業出資者の所有権と法人財産権を分離した近代企業制度における財産権の範囲を明確にし，また政・企分離の下で国有資産の出資者制度と財産権代表制度を確立し，第3階層に属する企業における国有資産出資者の"空席"問題の解決もできると中国は期待している[14]。

この3つの階層は，実質的委託—代理制である。つまり，① 全国民が資産におけるリスクを自分に残し，所有権を国家に委託し，国家が所有者権利を代行する，② 監督の権限を地方政府に委託し，地方政府が監督の権限を代行する，③ 経営権を企業の経営者に委託し，経営者が企業の経営を代行する[15]。

上海市では，1993年に共産党上海市委員会，市政府主要指導者，市政府関係部門の主要責任者により組織された国有資産管理委員会が設立された。市国資委は市政府の直属の特設機関で，市政府の授権で国家を代表して出資者権利の行使，資産，人事，運営を総括する。深圳市のモデルと基本的には同じ"3階層"構造である。

図6.4は上海市国有資産管理体制を示したものである。市国資委は上海市国

第6章 企業統治の視点からみた国有資産監督・管理委員会　121

```
                    ┌─────────────────────────────┐
                    │ 上海市国有資産管理委員会（指導機関）│  市国資委
                    └─────────────────────────────┘
           ┌──────────────┬──────────────┐                        国有資産
           │              │              │                        運営機構
    ┌──────────┐   ┌──────────────┐  ┌──────────────────┐
    │国有持ち株会社(公司)│ │企業集団の親会社(公司)│ │市区・県資産経営会社(公司)│
    └──────────┘   └──────────────┘  └──────────────────┘
   元上級主管局│をベースに組織  国有企業集│団の親会社  国有資産比率が高い│市区・県資産管理部門
   ○    ○    ○        ○        ○       ○       ○  各企業
```

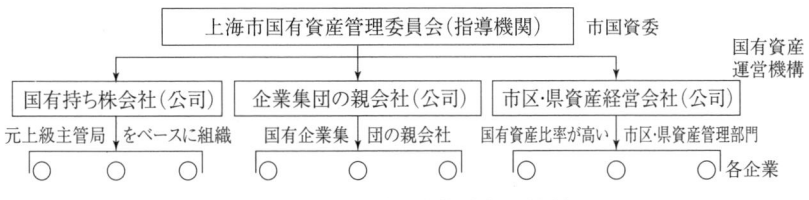

図6.4　上海市国有資産管理体制

出所）2003年3月に行われた上海市現地調査により筆者作成

有資産所有権の総代表として全市国有資産管理における重大意思決定を行う。日常窓口は資産管理弁公室で，市共産党委員会，市政府および市国資委の重大な決定を執行し国有資産管理の日常業務を行い，国有資産管理体制改革の組織と全体の協調を図る。

　国有資産管理体制において，第2階層である国有資産運営機構と深圳モデルとの異なるところは，深圳市は産業別に授権経営を行う3つの国有資産経営公司があるが，上海市は元の主管工業局をベースに設立された国有持ち株公司，授権経営を行う国有資産の企業集団公司の親会社と一部国有資産比率が高い市の下部行政組織である区または県の国有資産管理部門の3つの国有資産運営会社がある。

　国有資産に授権経営を行っている一部の区，県における国有資産監督・管理と経営には完全な分離を行っておらず未だに過渡期にすぎない。上海市のこの第2階層については，社会主義市場経済に適応しながら国有資産の監督・管理，運営における新体制の確立を図ろうとする初期段階に対しては一定の意味をもっている。しかし深圳市の第2階層の場合は，国有資産監督・管理，運営における新体制の最終目標に近づいている。市国資委が授権経営を行っている持ち株集団公司は61社あり，[16] 中身は旧市経済委員会管轄企業，市商業委員会管轄企業，市建設委員会管轄企業，市対外貿易委員会管轄企業およびその他部門管轄企業となっている。

　地方所属企業の国有資産については，各省，自治区，市それぞれの地方政府の国有資産管理機関が監督・管理を担当する。国有資産監督・管理の体制は地

方によって多少異なっているものの，主に深圳モデルを手本に各地方の状況に合わせて設立されたものと考えられる。いわゆる深圳モデルを認める形で全国に広げることにしている。共通点は図6.5で示されている3段階式体制をとっていることである。

国有資産監督管理委員会の3段式体制：
・第1階層，市国有資産管理委員会
・第2階層，市国有資産経営公司
・第3階層，国有資産の純粋持ち株会社または国有資本参加の企業

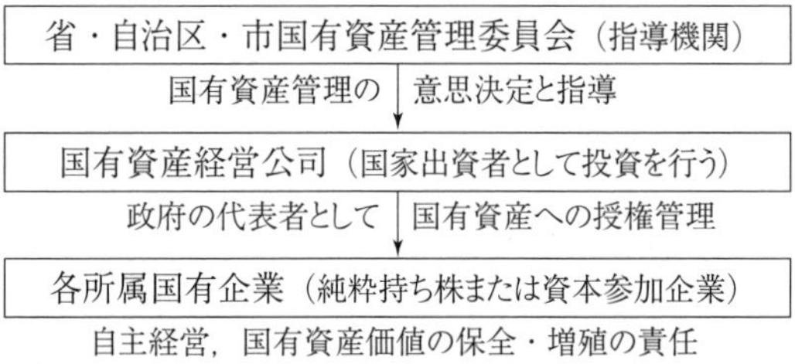

```
┌─────────────────────────────────────┐
│ 省・自治区・市国有資産管理委員会（指導機関） │
└─────────────────────────────────────┘
        │ 国有資産管理の │ 意思決定と指導
┌─────────────────────────────────────┐
│ 国有資産経営公司（国家出資者として投資を行う） │
└─────────────────────────────────────┘
        │ 政府の代表者として │ 国有資産への授権管理
┌─────────────────────────────────────┐
│ 各所属国有企業（純粋持ち株または資本参加企業） │
└─────────────────────────────────────┘
    自主経営，国有資産価値の保全・増殖の責任
```

図6.5　国有資産管理における3段式体制（全国の一般形態）

出所）03年3月上海市，2009年9月深圳市の体制改革委員会，市国資弁公室でのインタビューにより筆者作成

　深圳，上海国有資産管理体制改革モデルの実践経験から，天津，河北，浙江，安徽，海南，青海，陝西などの省が国資委を設立し国資弁公室と財政局が合併して1つの日常業務の窓口としている。また，黒竜江，湖北，山東，江蘇，内蒙古，福建，広東などの省も国資委を設立し，日常業務の窓口は国有資産管理センターまたは国有資産管理グループ（小組）と称している。なお，2005年1月末まで，全国31の省・自治区・直轄市と新疆生産建設兵団における国資委の設立がすべて完了し，45.3%の市，地区（省の下部行政組織）が国有資産監督機関を設立し，39.3%の市，地区が国資委を設立した。また，23の中央管轄大型企業が法律顧問制度を制定，同じく53%の大型中央管轄企業が法律部署を設置した(17)。

3 国資委の役割の検討と問題点

(1) 3階層における統治構造分析

1) 国有資産管理委員会

国資委は統一された国有資産管理における指導機関である。しかし,実際は1つの議会のような"会議体"である。国資委の常設窓口としての国有資産管理弁公室が複雑な利益関係への対応,協調をはかることは難しい。

① 現地調査では,両市の国資委から第2階層である資産管理公司への取締役などの株主の派遣は非常に少なく,一任された責任者が委託経営を代行する。実際は,派遣できる余裕もないと考えられる。

② 所有者の国資委から一任された会長(董事長)と社長(総経理)らが資産管理公司の支配を行う。従って経営者のコントロール権の発揮と所有者による経営者への監督がポイントになる。

③ 董事長と総経理は兼任が多く,なおほとんどが元官僚である状況および経営者へのインセンティブ・メカニズムの未発達などから,彼らが国有資産価値の保全・増殖のため真に責任を果しているかは疑問である。経営者による所有者への利益の侵害,内部者コントロールがこの段階で生じることは十分考えられる。

2) 国有資産経営公司

第2階層である資産経営公司は下の第3階層の各企業の筆頭株主である。直接各企業に筆頭株主としてまたは親会社が国資委から国家株代表権を授権された場合,所管各企業に取締役の派遣もあれば,直接任命のケースもあり,後者がやや多い。

企業統治の面から考えると,

① 資産管理公司と所管各企業のなかで,一部は国有企業の株式制転換によって上級工業局と所属国有企業の上下的"政企"関係から持ち株会社と子会社の"企企"関係と変わってきた。こういう制度的変化は明らかに過渡的な性質をもっているために,経営へ介入する余地または隙間が残っている。

②資産管理公司にとって，重要な決定，経営者への任免以外は，所管各企業への経営状況および資産受益状況を"把握"することだけで，企業の経営には直接関与はしない。しかし，一部の企業（例えば，管理型企業集団）にとって"把握"には限度があり，情報の非対称性が生じる。このような企業にとっては経営権による所有権への侵害，つまり内部者支配の可能性が高い。

③資産管理公司組織自体は，企業経営と直接関係がない行政人員のスタッフが多く経営指導に相応しいリーダーが少ない。

(2) 生産経営型企業

国有企業の株式会社への転換は，国有企業の優良資産を分離して株式会社に改組したのが一般的であるが，現在全国で上場会社の75%が国有持ち株会社の子会社であると指摘されている。[18]

①株式制への転換前の国有企業が親会社出身または親会社から移籍した会社経営者が多く，取締役や執行経営者の多くも国有企業からの移籍者，あるいは兼職のまま派遣される事例が数多い。

②一部企業と親会社である資産経営公司との密接な関係から，資産管理公司は所管企業にとって内部者と同じであると考えられる。内部者支配は，資産管理公司の経営者と所属企業の経営者とが兼任と重なっている形態をとっており，大株主支配と内部者の支配が一体になっているという特徴がある。

総じて，国有資産運営に関しては，3つの階層モデルより2階層の方が企業統治の構築，内部者統治の解消，監督過程の短縮および資産管理の能率化の点から有効であると考えられる。

3階層型モデルの一番重要な部分が第2階層である。この層の運営体つまり資産管理公司は，行政主管部門（または行政版の公司）が制度の転換によって看板が変わっただけで依然として強い行政色彩が残され，行政手段の企業支配の可能性が高く，企業統治の視点からも内部者による支配が一番高いと考えられる。

中間階層を改革して第1と第3の2つの階層による国有資産への監督管理を探求し検討すべきである。特に遅れてなおたくさんの課題が残されている西部

地域と東北地域の国有企業の国資産管理にはこの点の検討が重要である。

(3)「資産保全・増殖」をめぐる問題点

2003年5月13日に公表，施行されている国務院令378号の「企業国有資産管理暫定条例」では，国有資産保全・増殖への監督管理が国資委の主要任務であると定めているが，いわゆる国有資産保全・増殖の内容を検討すべきである。保全・増殖というのは国有資産の"流失"を防ぎ，企業の経済効果を上げることにその意味がある。しかしながら，これは計画経済時代のスローガンであり，市場経済原理とは相反している。資産の保全・増殖には例えば，以下のような問題が内在している。

① 資産の保全・増殖論自体が主体，客体間の本末転倒である。

保全・増殖の主体はいうまでもなく企業である。これは企業自体の要求であり，外部から加えられた圧力ではない。国資委は客体であり，その役目はいかに企業への介入を排除し企業が真に自らの保全・増殖の実現ができるようにするかであり，決して企業に外圧を加え保全・増殖を要求することではない。企業自身が保全・増殖への意欲が低いのに一方的に保全・増殖の外圧を加えることが良い効果をあげるのか問題である。

② 保全・増殖スローガン自体への疑問。

共産党15回第4次中央全体委員会の「決定」では，国有経済の位置づけを国家の安全に関わる業種，社会に重要な役割を果たす公共事業とサービス業に限られていた。こういう分野の企業は営利が目的ではない。また一部企業は政策上の関係で赤字経営が認められている。こういう企業に対しては，増殖はともかく資産の保全さえも難しい。単なる国有資産の保全・増殖で企業に圧力をかけると，企業は一方的な利潤追求に専念せざるをえないことになり，結局上記の共産党「決定」で定められた国有経済の使命が歪んでしまう。

③ 保全・増殖論は市場経済の競争原理に相反する。

市場経済の下で，優勝劣敗はすでに企業間競争原理として浸透しており，すべての企業が永遠に資産を保全・増殖させることは不可能である。従って，保全・増殖スローガン自体が市場経済原理に合致しておらず，すべての企業にお

ける資産への保全・増殖の実現はできない。

④ 資産の保全・増殖の公平性。

確かに国有企業における資産の保全・増殖は実現されている。しかし、すべての企業が本当に資産を保全・増殖したのか、疑問が残る。独占価格でその資産が保全・増殖された場合、公平性が欠けていることはいうまでもない。行政における独占経営と独占価格で獲得した利益は市場経済における公平な競争原理に反している。こういう企業には往々にして経営上の問題が隠されており、公正な競争原理の導入が望ましい。

したがって、国資委が国有資産の保全・増殖をひとつの重要な任務として定めている以上、この問題をめぐって議論すべき点が少なくない。

まとめ―誰が国資委を監督するのか

国資委は定期的に財務状況を含んだ全体の運営を全人代に報告すべきである。現在国資委が管理している全国国有資産の総額が20兆元といわれている。[19] 専門家からは帳簿で記入されている国有資産の記入がまるで止まってしまったとの指摘もある。[20] 実際、国有資産の帳簿に関しては次のような3つの3分の1という表現に集約できる。それは、3分の1の資産帳簿が正常、3分の1の資産帳簿が曖昧、3分の1の資産帳簿が遊休状態ということである。しかしこの3つの3分の1が一体どうなっているのか誰もわからないと指摘している。解決すべき課題のなかの重要なひとつが国有資産の査定であろう。国有企業の出資者は人民であるため、出資者としての知るべきことを尊重すべきであるが、ポイントは情報の公開、つまりディスクロージャーである。

2003年国資委が設立された後、地方でも相次いで国資委設立された。また、「国有資産監督管理暫定条例」「国有企業制度改革に関する意見」「企業における国有財産権譲渡管理暫定方法」などが採択され施行された。そして商工企業における国有資産の監督管理も始まった。金融系企業における国有資産、非営利型国有資産、自然資源と無形の国有資産に関してはいかに監督管理を行うべきか未だに課題が沢山残っており、相当の時間がかかるようである。注目され

ている「国有資産法」の採択は，こういう状況の下で専門家たちは少なくとも3～5年はかかると分析しているが未だに採択されていない。なぜなら，各部門，各自の直接の利益が絡んでいるからである。局部と全体，地方と中央におけるさまざまな利益の衝突が「国有資産法」制定の障碍になっている。

　国資委は，"政企分離"および所有権と経営権分離の原則に従って，国家を代表して出資者の職権を履行し，法律に則って企業の国有資産に対して監督管理と国有企業改革と再編成の指導を行い，中央管轄企業経営者の任免，査定と賞罰，および地方における国有資産管理の指導と監督を行うということである。国資委の役割は資産と人事であり，"国有および国有持ち株会社，国資企業（国有資本参加の企業）の組織形態，組織構造，権利と義務は，「中華人民共和国公司（会社）法」などの法律，行政法規と条例の規定に則って執行すべき"（注：「企業国有資産管理暫定委条例」2003年5月13日，国務院会378号）である。つまり，監督管理はあくまで監督管理だけで経営には介入しないことで所有権と経営権をはっきり分けるべきである。

　一連の企業改革に関する指針，ガイドラインなどについて中央からの通達があっても中央と地方における国資委と企業間の越権がしばしば起こっている。中央における大型のM&Aおよび地方における国資委設置前の大規模の国有資産の売却（大処分）と一部の国有企業が権限オーバーで国有資本の移転を行うことなどによって，国有資産の"流失"が生じ，また一部の国資委は従来の官庁のやり方で企業の正常な経営活動に介入し，企業は自主経営ができなくなる。企業にせよ，国資委にせよ，いずれも法律に則って行動する意識の向上が欠けている。

　相当数の大手国有独資企業の経営実態は企業自身による自主経営よりむしろ政府主体の行政経営である。また，相当数の企業は「会社法」公布前，行政府の再編成などの政府行為によって設立されたものである。従って，財産権改革を主張している観点からみると，国有企業は全民所有制の性質が高く，委託―代理の階層が多く，最初の委託者から最終の代理人までの距離が相当長く，監督の効果も低い。例えば，中央管轄196社（最初）の場合，さまざまな子会

社，孫会社だけでも 12,000 社に達している。(23) 大多数の企業は国有企業の再編成，制度転換によって上場を果たしたのであるが，株式権限が国有株を主とするところに比較的集中しており，株主総会，取締役会，監査役会，など経営陣をコントロールしている。こういう行動自体が企業統治レベルと企業の正常発展を阻害している。

① 国資委は行政機関として，国有企業の"姑＋オーナー"になってはいけないと，政府は強調しているが，実際の行動に関しては財政省，労働・社会保障省，旧国家経済貿易委員会，旧国家計画委員会，共産党中央企業工作委員会など，5つの政府官庁からの機能移管によって国資委に集約された以上，今後検討すべき課題が残っている。

② 共産党代表大会と全人代ではともに，金融業における資産経営管理は国資委の管轄下に置かないことにしている。よって，授権管理の下で国資委は専ら国有資産価値の保全・増殖のために専念することができるのではないかと思われるが，逆に管理分野が制限されたため他分野での国有資産の"流失"の防止ができなくなるのでは，という懸念は当然である。

③ 誰が国資委を管理するのか。国資委にとって，ディスクロージャーは非常に重要である。しかし，国有企業への戦略調整を行う場合，それらはいわゆる国家の戦略に関わることで，私営企業のように随時のディスクロージャーはできなくなる。国資委には定期的に国会に当たる全人代常任委員会への報告が義務づけられているが，国資委は国務院の授権部門であるため，定期的に全人代へ報告すること自体が，国資委は事実上の二重機関の代理人であることを物語っている。国資委を直接管理するのはどこなのか。いまだに空白である。

④ 地方の各国資委は独立なのかあるいは従属関係なのか。いかに中央と地方（省，市，県）間の内部分権メカニズムを把握するのか。

2005 年，国資委は新しい国有資産経営公司設置の構想を打ち出した。狙いは中央管轄企業の株式制転換への直接指導機構としての機能の発揮を図ることにある。そして授権経営を行い出資者の権利を行使し，直接中央管轄企業の持ち株会社となる。実際国資委は 196 社（スタート時点の会社数）への出資者の

職責の発揮と有効な管理への難しさを痛感した。そこでは国資経営公司が国資委に代わって国資企業経営の持ち株会社と生まれ変わるわけである。現在,中央管轄企業である誠通集団と国家開発投資公司が試験的にこの改革を行っている最中である(24)。しかし,はたしてどこまで適正に進行するのかまだ不確定である。

　国有資産経営公司が外部統治要因として役割を発揮する前提条件とは,国有資産経営公司の経営者らが真に企業統治の最前線に立ってまず自分自身の統治構造の問題をクリアすることである。この問題の解決は,ある意味でいえば国有企業における企業統治問題より難しいと考える。なぜなら,資産経営のなかでの情報の非対称性が主な要因であるからである。

　実際,これは産業経営における情報の非対称性より難しい。所有と経営が分離しているなかでは委託と代理が複雑になり,統治コストが高くなっている。実際進行状況をみると,少なくない地方でも国有資産経営公司を立ち上げているが,結果は往々にして統治構造の不健全,財産権代表と管理層における権利と責任の混乱,資産運営への監督体系の不完全さなどの問題が起こっている。従って,国有資産管理公司は国有企業の統治レベルの向上にどのくらい役立つか疑問が残る。プリンシパル・エージェンシー階層の多いことが問題視されている現在,国資経営公司の設置はプラスになるか,マイナスになるか,株式制転換によって中央管轄企業自ら持ち株会社となっているが,この持ち株会社と国資経営公司,国資委との関係はどうなっているのか。

　国会に当たる全国人民代表大会は憲法上で最高意思決定機関と定められている。しかし,全人代には国有資産に関する監督,審議,制約などの権限の行使が定められていない。全人代と中央政府,地方政府における国有資産に関する委託授権関係もはっきりしていない。国資委は国有資本経営予算,資産経営の運営状況を全人代に報告すべきである。特に「国有資産法」が採択されていない現状では,マンモス国有資産監督管理委員会を誰が監督すべきかが非常に大きな課題であり早急に解決すべきである。ここでは,全人代が国有資産への監督管理を行っている国資委を監督すべきであり,これによって国資委への本当

の監督ができる。

　改革は前進しており，改革の大事業は将来にわたり続けられていくことであろう。いわゆる社会主義市場経済体制に基づく国有資産監督管理体制改革の実現の過程は容易ではなく，今後の動向を注意深く見守りたい。

注：
(1) 2003年11月19，20日，北京の人民大会堂で開催された国資委と国連工業開発機関（UNIDO）によるフォーラム"買収合併国際サミット"での李栄融国有資産監督管理委員会主任の演説
(2) "2007年中国企業リーダー年会"での国務院国有資産監督管理委員会李栄融主任の報告　2007年12月8日
(3) http://finance.people.com.cn/GB/1037/4116737.html
(4) 金山権（2000）『現代中国企業の経営管理—国有企業のグローバル戦略を中心に』同友館　p.95
(5) 同上（4）p.95
(6) 同上（4）p.87
(7) 世界経済発展宣言大会の"世界経済発展と中国フォーラム"での国資委李栄融主任の講演　2003年11月7日　広東省珠海市
(8) 前掲（1）
(9) 21世紀改革研究所「中国の国有企業改革とコーポレート・ガバナンス」2001年3月　http://www.21ppi.org/japanese/thesis/200103/kokuyu.pdf
(10) 2004年2月25日に閉幕した"国有資産の監督・管理業務に関する全国作業会議"での国資委李栄融主任の演説『人民網日本語版』2004年2月26日
(11)『人民網』2004年2月25日
(12)『新京報』2005年9月20日　http://finance.people.com.cn/GB/42774/3710037.html
(13)『人民網日本語版』2004年2月27日
(14) 金山権（2004）「中国国有企業改革の新動向と経営行動—WTO加盟を中心に」『アジア経営研究』第10号　p.17
(15) 金山権（2004）「中国のWTO加盟後の経済と企業」『東アジア文化総合研究報告書』第3集　日本大学総合科学研究所　3月　pp.47-61
(16) 北京，上海，広州，深圳などで行った現地調査（2002年9月〜2003年3月）
(17)『新華社通信』2005年2月
(18) 中国企業連合会・中国企業家協会編（2003）『中国企業発展報告2003（A Report on the Development of Chinese Enterprises 2003）』p.18
(19)『中国金融網』2006年2月13日

(20)『中国企業家』編集部とのインタビュー　2004 年 3 月
(21)『中国青年報』2004 年 4 月 20 日
(22) 前掲 (4) p.95
(23) 前掲 (18) p.11
(24)『中国青年報』2006 年 1 月 10 日

第7章　集中的所有構造

はじめに

　Berle & Means の述べた，大企業における所有と経営の分離，株式所有の分散化という定説は企業統治を語る上で重要視され，各国で実証研究，理論研究が活発に行われることになり，今日企業統治論においても多くの論者がその起源を Berle & Means に求めている[1]。しかし，20世紀90年代から企業統治における研究範囲がアメリカ以外の地域まで広がり，日本とドイツは比較的，集中的所有構造を有しているという研究報告も出されている[2]。各国におけるさまざまな研究では，集中的所有構造は大多数国における所有制構造の主要な形態であるということも明らかになりつつあった。アメリカ企業でさえ，一定程度の集中的所有構造を有しているという研究報告もあり[3]，報告ではアメリカ企業における所有権構造の研究を通じて上場会社における経営者と取締役が所有している株式が約20％まで達していることを示している。

　所有と経営あるいは所有と支配の分離が前提とされるエージェンシー問題の性質上，アメリカ法律協会（ALI）が提言しているように，支配株主が存在していない大企業，つまり分散的所有会社が主たる対象企業とされていると考えられる。他方，ALI は支配株主が存在する公開会社は対象としていないようだが，集中的所有（concentrated ownership）会社は，実は主としてこのような会社である。そこでは支配株主が自ら経営を担当し，あるいは経営者を選任してモニターすることもできるから，ALI のように区別して考えることにも理由はあろう。実際中国のケースがそうである。しかし，株主支配が存在すればすべてよいというわけでもないし，エージェンシー関係を越えて，種々のステークホルダーを含める広い立場から考える企業統治の視点に立てば，新しい問題

が生じるというのも基本的な態度と思われる。⁽⁴⁾

　本章では，集中的所有構造を取り上げ中国における企業統治の独特な特徴，つまり，上場会社の大多数を占めている国有企業から転換された株式会社の場合，最大の大株主が政府や地方政府等の公的機関であり，流通する株式数が少ないばかりでなく，支配株主として，インサイダー関係にあり，経営権の掌握のみならず，情報の公開や会計監査のインセンティブが小さくなる，という国有株が絶対的支配地位を占めている集中的所有構造とその問題点を考察することにする。

1　集中所有と企業統治

（1）集中所有支配

　1997年，欧州企業統治ネットワーク（European Corporate Governance Network, 今は欧州企業統治協会 European Corporate Governance Institute に変更）が「所有権と支配の分離：欧州7ヵ国の調査報告」を発表した。主に議決権を中心に欧州国家における企業の所有権状況を調べ，欧州国家の企業所有構造とアメリカ企業との差異について詳しく取り上げた。全体からみると，欧州大陸国家企業の議決権の集中度は英米より遙かに高い。例えば，オーストリア，ベルギー，ドイツとイタリア4ヵ国の非金融業の上場会社における間接，直接議決権をもつ大株主の比率が50％を超え，オランダ，スペインとスウェーデンの場合はそれぞれ43.5％，34.5％と34.9％に達している。

　しかし，イギリスとアメリカはただ9.9％と8.6％（ニューヨーク証券取引所）および5.4％（ナスダック）に過ぎなかった。⁽⁵⁾さらに議決権をもつ株主の中身を調べた結果，欧州大陸国家の特徴は同族と企業が中心に所有している。大株主は往々にして異なる議決権株式の発行を通じてピラミット式持ち株構造を築き，⁽⁶⁾または相互持ち株の手段を講じて実際資金投入後取得している議決権がキャッシュフロー権を超えることが可能となっている。

　LLSV（La Porta-Lopez-de-Silanese, Shleifer と Vishny の略称）(1999) は世界先進27ヵ国における時価総額上位20社の大株主がもつ議決権株式の20％を集

中的所有の基準と設定し，その下で20社の所有構造を分散的，同族支配，国家支配，金融機関支配，企業支配，その他の6つのタイプに分けて調べた結果，発行済み株式全体に占める割合はそれぞれ36%，31%，18%，5%，5%と5%となった。彼らはまた，もし議決権株式の占める比率を10%に限定し，または中堅企業まで調査対象を広げたら，同族支配的所有が占める比率は分散的所有を遙かに超えることを示した。具体的な支配手段では，26%の集中的所有構造の企業はピラミット型持ち株構造によってキャッシュフロー権と議決権の分離をはかり，69%の同族支配的所有構造の株主は自ら企業の経営に参加し，なお他の大株主による持ち株主への牽制が弱いと分析している。

　欧州企業統治ネットワークとLLSVの上述の研究結果はBerle & Meansの定説を揺れ動かすようにみえる。しかし，前者の研究では欠けている点もある。1つは，取り上げているサンプル数量が少ないこと。LLSVの研究で取り上げられた企業数は20社で，この20のサンプルだけでは企業所有権構造の普遍性への分析には限度があること。2つめは，議決権株式だけで所有権構造を取り上げ，株主が実際資本投入で取得した所有権，つまりキャッシュフロー権の要素が外されたため，この両者における実際の分離状況の把握ができないことである。

　Claessens, Djankow & Lang（2000）は，東南アジア9ヵ国と地域における延べ2,980の上場会社における調査研究を行ったが，これは主にキャッシュフロー権による所有権と議決権によるコントロール権への研究分析である。その結果，比較的多数の分散的所有構造を有している日本を除いて，他の東南アジアの国と地域の3分の2の企業のほとんどはコントロール権を握る筆頭株主が存在し，なかでも同族支配的所有構造の企業の割合が45%を超えている[7]ことが報告された。支配手段をみると，大株主は一般的にはピラミット型持ち株の形と株式の相互持ち合い方法で支配を行っている，キャッシュフロー権と議決権の割合は平均76.4%で，こういう分離現象は同族支配型と中小企業では非常に明らかであることを示した。

　Faccio & Lang（2002）は，西ヨーロッパ13ヵ国5,232社の企業の調査を通

じて，株式分散と同族支配は一番主要な所有権構造の形態であると述べている。この2つの割合はそれぞれ36.93%と44.29%を占めており，分散的所有の企業は主にイギリスとアイルランドに集中しており，同族支配型所有構造の企業は主に欧州大陸に集中している。

以上のような各国間における企業統治の支配構造をみると，集中的所有構造は大多数の国における所有制構造の主要な形態であるということが明らかになりつつあることを示している。実は上述以外，単一国家における所有構造の研究文献からも，例えば，イスラエル (Blass, Yafeh & Yosha, 1998)，ブラジル (Valadares & Leal, 2000)，インド (Majumdar, 1998)，チェコ (Makhija & Spiro, 2000)，カナダ (小沼等，2001年) などの国も割合集中的所有構造を有していることがわかる。

(2) 集中的所有と企業のパフォーマンス

企業がコントロールしている企業収益と個人収益が企業のパフォーマンスにどういう効果を与えるのかに対する大株主の反応は2つに分かれている。1つは，企業収益への企業のコントロールは伝統的な代理コストの軽減に役立っているため企業パフォーマンスにはプラスのインセンティブ効果 (Incentive Effect) が働く。他方，個人収益へのコントロールには企業におけるプロジェクトの選択，規模拡大，役員の任命およびコントロール権の移転など重大な経営上での代理コストが高くなり，特にキャッシュフロー権と議決権が分離され大株主の株式権限が少なく企業へのコントロール権が大きくなると，大株主には私利のみを図るモラルハザードが生じやすい。こういう場合の代理コストは最大となり企業経営は利潤最大化の目標から離れてしまい，企業のパフォーマンスにはマイナスの侵害効果 (Entrenchment Effect) が生じる。[8]

Classens, Djankow, Fan & Lang (2000) は，東南アジアの8ヵ国と地域の1,301社の上場会社における研究で，企業の市純率 (1株における市価と純資産の比率) と持ち株主のキャッシュフロー権とコントロール権の分離程度にはマイナス関係を生じ，こういうマイナス関係は同族支配と国家支配型企業ほど明らかであるが，金融機関が支配している企業と分散的所有の企業においてはそうで

はないと指摘している。彼らの研究は、キャッシュフロー権とコントロール権の分離によって侵害効果が生まれると述べている。

Gorton & Schmid (2000) におけるドイツ企業、Lins (2003) における18の新興市場への研究にも類する結論が出ている。

転換経済の国家における多数の研究結果は比較的に集中所有構造を主張している。なお、当該国の外資系大株主にとって企業パフォーマンスが働いている効果はプラスである。ここから、大株主がコントロールしているインセンティブ効果が転換経済実施の諸国に更に明白であることがわかる。

Claessens (1997) は、チェコとスロバキアが1992年から1993年まで実施した民営化計画を分析したが、分散されている小株主の所有権構造は経営陣への有効な監督管理ができず企業効率の向上に影響を与え、集中的所有権構造は企業パフォーマンスのアップに正比例の関係を示していると述べた。

ClaessensとDjankow (1999) は、集中的所有構造と企業財務との関係はプラス関係を示し、外国株主の参加は企業の営利向上に有利になると示した。

Frydman, Gray & Hessel (1999) のチェコ、ハンガリーとポーランドにおける506社企業を対象に行った研究では、企業パフォーマンスは内部者持ち株比率の上昇と反比例関係を呈することを示した。その反面、企業パフォーマンスの向上は外部者の持ち株比率と正比例の関係をもつとのべた。

Megginson & Netter (2001) は、1991年から1995年間29ヵ国の118社に上る民営企業への調査を通じて、外資系持ち株比率が高ければ高いほど企業パフォーマンスの向上が高くなるが、効率アップの幅は政府の持ち株比率と従業員持ち株比率とはマイナス関係を呈していると述べた。

なお、企業の重大な意思決定に与える大株主の影響にも少なくない研究文献が上げられるが、ここでは3つに分けてその一部を取り上げてみる。

① 経営者任命への意思決定。

例えば、Volpin (2002) は、イタリアの企業研究を通じて、持ち株主がCEOを担当するかまたはコントロール権が1つの株主に集中され、あるいは株主が所持しているキャッシュフロー権が50％以下の場合、経営陣の交替が企業パ

フォーマンスへ与える反応はあまり敏感ではないと示唆している。

Gibson（2003）は，8つの新興市場における上場会社を対象に行われた研究の結果，企業パフォーマンスが下がる企業こそCEOの交替が頻繁に行われ，なお，国内株主が企業の大株主となった場合，企業パフォーマンスの下落とCEOの交替との関係は消えてしまうことを示している。

② 多角化の意思決定。

Lins & Servaes（2002）は，7つの新興市場国家における上場会社の研究を通じて，企業がある集団に属し，または経営陣の持ち株比率が10%から13%の場合，多角化企業経営には企業価値が下がるが，こういう多角化による現象は大株主のコントロール権がキャッシュフロー権を超える企業において明らかであることを示唆している。

③ 株式配当の意思決定。

Faccio, Lang & Young（2001）は，5つの西欧国家と9つの東南アジア国と地域における上場会社への研究を通じて，大株主がしっかりと支配している企業の株式配当が高く，特にキャッシュフロー権とコントロール権の比率が低い会社がそうであると述べた。

それとは反対に，大株主による支配が緩やかな企業の場合，その配当額が高くなく，キャッシュフロー権とコントロール権比率が高いほど配当金が低い。こういう現象は，しっかりコントロールしている企業は大株主からの搾取がしやすい。従って，企業は配当金を高くして投資家への憂慮をなくす。しかし，支配が緩やかな企業の場合には大株主による搾取に投資家はあまり配慮が行き届かないため，企業は往々にして大株主による搾取の防止のため配当を減らすと考えられる。

(3) 支配株主の存在にともなうコスト

大株主の存在は，少数株主のみが存在する時よりも格段に，株主からのモニタリングが機能しやすいといった意味で大きいメリットがあるといえる。しかし，そういった利点とともに大株主の存在にはさまざまなコストが付随する。

支配株主の存在にともなうコストで，秋元隆光等（2006）は，① 流動性の低

下，②大株主と経営陣との結託，③リスクの集中，④経営者のインセンティブ，⑤短期的志向，⑥アクティビズム，の6点を取り上げている。[9]

　①流動性の低下。1人の株主が大量の株をもつことにより，他の株式保有者の保有割合を減らすことになるため，株式市場の流動性を低下させることになる。この流動性の低下は，大株主の経営介入による経営改善の期待から生じる利益増加の可能性を，株価により反映しやすくさせることになる。中国の状況はまさにそうである。このことから，株価上昇により小口株主が大きな利益を得ることになり，フリーライダー問題を悪化させてしまうことになる。フリーライダー問題は大株主のモニタリング意欲を低下させる。このことは大株主が単純に大量の株を保有していればよいというわけではないことを示唆している。

　②大株主と経営陣との結託。前提として，ある企業の株主には支配的な大株主とその他に小口株主が存在しているとする。今，企業の投資案件が2つあり，片方は企業価値を最大限に上げる可能性のある投資案件であり，もう一方は，企業価値は最大にならないが，企業にとって他の好影響があるものとする。企業側としては後者を取りたいのだが，そこで問題となるのが，株主の存在である。そのため，企業側は後者の投資案件を取るためにその損失分，もしくはそれ以上のものを支配的大株主に贈ることがある。

　また，その大株主が他に株をもっており，その投資案件がその方の株の価値を大幅に上げるものであるなら，企業が賄賂を贈らないとしてもそちらの案件を選択する可能性が出てくる。個人投資家として，複数の株を多数所持しているという状況は稀であるが，機関投資家または，中国国有株主である場合を考えた際には，十分に起こりうる状況である。そのようなことが度々起こるようなことがあれば，大株主としては同等かそれ以上のものが得られるが，小口株主としてはその利益を得られなくなってしまう。そのような問題が大株主と小口株主の利益相反である。

　③リスクの集中。通常，株主が株式を大量に保持するのであれば，多数の企業とまではいかないが，ある程度リスクを分散させるため，その資産を複数の企業の株式に分割することになる。1つの企業の株式を大量に保持していた

場合では，その企業のパフォーマンスが思わしくない時に，その負担は多大なものとなってしまう。それが，問題点のひとつである，リスクの集中である。

④ 経営者のインセンティブ。大株主からの影響力が強ければ強いほどモニタリングへのインセンティブが強く働くが，そのことにより企業にとって必ずしもプラスの効果が働くとは限らない。経営者はその与えられた役割から自分の職務をこなしていくことになるが，大株主の株式保有比率が高ければ，事後的に大株主が経営者の活動に介入しそうな見込みが高くなる。

経営者に裁量がありすぎることは当然株主の利益を損なう危険が増すことになるが，大株主の株式保有比率が著しく高く，更に大株主が事後的に経営者の活動に介入する見込みが強い場合，経営者の事前的な経営努力の意欲を激しく減退させてしまう可能性があるといったトレードオフが存在していることになる。これは Burkart, Gromb, Panunzi (1997) が考察しているもので，経営者がどれだけ経営努力をするかということは経営者が将来もコントロール権を確保できるかどうかに依存するということを前提としており，これは，もし経営者が事後に追い出される可能性がある場合，経営者の経営努力は無駄になってしまうからである。しかし，経営者との暗黙の契約が成り立っていれば，問題とはならない。

⑤ 短期的志向。株主が実権を握っている場合，企業の経営者としては常に結果を出していかなければならない。なぜなら，株主の利益を踏みにじるような経営をしていると判断された時点で解雇される可能性があるからである。そのことは無論，経営者の規律づけとして働いているのだが，いい面ばかりであるとはいいがたい。考えられる問題としては，そのような状況の下での経営者は常に株主価値に気を配らなくてはならなくなり，そのため，短期的な志向となってしまう恐れがあるということである。

この短期的志向となる恐れがあるというコストはその大株主に依存するものであり，即ち，その大株主が安定株主として存在しているのか，それとも浮動株主として存在しているのかで状況は変わってくる。安定株主であれば，長期的に企業をみるため，短期的な志向になることはない。もし，その大株主が浮

動株主であった場合，短期的に利益が出なければ退出するため，経営者は短期的に結果を出すことを目的としてしまう。従って，株主の利益を満たすことは容易ではない。

⑥ アクティビズム。上記でアクティビズムの問題点が大株主存在によってそのいくつかが解決されることを述べたが，4つめの問題点に関してはむしろ悪化すると思われる。その機関投資家の裁量権が大きいためである。

大株主が株主の権利を行使することにより，企業のガバナンスは大株主が存在しない場合よりも機能しやすい。しかし，上記のように，大株主にもコストは存在しており，また，企業の種類によっては株主の圧力が働くことが好ましくない場合も考えられるため，必ずしも大株主が存在した方がよいとも限らない。

2 中国の集中的所有の構造

(1)「公司法」からみた所有構造

中国における企業統治体制は「公司法」により，会社の種類ごとに詳細に規定されている。「公司法」の規定は有限責任公司と株式有限公司の2つに大きく分かれている。有限責任公司の規定のなかに，国有独資公司が別途規定されているが，国有独資公司は有限責任公司に原則として分類される（「公司法」第65条）ものの，企業統治体制に関しては，別に規定されている。

取締役の定員に関しては，有限責任公司では3～13名（「公司法」第45条），国有独資公司取締役（董事）は国有資産監督管理委員会からの派遣と取締役会のなかに従業員代表を設け，企業の従業員代表大会の選挙で選ばれ，任期は3年とし（「公司法」第68条），株式有限公司では5～19名（「公司法」第109条）となっている。最低定員は3名か5名ということで大きく差はないと思われるが，最大定員は，国有独資公司でははっきり人数を定めておらず，続いて有限責任公司では13名，株式有限公司では19名と大きな違いが生じている。

この違いはおそらく想定されている企業規模によるものであると思われる。株式有限公司の最大定員が一番大きいのは，大規模企業の場合には，株式有限

公司になるべきであるという考えが暗に示されていると考えるべきであろう。実際，企業規模が大きくなれば，取締役の人数も増加せざるをえない。国有独資企業の定員が9名と少ないことを考慮すれば，規模が拡大するに従い，株式有限公司に組織変更しなければならなくなるのである。

なお取締役の任期は国有独資公司のみ3年となっているが，有限責任公司，株式有限公司ともに3年以内で，任意で取締役任期を規定することができる（「公司法」第47条，第68条，第115条）。有限責任公司，国有独資公司，株式有限公司ともに会長，副会長の規定が別途存在している。会長に関しては，どの形態であっても1名おかなければならない（「公司法」第46条，第68条，第110条）。副会長に関しては，任意に設置することが可能となっている。有限責任公司と株式有限公司，国有独資公司，ともに人数に関して規定はしていない（「公司法」第45条，第68条，第110条）。

監査役に関しては，形態にかかわらず，定員は3名以上，任期は3年と規定されている（「公司法」第52条，第53条，第67条，第125条）。国有独資公司に関する規定は，2000年公司法改正にともない，定員は5人以上，そのなかで従業員代表が3分の1以上と定めている（「公司法」第71条）。これは国有独資公司の管理監督を強化するためのものであり，有限責任公司，株式有限公司にはない，監査役の社長，取締役，財務責任者との兼任禁止規定が別途設けられている（「公司法」第70条）。

なお有限責任公司の場合，かなり小規模の企業も存在している。ゆえに「公司法」では，株主数が少なくかつ規模が小さい場合には取締役会を設置せず，執行役員を1名のみ置くことで代替することを認めている（「公司法」第51条）。監査役に関しても同様の規定が存在しており，株主数が少なくかつ規模が小さい場合には監査役会の構成メンバーを1～2名にすることも可能である（「公司法」第52条）。

以上が，大きな改正を経て，2006年1月1日から施行となった「公司法」の規定である。取締役，監査役ともに選任は株主総会で行われる。有限責任公司では，出資比率に応じて議決権が付与されており（「公司法」第43条），株式

有限公司では1株につき1議決権が付与されている（「公司法」第104条）。現在の「公司法」では累積投票制度がないため，董事，監事ともに大株主の意向で決定されることが多い。

株式制企業である株式有限会社，有限責任会社，株式合作企業での各種機関の設置状況をみてみれば，取締役会はすべての企業で設置されているものの，監査役会はすべてに設置されているわけではない。さらに，株主総会が10社に1〜2社設置されていないような状況である。この点から考えれば，一般の株式制企業の企業統治に関しては，必要な機関がいまだ未整備であり，たとえ設置されていたとしても，実施上問題があることが推測される。

一方，上場会社における株式会社制度の状況をみれば，中国企業統治の独特な特徴のひとつである企業の共産党委員会における企業への影響が大きいことが見て取れる。実際，取締役と党幹部との兼任も多数見受けられる。一方で，監査役に関しても，労働組合（工会）や従業員代表大会の影響を大きく受けている。このような現状を鑑みれば，今なお中国共産党の影響が上場企業にまで及んでいることを垣間見ることができる。

法的には株主の意向で取締役や監査役が選任されるのであるが，表7.1aでみられるように，上場会社であっても国家株だけが発行済株式の4割強を政府が所有していることを考えれば，取締役や監査役の選任に関して，政府の意向が大きく反映される可能性はいうまでもない。仮にすべての流通可能株式を所有したとしても，持ち株比率は国家株とほぼ同数にしかならず，取締役や監査役の選任にあたり，一般株主の意向が反映されることは難しいのである。

(2) 上場会社における株式構成と実績

国有企業の所有制改革として，まず挙げられるものが，1992年に提唱された現代企業制度の導入であろう。1993年には「公司法」が発布され，株式制が本格的に導入されることとなる。株式制が導入されたことにより，株式上場を行うことができるようになり，証券取引所もその役割が大きくなってきた。証券取引所は1993年の「公司法」発布以前に設立されており，上海証券取引所は90年12月に，深圳証券取引所は91年7月に開設されていた。

中国企業は上場によって，企業は市場から大規模に資本を導入することが可能となった。上場会社の構成を考えてみれば，B株の発行が非常に低く（表7.1a,b），現在の株式発行は主として中国国内からの資金提供を目的としたものであることが推測できる。このような証券市場の活性化を踏まえ，従前ばらばらに出されていた法律などを統合するような形で1999年に「中華人民共和国証券法」を公布し，中国における証券取引の基盤が確立されることとなったのである。

さらに現代企業制度の導入にあたり，会計制度，監査制度の整備も盛んに行われた。従来会計制度は，業種別，部門別，所有制別に規定されていたのだが，これらを統一的な会計基準へと統合した。上場会社の登場により，監査制度の確立も急務となり，さまざまな改正が行われるようになったのである。

以上のように，近年種々の制度が確立しているものの，一方で不正事件も多発しているのが現状である。粉飾決算，インサイダー取引，市場操作が新聞などで盛んに報道され，中国経済の不透明さが表出してきた。このような不正に対して，対策が実施されているものの，抜本的な改善は未だみられない。

株式制の導入により，国有企業が株式制へ移行し，証券取引所へ上場するという状況がみられるようになった。中国での上場は大きくA株上場，B株上場と香港で上場された場合のH株上場，3つに分類することができる。A株とは，人民元建てで取引され，中国国内投資家だけが売買できる流通株であったが，2006年より全般解禁となった。B株は，外貨建てで取引され，従来外国人投資家だけが売買できる流通株であったが，2001年2月22日から中国国内投資家に開放された。

表7.1a，7.1bからわかるように，1992年に，A株が10.93億株，B株が10.25億株，H株が0株であったが，2002年にはそれぞれ，1,509.22億株，167.61億株，360.07億株と大きく増加している。2002年A，B，H株における株式全体に占める割合は25.69%，2.85%，6.13%となっている。

非流通株式はどうなっているのか。非流通株式には，表のごとく国家株，法人株（ここには発起，外資，募集法人株が含まれる），従業員株とその他株が

表7.1a 上場会社株式構成（1992〜1997） （単位：億株）

	1992		1993		1994		1995		1996		1997	
非流通株式												
国家株	28.50	41.38%	190.22	49.05%	296.47	43.30%	328.67	38.73%	432.01	35.42%	612.28	31.51%
発起法人株	9.05	13.14%	34.97	9.01%	73.87	10.79%	135.18	15.93%	224.63	18.42%	439.91	22.64%
外資法人株	2.80	4.06%	4.09	1.05%	7.52	1.10%	11.84	1.40%	14.99	1.23%	26.07	1.34%
募集法人株	6.49	9.42%	41.06	10.59%	72.82	10.64%	61.93	7.30%	91.82	7.53%	130.48	6.72%
従業員株	0.85	1.23%	9.32	2.40%	6.72	0.98%	3.07	0.36%	14.64	1.20%	39.62	2.04%
その他株	0	0	0.19	0.06%	1.10	0.16%	6.27	0.74%	11.60	0.95%	22.87	1.18%
流通株式												
A株	10.93	15.87%	61.34	15.82%	143.76	21.00%	179.94	21.20%	267.32	21.92%	442.68	22.79%
B株	10.25	14.88%	24.70	6.37%	41.46	6.06%	56.52	6.66%	78.65	6.45%	117.31	6.04%
H株	0	0	21.84	5.63%	40.82	5.96%	65.00	7.66%	83.88	6.88%	111.45	5.74%
合計	68.87	100%	387.73	100%	684.54	100%	848.42	100%	1,219.54	100%	1,942.67	100%

出所）上海証券取引所研究センター編（2003）『中国公司治理報告（2003年）』復旦大学出版社 p.316を基に筆者作成

表7.1b 上場会社株式構成（1998〜2002） （単位：億株）

	1998		1999		2000		2001		2002	
非流通株式										
国家株	865.51	34.25%	1,116.07	36.13%	1,475.13	38.90%	2,410.61	46.20%	2,773.43	47.20%
発起法人株	528.06	20.90%	590.51	19.12%	642.54	16.95%	663.17	12.71%	664.51	11.31%
外資法人株	35.77	1.42%	40.5	1.31%	46.2	1.22%	45.8	0.88%	53.26	0.91%
募集法人株	152.64	6.04%	190.1	6.15%	214.2	5.65%	245.25	4.70%	299.7	5.10%
従業員株	51.7	2.05%	36.71	1.19%	24.29	0.64%	23.75	0.46%	15.62	0.27%
その他株	31.47	1.25%	33.2	1.07%	35.07	0.92%	16.28	0.31%	32.02	0.54%
流通株式										
A株	608.03	24.06%	813.18	26.33%	1,078.16	28.43%	1,318.13	25.26%	1,509.22	25.69%
B株	133.96	5.30%	141.92	4.59%	151.56	4.00%	163.1	3.13%	167.61	2.85%
H株	119.95	4.75%	124.54	4.03%	124.54	3.28%	331.94	6.36%	360.07	6.13%
合計	2,526.79	100%	3,088.95	100%	3,791.71	100%	5,218.01	100%	5,875.44	100%

出所）表7.1aと同じ

含まれている。

　国家株とは，元の国有企業の資産を株式に分割した上，株式会社に変身し，その株式会社を上場させてできたもので，国有法人間の相対取引での譲渡は可能であるが依然として取引上での流通はできない。法人株は，法人が発起人と

して株式会社を発起設立する場合，その出資により取得した株式である。

表7.1aと7.1bで示されている発起法人と募集法人株は元の国有企業がメインである状況であり，流通できない株式である。従業員株とは，企業（特に元の「集体企業」（集団所有制企業）および「民営企業」）が株式会社を発起設立する場合，その会社の福祉積立金等一部の財産が従業員全体の所有株とされるもので，一定期間内では流通不可である。表からわかるように，2002年非流通株式のなかで，国家株だけでほぼ半分の47.20％を占め，もし法人株を入れると6割以上を占めているのは明らかなことである。つまり，「1株独大」が明白である。2001年末の統計によると[10]，中国の1,000社以上の上場会社のなかで，国有株（国家株＋国有法人株を指す）が，上海証券取引所で84.98％，深圳証券取引所で88.58％を占め，上場会社の4割が国有株が50％を越え圧倒的に支配している。中国の状況は特殊であるが，こういう状況自体は国有企業の改革および証券市場の発展には障害となり，社会資源の有効，合理的な配置と政府が訴えている国有資産の有効増価の実現は相当難しい。

3　集中的所有構造の功罪

深圳証券取引所の研究報告によると[11]，上場会社における筆頭支配大株主における持ち株比率と企業の経営とは正比例関係にあるという結果がでている。筆頭株主の持ち株率が高いほど企業のパフォーマンスも高くなるということである。なお，上位数人の大株主の株式持ち比率が互いに大差がなく接近している場合，企業のパフォーマンスは逆に下がっている。

これは人々を吃驚させる結果である。なぜなら，"1株独大"ともいえる中国における集中的所有構造自体は今まで上場会社における企業統治向上を妨げる問題であると位置づけたからである。実際，深圳証券取引所の研究の結論は新発見ではない。上海証券取引所における「上海証券取引所連合研究計画」でもすでに2001年上海，深圳両証券取引所で上場されている1,160社に対するA株上場会社の実証研究からも上述の結果が出ている[12]。その研究でも，集中的所有と企業の経営パフォーマンスは正比例関係をもつ。つまり，集中的所有

は企業パフォーマンスの向上に有利である。

「上海証券取引所連合研究計画」では，集中的所有構造の企業では筆頭株主は往々にして企業の経営活動に直接関与しており，これによって企業とステークホルダーとのさまざまな協議，契約および多種の取引などにおけるコストの節減ができ，所有権の集中によって投資家が大株主になり，このことが大きな動機付けの源泉となっている。そして，代理人への監督または任免にも十分なパワーを有していると分析している。

表7.2は，1992年から2002年までの中国上場会社財務状況の概要である。実は，表7.1 (a,b) と同じ時期で集中的所有構造の現状を知った上で表7.2をみながら考えると，やはり集中的所有構造の上場会社のパフォーマンスは向上していることが伺える。

表7.2 中国上場会社財務状況の概要 (1992～2002)

	1992	1993	1994	1995	1996	1997	1998	1999	2000	2001	2002
資産総額（億元）	481	1,821	3,309	4,295	6,352	9,660	12,238	16,107	21,674	33,446	41,682
純資産（億元）	313	888	1,681	2,337	3,412	4,836	6,241	7,640	10,080	12,613	14,696
主営業収入（億元）	226	954	1,680	4,204	3,235	5,077	6,214	7,975	10,784	15,676	18,952
利潤総額（億元）	32	157	256	256	344	577	636	806	1,007	1,028	1,320
純利潤（億元）	24	157	214	211	282	468	488	629	772	696	839
純資産収益率（%）	14.28	14.68	13.15	10.78	9.59	9.69	7.45	8.23	7.63	5.35	5.71
1株純資産（元）	2.44	2.44	2.39	2.31	2.41	2.47	2.50	2.49	2.66	2.45	2.49
1株収益（元）	0.35	0.36	0.31	0.25	0.23	0.24	0.20	0.20	0.20	0.135	0.143

出所）中国証監会（2003）『中国証券先物統計年鑑』を基に筆者作成

前述のごとく，"1株独大"の集中的所有は企業のパフォーマンス向上に合致していることは，間接的に上場会社の大株主への依存度を示している。行政管理部門は常に上場会社と大株主に，人事，資産，財務，組織，業務の5つの分野での分離を要求しているが，関連取引では依然として分けることができない状態である。

一部上場会社の関連取引はある程度ルールに従うようになっているが，いまだに膨大な額から企業における大株主に依存していることが伺える。例えば，ハイアルの2005年第三・四半期までの冷蔵庫とエアコンの営業収入が107.83

億元だったが，そのなかで関連取引にともなうコストが104.57億元を占めている。

また，上海宝山鉄鋼集団の2005年上半期の491.15億元の主営業収入のなかには，219.58億元の関連取引額が含まれている[13]。もし"1株独大"の集中的所有構造ではなかったら，大株主は上述のように力強く協力してくれるのか。もし巨額の関連取引によるバックアップがなかったら上場会社におけるコストにともなう支出とパフォーマンスとはどういう結果になるだろうか。もし集中的所有による利益の追求がなかったら大株主は優良資産を上場会社に注入するはずはない。

中国の学者がある"株式制改組"記者会議で，某大手会社（持ち株会社）の大株主（会長）の訴えた苦情の内容を筆者に説明してくれたことがある。この会長は，子会社を上場させるために長期にわたって持ち株会社自ら築き上げた取引先，経営資源などを無償で提供したと。

もちろん"1株独大"の集中的所有構造の問題点は否定はできない。特に投資家保護の観点からみると，集中的所有の結果，企業統治の改善に障害がさらに増えてくるとみている。「上海証券取引所連合研究計画」でも集中的所有の上場会社の場合，大株主と関係部門が占用している上場会社の資金は分散的所有の上場会社よりはるかに多いことを示している。また，集中的所有の上場会社が大株主と関連部門との取引で生じている担保回数と金額は分散的所有の上場会社より大きい。平均担保金額だけで集中型の方が分散型より1.5億元高いと指摘している。

総じて，集中的所有構造における長所と短所を総合して，以下の4点を挙げることができる。

(1) 集中的所有構造と企業統治

集中的所有というのは，企業の資本構造のなかで，ある株主が絶対支配をしていることを示しているが，ここには2つの意味をもっている。1つは，持ち株比率が50%以上の絶対支配の株主，もう1つは持ち株率が絶対的ではないが，分散的所有構造のなかで筆頭であり，またその他の株主の結合が困難な場合で

ある。

　アメリカ企業は株式の分散所有型企業であり，これに対してドイツ企業や日本企業およびカナダ企業は，株式の集中所有型企業が多いといわれる。[14]こうした企業において株式分散所有と集中所有が企業パフォーマンスとどのような関係にあるかについては，これまで多くの実証研究がなされてきた。企業の高成長の時期には企業の所有構造はほとんどが集中的所有である。特に，上場を果たした後短期目的を重んじる投資家における株式の売却などによって株式の分散が進み，株式所有構造における集中的所有がさらに進んでいく。
　次のデータはこの点を十分裏づけている。[15]

　1988年，アメリカの相当数の上場会社の筆頭株主の持ち株率が51％を越えた。1990年ドイツ最大の170の上場会社の85％では会社の筆頭株主の持ち株比率が25％以上を占め，1999年に最大102の上場会社のなかで46社の筆頭株主の持ち株比率が50％を越えた。しかしながら，これら上場会社のパフォーマンスは，高い成長率を示してなお安定した企業統治構造を構築している。マイクロソフト社の事例もそうである。同社が上場する際，創業者ビル・ゲイツ氏1人の持ち株比率が47％を越えており，現在も24％を維持している。マイクロソフト社のパフォーマンスは依然として高いレベルを維持し，当社の企業統治のシステムも健全であるといわれている。

　従って，集中的所有構造は企業統治の核心問題でなく，企業の低効率の根源でもない。分散的株式所有構造を図ることが企業統治システム構築の目的であるとは言い難い。分散的所有構造の企業の統治システムこそが最善のシステムであるというケースは未だに少ない。人為的な分散的とか株式所有の多元化などは必ずしも企業統治の最善の良薬とは言い難い。とはいえ，中国の集中的所有構造のすべてが企業統治システム構築の良いモデルであるというのはまた別次元の話である。なぜなら，中国の集中的所有構造が他国と違うことは国家株が依然として圧倒的に支配しており，主に元計画経済体制下の国有企業から株式会社に転換（看板を変えた）したということである。ゆえに，このような中国の独特な特徴をふまえその本質を検討してみる必要がある。

(2) 株式の非流通性問題

　中国上場会社の集中的所有構造はどのような経緯で形成されたのか。2つの要因が考えられる。1つは，中国におけるイデオロギーと国家安全等の要因の影響の下で，ある業種または企業にとっては国有株を中心とする集中的所有構造が必要となってきたこと，もう1つは，上場会社は元の企業における一部分の資産または業務の再編等によって生まれたものが普遍的であったことである。このような状況に基づいて，企業集団（大株主）における「1株独大」の構造が生まれてきたのである。現在，中国の学界でも中国企業における統治機能の低さを指摘しているが，ほとんどが企業の経営パフォーマンスまたは経営陣に欠けているモラルへなどの批判が中心である。このような状況からみると，国有株を中心とする集中的所有構造が上述問題の根源であるとは言い難い。

　上場会社における経営パフォーマンスの低迷には，歴史的要因が考えられる。株式を中心とする証券取引所は資源の効率的な配置を行う場所であるが，中国ではこの株式市場は企業が融資を受けて苦境から脱却する1つの手段として行われてきた。最初の上場は証券監督管理委員会による資金の割当てという審査制度を中心に行われてきた。これによって，上場会社には"醜女は先にお嫁に出す"という現象が起こり，また資金割当による上場の審査制度を利用して企業の苦境脱出をはかるなどの手段が講じられた。

　このような風潮の下で，企業が上場する前にわざと帳簿を改ざんするなどの現象が起こった。証券監督管理体系の強化と完全化をはかるに従って，今度は企業集団のなかから一部優良資産を選別して上場させることが主要形式となった。しかし，親子剥離のなかで腐れ縁が切れなくて"蟻（上場会社）が甲殻（親会社）を背負う"現象が起こり，親会社が上場会社を食い，上場によって調達されてきた資金を濫用する現象が後を絶たない状況となった。仮に分散的所有構造を有している上場会社であったらその経営パフォーマンスが上がるのか。答えは難しい。従って，上場会社のパフォーマンス低迷またはガバナンス効果が悪いという結果すべてが集中的所有構造のせいであるという結論は，なお尚早であり議論の余地は残っている。

当然ながら，国有企業の資産状況，経営状況などが上場前では健全だったが上場後不況に陥ったケースは少なくない。主に親会社が上場会社を食い，不正取引をするなどで，企業におけるガバナンスの効力が失われてしまった。原因は何か。もちろん集中的所有構造に問題がないとは限らないが，その先の根源は，国有株の非流通性にあると筆者は考える。

通常の下では株主の関心は株式市場に向いている。しかし，中国上場会社の場合およそ３分の２の株式の流通はできない。つまり，３分の２を握っている国有株主にとって，彼らの袋に入る総合利益のなかには株式譲渡によってもらう差額への魅力はほとんどなく，関心を持っているのは株の配当による収益と企業の純利益である。従って，株式市場への関心度は相対的に薄い。こういう状況の下で，当然ながら親会社が上場会社を食い，不正に資金を親会社に"移転"する訳である。

中国上場企業においては，いわゆる安定株主政策の必要性はほとんどないといえよう。しかし集中的所有の構造に起因する次のような問題が存在すると考えられる。

① 大株主である政府機関または国有法人からの取締役の派遣の問題，

② 親会社の取締役（または会長）と上場企業の取締役（会長）の兼任の問題，

③ 企業内容の開示（disclosure）の範囲の問題などがある。

これらの問題についてどのように対応していくかが課題となろう。なお，政府機関または国有法人の持ち株比率を低下させ，民間への所有権の移転（民有化）を進める政策を採用する場合には，大株主としてはより有利な売却先を求めることになり，取引所外で市場価格よりも高い価格での売却（TOB）が利用されることは否定できない。またこうしたことを含めて，少数株主の利益，権利の保護の問題が提起されよう。[16]

(3) 外部監視の必要性

深層部からみると，３分の２の株式が流通できないこと自体はもちろんTOBなどによる買収のリスクはなく，最悪の場合は上場廃止となると思われる。しかし，こういう状況自体は上場会社の経営陣に対する有効な外部監視の

メカニズムが働かなくなることを示している。国有資産の特性と多階層におよぶプリンシパル・エージェント関係からもよくわかるように，単なる内部監督管理だけでは問題解決にならないし企業統治システムの構築も無理である。

　有効な統治システムの構築には，健全な内部ガバナンスメカニズムの構築だけでなく，外部市場における評価システムの構築も必要である。健全な外部市場のメカニズムは経営陣にとってひとつの有効な拘束となり，企業統治の質の向上に役立つ。上場会社にとって，国有株流通問題の解決ができれば，市場変化への大多数の株主の関心が高まり，さらに市場の変化に従って経営陣へのパフォーマンスの評価もできる。これによって，市場における取引メカニズムの機能が発揮でき，上場会社による自発的な優勝劣敗原理も働く。

　上述のメカニズムは非上場会社にも適応している。もし，非上場の国有会社の大多数の資産が証券として流通できるのであれば，国有資産は市場価格に照らして譲渡ができ，国有会社にとっては合併・買収される脅威にさらされる。そうすると，国有会社の経営者は従来の政府だけの支配から，市場ルールによって淘汰される可能性，またはその地位と収益が市場変化の影響を受ける，などが考えられる。健全な外部ガバナンスメカニズムが構築されれば，より有効な企業統治システムを築くことができる。従って，国有会社における低レベルの企業統治には集中的所有構造より国有資産の非流通が主な原因であると考えられる。

(4) 国有資産の売却と買収

　国有資産の流通は，単なる国有資産の外部への売却だけではなく，国有資産の買収すなわち買い入れも考え，行うべきである。国有資本と社会資本がともに統一市場で売買できる局面の構築が必要であると考えられる。国有資産の売却もあれば，逆に国有資産を相手から購入することによって資産の増加を通じて総合力を向上させることもあり得る。売却か買収かは国有資産の経営状況が判断材料となる。こういう意味からみると，国有資産の流通によって私有化の進行を早めることが目的の1つであり，もう1つは，同時に国有資産の買収によって国有資産全体を生かし国有経済構造の健全化をはかり，ひいては中国政

府が望んでいる国有資産の"価値の維持・増加"目標の達成にも役立つということである。

中国における資本市場の規模がまだ小さい関係で，国有資産の流通，特に上場会社にとっては，機関投資家または外国資本による直接投資などの受け入れを積極的に進め，市場への展開をはかることが考えられる。外部投資によって国有株の放出をはかり，受ける融資で企業の社会保険基金問題の解決，および外部資本の参加によって企業のディスクロージャーの透明度のアップと内部統治システムの構築にも有利である。

非上場会社にとっては，資産の証券化に力を入れることが重要であると考えられる。ここには，資本市場構造改革の同時進行が必要である。金融市場におけるミクロ構造の完全化と同時に融資手段の多様化への導入が必要である。企業債券，商業手形，転換債券，など多様化した融資手段が遅れている状況の下で，こういう分野への重視と活性化が特に必要である。融資を受けることによって企業は資本構造の最善を尽くすことができ，また証券取引によって国有資産の流通テンポを速め，国有資産の効率性が図られる。総じて，逐次に政府が打ち出している現代企業制度の推進および企業統治における内部と外部のガバナンス構造の構築などにも役立つ。

まとめ

企業において，株式分散的所有と集中的所有が企業パフォーマンスとどのような関係にあるかについては，これまで多くの実証研究がなされてきた。企業の高成長の時期には企業の所有構造はほとんどが集中的所有である。特に，上場を果たした後短期目的を重んじる投資家における株式の売却などによって株式の分散が進んでいくが，実際株式所有構造における集中的所有がさらに進んでいくのが中国の特徴である。

中国においては，特殊な株式保有構造により生ずる多くの問題か，支配株主の地位およびその権限濫用に対する注意が喚起され，支配株主の権限をいかに規制すべきかが，会社法改正の重要な内容となっている。それを契機として，

学界では，支配株主が従属会社および少数株主に対し，信頼義務を負うか否かという問題に関して盛んに議論がなされている。現在，支配株主の信頼義務の法的の整備，具体的な立法技術，および信頼義務の内容など多くの面において，見解が分かれており，検討すべき課題も多く残されている。

中国の上場会社の大多数は元の国有企業の株式制転換によるものである。株式有限公司の設立にともなう関係法律の条文の要求に基づいて，上場会社は名義上の多元化された法人構造を有し国有大株主は絶対的な支配的地位を保っている。また，所有制の問題の認識から国有法人株の非流通を決めている。上場会社における"1株独大"の集中的所有構造は相当の期間固定されほぼ独占状況になっている。そして国有株の特殊性から，こういう中国の株式所有構造のモデルが上場会社統治効果へ与える影響は大きい。

集中的所有のもとでの企業統治のあり方，とりわけ任命経営者が多い場合，経営の執行活動に対する監督はどのように行われるのか，企業グループ内で非上場企業が親会社となっている場合上場企業の開示はどのように行われるべきか，さらに集中的所有者たる大株主の権利と少数株主の保護はどのように行われるべきか[17]など，検討すべき課題は少なくない。

中国の状況からみると，集中的所有構造と企業のパフォーマンスは正比例の相関関係をもっていることを示す調査報告があり，確かにこの構造は企業パフォーマンスの向上に寄与している。とはいえこの集中的所有構造が最善とは言い難い。なぜなら，絶対支配的な地位に立っている国有株主には，内部および外部の統治システムはいかに構築するか，ディスクロージャー，中小株主権益の保護，インサイダーなどをどう解決すべきかとういう課題が少なくない。しかし，まずは段階的に国有資産の非流通問題を解決することこそ大きな意味をもっている。

注：
(1) 例えば，1983年『The Journal of Financial Economics』が刊行し企業統治特集で掲載された16の論文すべてが，分散的所有を中心に取り上げたものであっ

た。なお，Jensen の未来における企業統治の研究方向に関する文献総括でも所有権のことはふれられなかった。
(2) Berglof & Perotti (1994) Fanks & Mayer (1995).
(3) Holderness (2002) "A Survey of Blockholders and Corporate Control", FRBNY *Economic Policy Review*, Forthcoming.
(4) 小沼敏 (2001)「新刊紹介 Randall K. Morck, Ed., *Concentrated Corporate Ownership* The University of Chicago Press, 2000, xiii+pp.387」『経営行動研究年報』第10号 p.115 なお，経営行動研究学会『経営行動研究年報』第10号（小沼氏）第13号（小沼，市古，小柏，平田氏）に集中的所有に関する先駆的研究を参考されたい。
(5) Becht, Marco et al (1997): The Separation of Ownership and Control: A Survey of 7 European Countries. Preliminary Report to the European Commission. Volume 1-4, Brussels: European Corporate Governance Network.
(6) ピラミット式持ち株構造を例に挙げると，例えばA社がB社の株式を51％取得し，B社はまたC社の51％株式を取得しているとするなら，A社がもつC社のキャッシュフロー権利が，51％×51％=26.01％となるがコントロール権は51％である。よって所有権とコントロール権の分離が実現できる。
(7) Claessens, Djankow と Lang は，東南アジア国と地域の同族支配型企業は往々にして政府にうまく働き掛け特殊待遇を求めていると指摘し，また，法律と監督監視制度の改革を阻んでいることが，こういう国と地域では "縁故資本主義 (Crony Capitalism)" が生まれる主要原因であると強調した。しかし，厳格な学術的研究はあまりされておらず，例えば，なぜ欧州大陸の国々でも似たような所有構造が存在しているにもかかわらず，"縁故資本主義" が生まれていないのかなどには触れなかった。
(8) 経営者が会社の株式を所持する際，インセンティブ効果と侵害効果が生じやすい。Holderness (2002) の研究では，アメリカ企業の経営陣と企業価値の関係が時にはプラス，時にはマイナスとなっているが，顕著ではないと示している。『中国企業統治報告 (2003)』上海証券取引所編 p.296
(9) 慶応義塾大学経済学部池尾和人研究会第13期 コーポレート・ガバナンス班／秋元隆光・加茂奈月・直江利樹・水井信輔 (2006)「これからのコーポレート・ガバナンスのあり方」『2006年度 三田祭論文』p.118
(10) 黄震 (2002)「論我国上市公司的股権結構問題」『金融与保険』
(11) 李宇 (2005)「深交所得出惊人的結論："1股独大"是好事」『中国工商時報』10月27日
(12) 張炜 (2005)「"1股独大"使上市公司"因禍得福"?」『中国経済時報』11月1日
(13) 前掲 (11)
(14) 平田 (2004・2005)「企業の分散・集中所有とコーポレート・ガバナンス」経営行動研究学会CCO研究プロジェクト小沼敏（代表者）・平田光弘・城川俊一・

小柏喜久夫・一古勲『経営行動研究年報』第13号　pp.23-28　第14号 2005年7月　pp.27-31
(15) 窦晴身 (2006)「部分国有公司为什么治理低效」『経済日報』(中国) 7月14日
(16) 菊池敏夫 (2005)「中・日企業における企業統治システム―比較からみた特徴と課題―」『MBA人』No.7　pp.26-29
(17) 菊池敏夫 (2005)「企業の所有構造とコーポレート・ガバナンス―最近の2つのケースから―」『経営行動研究学会会報』第47号　p.1

第３部　中国企業統治システムの課題

第8章 上場企業における外部監視機能と所有構造

はじめに

　中国における上場会社の歴史は10年余りを経過している。社会環境，法律制度の整備等の関係で中国の上場会社の統治構造は英米，日，独などと異なっている。中国上場会社の統治構造は数千年の文化の伝統と長年実行してきた計画経済との切り離すことができない関係を反映している。特に，株式所有構造における国有株の存在を始め，"株式権利双軌制"(1)，"連鎖取締役"(2)，"関連取引"(3)と呼ばれる異常な行動はまさに中国独特の特徴である。

　中国企業，特に上場企業の企業統治に関する研究には，外部監視に対する研究より，内部監視体制に関する研究が多い。内部監視と外部監視はともに相互補完の関係をもち，ともに重要，必要不可欠の機能である。企業統治の構造改革が本格的に打ち出されたのは，近代企業制度実施にともなう所有権と経営権の分離，そしてプリンシパル・エージェント関係の形成による内部者統制が問題になってからである。

　企業統治機構は，企業価値と連動したパフォーマンス評価，監視および報酬体系を持つ仕組みなどを企業の内部的管理機構として構築する必要があるが，同時にそれらを外部利害関係者に対して，一貫性・継続性・透明性を確保した必要情報として開示する義務がある。それによって，経営責任を果たし，また必要情報を適時・適切に提供することによって外部監視機構が有効に機能するようにすることが求められる。

　企業統治に関する外部監視のなかで，直接または短期的に大きな影響を与えているものは製品市場であるとする研究調査報告が明らかにされている。(4)外部監視にとって，理論的には資本市場と金融市場による影響力が主要であると考

えられ，経営者市場，労働市場および世論のメディアは最終的に一定の影響を与えると考えられるが，表8.1からわかるように，企業統治に与える外部監視の影響力の割合は，トップが製品市場（79.1%）であることに注意したい。次が証券市場で4.8%と非常に低い。調査結果と理論上では大きなギャップがある。これは，証券市場と金融市場による経営陣への監視が弱いことを示している。調査結果自体は，中国における客観的な現実の状況を反映していると考えられる。この調査結果より，証券市場と金融市場における企業統治への外部監視システムの強化が課題として残されていることが明らかになる。

表8.1 企業統治に与える外部監視の影響力の割合

主な要素	割合（%）
製品市場	79.1
証券市場	4.8
経営者市場（取締役，経営陣補充など）	4.5
労働市場（優秀人材）	4.0
消費者	3.3
金融市場（銀行）	2.7
主力取引先	1.3
新聞メディア	0.3
合計	100.0

出所）上海証券取引所研究センター編（2003）『中国企業統治報告』復旦大学出版社

本章では，中国の企業統治改革の歴史を概観し，上場企業を中心にその所有構造を取り上げ，経営行動の立場から中国証券監督管理委員会，証券取引所などにおける外部監視機能を検討することにする。

1 上場企業の所有構造と機関投資家の役割

（1）上場会社の所有構造

中国の株式会社，特に上場会社の所有構造は外国ではあまり例がない「1株独大」とよばれる集中的所有である。集中的所有というのは，固有株における「1株独大」問題は依然として大きく，上場会社の75%が固有持ち株の子会社であるため（中国企業連合会（2003）『中国企業発展報告』企業管理出版社　p.18）

大株主の中で上位順位の株主の持ち株比率が3分の1を超える状況をいい、中国の上場企業の多くは、政府機関または国有法人が非流通株式として発行済み株式の6割以上を所有しており（表8.2）集中的所有を示している。

国有企業の制度から転換された株式企業の所有構造は第7章で述べた通り、国家株、法人株（法人株はまた国有法人と一般法人に分かれる）、従業員株とその他（自然人株）などに分けられている。企業が上場した場合、流通株が生ずるが、国家株と法人株の流通はできない。これは私有化の発展を一定の程度に抑制し、国有資産の"流失"を防ぐのが主な狙いであると考えられ、まさに中国独特の集中的所有の特徴である。すでに表7.1でも示されたが、表8.2は1995, 2000, 2001, 2002, 2003年度における上場企業の株式分布状況を示している。

表8.2 上場企業の株式分布状況 (単位：％)

	1995	2000	2001	2002	2003
非流通株	64.5	64.3	65.3	65.3	64.7
国家株	38.7	38.9	46.2	47.2	47.4
法人株	24.6	23.8	18.3	17.4	16.4
従業員株	0.4	0.6	0.5	0.3	0.2
その他	0.7	0.9	0.3	0.5	0.5
流通株	35.5	35.7	34.7	34.7	35.3
A株	21.2	28.4	25.3	25.4	26.7
B株	6.7	4.0	3.1	2.9	2.7
H株	7.7	3.3	6.4	6.1	5.9

出所）中国証券監督管理委員会の公表データより筆者作成

なお、2004年版『中国証券期貨（先物）統計年鑑』（中国証券監督管理委員会編）によると、2003年度とほぼ同じく、非流通株が全体の64％、その内、国家株：47％、法人株：17％であり、A、B、Hの3つの流通株の合計が36％であった。依然として「1株独大」といわれる構造が変わっていないことを示している。

(2) 所有構造の特徴

上場会社の株式所有構造には以下の4つの独特の特徴がみられる。

① 流通株比率の低さ。大多数の株式は流通できない、② 流通できない株式

が集中した結果「1株独大」が生まれた，③流通株式の過度の分散のため機関投資家の比率が非常に低い，④上場会社の最大株主は，通常は持ち株会社となっており一般株主などの自然人ではない。

　このような不合理な株式所有構造は次のようないろいろな問題を提起している。
　①国家株の株主権利執行のメカニズムが健全でないため，行政と企業との不分離，企業目標の政治化，内部者支配，内部者による株主資産と会社資源の濫用，株主価値最大化の企業目標が実現されない。②並行型またはピラミッド型の持ち株構造が，上場会社の利益を損なう関連取引に便宜または刺激を与えている。③上場会社に対する一般株主の有効かつ直接的な統制力が欠けている。

　しかし，実際に中国における上場会社のほとんどは国有企業の制度転換によるものであり，非流通の国有株，国有法人株が大半を占めている。加えて大株主または親会社は取締役会，社長の任免をコントロールしており，取締役会と社長を含む経営陣が互いに兼任することで，親会社，子会社，孫会社などの多階層構造になっている。従って，こういう内部者支配のなかで，中・小株主による経営陣への監督機能は発揮されず，大株主の代表者である経営者が上場会社を利用し，支配している。

　こうした所有構造の下では，
　①財産権所有者の行政化，
　②真の企業リスクを負う者の不在，
　③異なるガバナンス主体間の相互牽制ができなくなる，
　④企業経営者行動の官僚化，
　⑤国有資産"流失"の加速化，などの問題が現れている。

　もちろん集中的所有にもメリットはあるものの，デメリットも少なくない。しかし，取締役会内の委員会設置導入の形で国際化を推進し，アングロ・サクソン型の企業統治に近づいている特殊性もみられる。なお，証監会は資産価値の不当な操作など特に不正が多いため，上場会社のMBOについては，買収価格の根拠や出所などに通常の買収より厳しい基準を設けているが[6]，集中型所有構造であるため所有権をめぐるTOBなどの抗争，敵対的買収の発生の余地は

少ないといってよい。(7)

(3) 機関投資家等の監視能力

機関投資家の上場会社への監督能力は決して大きくない。主な原因は，以下3点から考えられる。

① 国家株と法人株を中心とする非流通株が60％以上を占めている現状の下で，機関投資家の株の持ち分が上場会社を統制するに至らないこと。その上で，証券投資基金における持ち株比率に関する政府の2つの規定がある。つまり，a）機関投資家がもつ1つの上場会社の株式総額が基金純資産総額の10％を越えてはならない"，b）"同一基金管理人が管理するすべての基金の投資は1社の発行済証券総額の10％を越えてはならない"ことである。

② 資本市場の発展がまだ未成熟であることと規範化されていない状況の下で，機関投資家の行動は往々にして短期投資行動の傾向を示し，投資先の企業統治への参与の意欲が欠けている。

③ 大多数の機関投資家（表8.3）は，国有証券会社，国有信託会社より設立した関係で委託人不在，"内部者支配"などの統治メカニズムなどが不健全である。従って企業統治への参与力と効率が欠けている。

表8.3　中国機関投資家の状況

政府投資信託基金	2002年末現在：54の固定型政府投資信託基金，17の非固定型政府投資信託基金。基金管理資産総額：1,319億人民元（以下，元）
証券会社	2002年末現在：証券会社：124社，資本金総額：1,040億元 1992～2002年A，B株発行総額：8,773.81億元
保険会社	2002年末現在：230社。1999年10月証券投資業務を開始，2002年7月まで証券取引市場への投資総額232.91億元，現在中国最大の機関投資家。
社会保険公司	2002年末現在，資産総額：1,240億元証券取引市場への投資総額：500億元，証券市場におけるもう1つの大手機関投資家。
一般法人投資家	国有企業，国有持ち株会社，上場会社と民間企業が主なメンバーである。例えば，上海久事集団，北京首創集団，新彊徳隆集団など。3社の証券市場への投資総額が1,000億元余り。

出所）上海証券取引所研究センター編（2003）『中国企業統治報告』復旦大学出版社　関係資料より筆者作成

2 証券監督管理委員会による規制

(1)「証券法」の制定と証監会による規制

　永年棚上げされてきた「証券法」は，1998年12月29日，第9回全人代常務委員会で可決された。これにより，銀行と証券業の分離，銀行借入による株式投資売買の禁止，国有企業による株式の投資売買の禁止，信用取引の禁止，株貸しの禁止などが行われた。1998年4月，国務院の構造改革に従い，元国務院証券委員会と元中国証券監督管理委員会の2つの組織を合併し国務院直属の中央省庁のひとつに昇格させ，名称を中国証券監督管理委員会 (China Securities Regulatory Commission: CSRC) に統一し，中国における証券，先物取引市場の監督，管理の主管部門と位置づけた。新証監会はディスクロージャー関連の7つの規則を修正・公表した。

　中国証券法の制定の主旨は，①中国の実情に合った市場活動の基本制度，基本規範を確立し，投資家の利益保護を図る。②現段階における金融体制改革に歩調をあわせ，金融・経済の安全を保護し，段階性の特徴を持つ。③証券法の規範は，政策上の連続性，安定性を保ち，国務院が公布施行している諸制度・規則の執行経験を十分総括する。具体的な規定を定め，実際上の操作性を強めることである。「証券法」は中国初の政府主導ではない立法といわれている。ここ数年来の規制として，会計基準の改定（財政部），監督体制の整備（証監会，証券取引所），メディア公表の指定（証監会），罰則の強化（証監会）などの施策が行われている。

　証監会は，2001年1月7日，上場会社の企業統治準則 (Code of Corporate Governance for Listed Companies) を公表し，同年8月16日，独立取締役の導入に関するガイドライン (Guidelines for Introducing Independent Directors to the Board of Directors of Listed Companies) を公表した。これはアメリカ型の企業統治を導入した規定となっている。加えて，日本より明確でわかりやすい規定となっていること，かつ，早期に導入していることが注目される。

　中国証券法では，証券市場における主管機関は証監会であると定めている。

証監会および派出機構は法律，法規に基づいて証券業全体の業務の集中統一管理を実施し，中国銀行監督管理委員会（銀監会），中国保険監督管理委員会（保監会）との間に定期または不定期の3者連絡会議を開き，重複している監督管理分野に関しては即時の連絡と協調をとりながら，抜け穴の防止に努め，法律法規執行の有効性と実施の規範性の確保に力を合わせることを定めている。

持続，公平，透明，健全に発展し，証監会としての執行能力を高めるため，証監会内に査察第二局を設置し専ら証券市場での監督管理に力を注いでいる。なお，「会社法」に基づき連続3年間赤字の企業は上場を取り消している。

証監会は権力機関として，立法権，執行権，採決権の3権を掌握して，いわば三位一体となっている。社会主義市場経済のスローガンの下にまだ計画経済の性格が保持され，試行，規則，規定，指導意見などを勘案しながら，問題がない場合，法律を作って法規制を行う。従って，すべてを法規制により取り組むことはしない。なお，市場経済，資本市場，証券市場は市場経済に依存して国際的な投資に適応できるようになっている。

1993年最初の「公司法」（会社法），98年最初の「証券法」の採択から今日までの企業統治の構築の過程をみると，まず最初に，規則，規定，指導意見などが打ち出され，つぎに執行状況を検証しながら最後に立法化するという方法がとられている。企業統治関係の規則，通知，意見などはおよそ以下の通りである。

① 「元有限責任公司と株式有限公司が『公司法』に則り規範化させる国務院の通知」(1995年，国発第17号)，

② 「国務院の元有限責任公司と株式有限公司が『公司法』に則り規範化する通知を貫徹する通知」(国家経済貿易委員会1996年第895号)，

③ 「上場会社定款ガイドライン」(中国証券監督管理委員会，1997年12月16日公表)，

④ 「上海証券取引所株式上場規則」(1997年制定，2004年4月改正)，

⑤ 「深圳証券取引所株式上場規則」(1997年制定，2004年4月改正)，

⑥ 「海外上場会社におけるディスクロージャー制度を更に進めていくことに

関する意見」(中国証券監督管理委員会，1999 年 3 月)，
⑦「上場会社における独立取締役制度の確立に関する指導意見」(中国証券監督管理委員会，2001 年 8 月)，
⑧「証券取引所管理弁法」(中国証券監督管理委員会，2001 年 12 月 12 日公布，施行)，
⑨「証券会社管理弁法」(中国証券監督管理委員会，2001 年 12 月 28 日公布，2002 年 1 月 7 日施行)，
⑩「上場会社の企業統治準則」(中国証券監督管理委員会，国家経済貿易委員会，2002 年 1 月)，
⑪「企業国有資産監督管理暫定条例」(2003 年 5 月国務院 378 号令)などである。
2004 年だけで，「上海証券取引所株式上場規則」(改正)，「深圳証券取引所株式上場規則」(改正)，「社会公衆株主権益保護に関する若干規定」，「証券会社債務管理暫定規定」，「証券会社経営者管理方法」，「資本市場改革開放の推進と安定発展に関する若干意見」などがある。なお，大幅に改正され 2006 年元旦から施行された新会社法と証券法に基づいて 3 月 16 日に「上場会社定款ガイドライン」(2006 年改正)を公布し同日実施(1997 年の同ガイドラインは同時廃止)となったが，すべての上場会社はこのガイドラインに従い株主総会を開き各会社の定款の修正が求められている。主な内容は，株式の発行，譲渡，株主総会，取締役会，監査役会，財務会計制度，増資・原資・M&A などへの新しい規定策定などである。

(2) 現状と問題点

証監会としての問題点をあげれば，

① 上場会社への外部監視が欠けている。ベンチャービジネスなどの中国版のナスダックといわれている二部市場の不正操作などへの監視に偏り，"大株主支配"，"内部者支配"を是正し，"中小株主の権益"の保護などの上場会社の実態への監視能力が乏しい。

② 外部監視の対象は往々にして情報開示が中心で，実質的な問題には触れていない。上場会社および持ち株会社の大株主らによりさまざまな手段が講じ

られ，企業の資産の移転，横領，偽帳簿作りというような不正が蔓延する状況の下で，外部監視機能の責任の重さと重要性が強調されるべきである。

③ 上場会社への監督管理にも限度がある。証監会は上場会社の銀行口座を調査することができないし，上場会社の株主でさえ調査権限がない。証券監督管理主体の複雑化および遵法行動に対する各行政機関の抵抗またはこれを越える行政権力の制約を受け，証監会としては十分な執行権がなく，証拠を収集するチャンネルも整備されていない。

証券市場における自律組織は，上海，深圳両証券取引所と中国証券業協会である。中国証券業協会は，証監会の管理下に置かれている証券管理機構から組織された全国的会員組織である。協会設立の狙いは，証券の発行と取引等での公正な進行，投資家の権益の保護，証券業の健全な発展のためである。しかし，協会自体が半官半民のため，自律的な監督管理面では限度があり違法または不正行為への必要な処罰もできない。従って，実際，上海と深圳両証券取引所が自律的組織となっている。

3 証券取引所による規制

(1) 定款および業務規則

1990年に上海，1991年に深圳の両証券取引所が設立され，2006年6月現在，上海証券取引所に上場された企業が831社，深圳に540社で，上場会社数は全国で計1,371社となっている。[11] 上海証券取引所，深圳証券取引所と証券業協会は中国証券市場における管理機関である。定款および業務規則などを通じて証券業務の行動を規範化し，規定，規則に基づいて取引所の会員，上場会社，証券発行，上場および取引などの活動に関して監督管理を行う。不正行為，ルール違反，企業内容の報告・開示等に不正があった場合などには厳重に処分をすることになっている。

証券取引所の設立または解散は中国国務院が決定する。証券取引所の定款の制定・改正は，国務院証券監督管理機関の承認を受けなければならない。取引活動に異常な事態が生じた場合は，直ちに証監会に報告しなければならない。

証券取引所の売買規則としては、競争売買は価格優先、時間優先の原則を実行する。顧客は証券会社に成行注文、あるいは指値注文のみを委託することができる。

深圳、上海の2ヵ所の証券取引所は、証券取引売買の決済・振替業務を証券取引所から分離させて、専門の登記会社を運営している。すべての上場会社の株券が登記会社に預託され、集中的な保管、決済・振替制度を実施している。証券取引決済・振替機関を設立するには、自己資金2億人民元が必要で、専門の業務場所・職員を配置しなければならない。一般投資家の証券投資・証券取引に対するサービスとして、証券投資顧問機構、資産信用評価機構を設立することができる。

1997年に制定した（2004年改正）「上海証券取引所株式上場規則」と「深圳証券取引所株式上場規則」は、中国において初めての上場会社に対する系統的に規範化された企業統治構築への指導的指針ともいえ、証券取引所による外部監視を明確に定めている。中国の証券業と銀行業、保険業、信託業に対し、企業経営の原則を実施している。

証券会社は、株式会社または有限会社とされる。国務院証券監督管理機関の認可を得なければ、証券業務を営むことができない。証券会社の運営を規範化させるため、証券法は、証券会社が総合会社（証券受託、自己売買、仲介の各業務を行う）、仲介会社（仲介業務のみ行う）の2種類に分けて設立登記を行うと定めている。総合会社は、自己売買、仲介の各業務を分離させなければならず混同させてはならない。

(2) 現状と問題点

まず、内部管理体制の不健全さとして以下の2点が挙げられる。

証券取引所は、

① 法人統治制度が不完全である。

取締役会、監査役会と株主総会に依拠し3者共同でリスク管理を監督するための制度が欠けている。

② 管理形式が不完全である。

中国の証券会社はほとんどが本社と支店の組織構造をもっているが，危機管理上では2つの方式をとっている。つまり，本社から各支店へ逐一権限を委譲する方式と，本社から各職能部門へ逐一権限を委譲する方式である。前者の場合，管理上情報伝達の死角（情報の漏洩など）や情報の不完全が発生しやすく，後者の場合，最後まで管理徹底することができず，管理職の権威も低い。

また，管理効果にも以下の3点において限度がある。

① 株式の発行には定額制限があり，実質上許可制をとっている。上場会社への証券取引所の管理には限度があるため，外部監視と管理の効果は十分とは言い難い。

② 上海，深圳証券取引所は，証券会社の利益の代理人と証券主管機関における監督管理の執行者であると位置づけているが現実との間のギャップは大きい。上場会社への責任，市場行動などへの監督管理の有効性が欠けている。

③ 地方政府にとって証券取引所は税収と資金面で必要不可欠な財源となっていて，取引所自体の自律的な監督管理に常に関与している。従って，真の監督管理の役割は明らかに弱まっている。[12]

2つしかない上海証券取引所と深圳証券取引所の企業統治レベルが低いの主な原因の1つは，証券取引所は証監会の"下部執行機関"であって，取引所自体が自律的な組織ではないからである。証券取引所の諸規則等に関する制定権と自主運営空間があまりにも狭い。資本市場における企業間の競争，引いては企業統治の競争は証券取引所を舞台に広がっている。しかし，中国の場合，中央集権度が高すぎるため取引所本来の発揮すべき意欲がなくなってしまう。いかにして中央管制を緩め取引所間の競争力を上げ，取引所としての真の企業統治への監督管理サービスの提供を果たすべきかが残された課題のひとつである。

4 監査法人による規制

(1) 中国の会計監査制度

2002年で，中国の会計検査制度が復活してから約20年も経った。中央から

地方まで，共産党組織と政府に重視されているので，会計検査は急速に発展してきた。会計検査関連の法律・法規は整備され，検査技術や理論レベルも向上してきた。国家会計検査組織は大きく成長し，審計署と各地方の庁，局を合わせて検査職員が8万6千人を上回っている。

　1999年以来，国家会計検査は当時の国務院朱鎔基総理の指示を受けて，重要事項の検査を徹底し，検査範囲を財政・財務収支から関連業務や経営活動にまで広げた。検査において，組織の不当・不正行為を処分・処罰すると同時に，関係責任者の責任（場合によって刑事責任）を追及するようになった。1995年5月に，国務院弁公庁より，「県以下党・行政幹部任期内経済責任審計の暫定規定」と，「国有企業および国が筆頭株主である企業経営者任期内経済責任審計の暫定規定」が制定され，経済責任検査が制度化された。

　2000年には，会計検査の規範化，情報化において顕著な進展があった。国家審計署より「中華人民共和国国家審計基本準則」を始めとする10の検査基準が公布され，全国で一斉に実施された。これらの検査基準の実施は会計検査業務の規範化，リスクの低減，品質の向上などに重要な役割を果たしている。2000年11月に，南京で全国審計計算機応用成果展が開かれ，近年の会計検査情報システムの構築，計算機補助会計検査の実施における重要成果が展示された。一方，予算管理と財政配分の秩序を整備するため，予算執行の会計検査に力を入れ始めた。特に専用資金，例えば，国債建設プロジェクト，重点森林資源保護，汚・廃物排出処理，三峡ダム移民などの専用資金の会計検査を強化した。金融機関の検査として，重点的に中国人民銀行と中国農業銀行の資産，負債，損益の会計検査を行った。

　2001年に，国家会計検査は重点分野，重点部門，重点資金と重点事項の検査・監督を中心に展開した。検査方法や基準の研究も活発に行われ，特に中央省庁の予算編成と執行に対する会計検査を強化した。2002年年頭の審計庁（局）長会議では，当時の審計長李金華氏が向こう数年の改革・発展の目標を打ち出した。

(2) 監査法人による規制

　中国の会計検査システムは当分の間大幅な枠組みの変化はないけれども小幅な調整や改善は絶えず進行している。WTO加盟前後,国際社会とリンクするいわば「与国際接軌」という言葉が流行っているが,外国と同じレールで走ろうとか,企業統治における外部監視への重視が2000年度に入ってから本格的になりつつある。

　外部監視の役割は益々増大しつつある。2005年まで48項目に上る公認会計士に関する準則,指導意見などが制定,執行され,2005年の1年間だけで1,400余りの監査法人における監査の業務の検査を行うなど, 力を入れている。[13]

　しかし,中国の市場経済発展サイクルが短く,規範的管理が不十分であるのも現実である。監査法人は既に政府部門と大型国有企業とは分離されており,自主経営,リスク自己負担,自己制約,自己発展の市場競争の主体となりつつある。現在,全国で会計事務所が6,639,公認会計士は59,800人,2005年度の会計事務所の売上総額が183億元に達している。[14] 会計事務所は主に財務部(省),会計監査署(院)と証監会など政府部門の監査管理を受けると同時に中国会計事務所協会と各地方協会の業務検査をも受けている。公認会計士全体の素質,業務,法律レベルなどは高くなく,個別事務所または公認会計士における不正,粉飾などの問題がしばしば発生している。

　2004年5月から9月までに,国家会計監査署は上場会社の会計監査資格をもっている16の会計事務所で行われた監査業務検査の結果,14の事務所の37名の公認会計士が提出した監査報告が事実と大きく食い違っていたことが明らかになり財務省と証監会が告発した。上場会社による不正行為は深刻であり,監査資格をもつ会計事務所の責任も問われている。不正の主な特徴は以下の通りである。[15]

　① 上場会社の不正行為は集団化,全面化,普遍化しつつある。
　② 上場会社の財務不正行為はさらに深刻になっている。
　③ 上場会社の財務不正行為は隠蔽,深化し,より巧妙になりつつある。
　④ 少数監査法人は自ら会社の粉飾に加わっている。

なお，近年処罰を受けた会計事務所と公認会計士は表8.4の通りである。

表8.4　近年処罰された会計事務所と公認会計士

	1993～2001年	2002年2月	2005年7月＊
処罰された会計事務所および公認会計士	24の会計事務所 46名の公認会計士	中天勤，華倫，中聯信，深圳同人，深圳華鵬等5つの事務所	8つの会計事務所 23名の公認会計士

＊2005年処罰を受けた8つの会計事務所のなか，資格取り消し1社，営業停止1社，警告3社，監査やり直し3社となり，処罰された23名の会計士のなか，資格取り消し1名，職務停止6名，警告処分が16名となった。
出所）2002年までのデータは，上海証券取引所研究センター編（2003）『中国企業統治報告』p.216，2005年のデータは財政部2005年会計情報品質検査公表（第11号）2005年7月28日より筆者作成。

監査法人という独立性，専門性から会計監査事務所による監督などの役割の発揮は必要である。公認会計士には監査と指導という2つの機能があるが，粉飾までいかなくても数字を良く見せたいという企業風土の下で，結果的には経営者に利用されることと，企業のなかに味方がいないため会計士自身の立場が弱くなり，なお経営者から報酬をもらうという立場からみると，第三者として厳しい意見を言えなくなると考えられる。会計監査は企業統治の監督・管理への監査となって企業が自律性を守る最重要な防火壁ともいえる。会計事務所は独立人格で企業に対し監査を行い，客観的，公正で信頼できる監査報告を提出し，企業と経営者行動に対する規制の役割を発揮することが求められている。これによって，市場を浄化する目的の達成ができると考えられる。

(3) 現状と問題点

企業統治構造の不合理性とそれによって発生する会計監査のアンバランスは証券監査市場における不正を生み出す根源である。実際，企業の意思決定権，経営権，監督権は会社発起人または大株主に一任され，株主総会は形式に過ぎなく大株主のワンマン化となっている。経営者は監査を受ける立場から監査の委託者となり監査人の任命，解任，報酬などの決定者としてまるで完全に会計事務所の"衣食住"まで配慮している"親"となった。

会計事務所の監査執行は企業から報酬をもらう側で立場が弱く，一種の"取

引"契約の行動で明らかに受け身になっている。現行の監査環境および公認会計士の監査職責と処罰などの規制の下で,彼らは激しい市場競争のなかでやむを得ず企業と妥協し,ひいては企業とともにその不正行為がほぼ理性的な行動となっている。従って,彼らのこのような行動は責任の追及と損害賠償への確立が小さくなり,得ている利益が負っているリスクより大きい。しかし独立,客観的な立場から得られる未来の収益は大きな不確定性をもっている。

とはいえ,企業不祥事の多発にともない会計不信が高まり,少なくない会計士が処罰を受けている現状と監査法人のレベル的にも質的にも高くない実情は,会計監査が企業の不正を見逃してきたこと,そして,会計士に専門的職業人としての倫理観が欠けていたことを明らかにしている。企業統治における公正な外部監視の立場から会計士資格に更新制を導入し,更新時には継続教育を義務づけるなど,会計士にプロ意識を植え付けることが必要であると考えられる。

2000年以前は上場企業の破綻などがなかったため,一般投資家の利害に大きな影響はなかったが,2001年に水仙電器株式有限公司が上場廃止となり[16],一般投資家が初めて大きな損失を受けることとなった。従前から粉飾決算などによる企業の不正は多数みられているものの,上場廃止になった企業は存在していなかったため,一般投資家はリスクを自覚することは少なかったのである。しかし,水仙電器株式有限公司の上場廃止が引き金となり,一般投資家はリスクを認識せざるを得なくなったといえる。このような背景から,一般投資家は以前あまり興味がなかった上場会社に対する企業統治へ大きな関心をよせることとなる。

まとめ

企業統治構造は,内部統治機構としては取締役会が中心となり業務執行の監督によって株主利益を守るのに対し,外部統治機構としては債権者による監視,株主による株主総会での議決権行使,株式市場による企業支配取引,証券取引所の監視機能,会計士に対する外部監査などがある。

本章では,中国上場会社の所有構造と外部統治機構としての監査機能を取り

上げたが，以下のようにまとめられる。

① 集中型所有構造は中国上場企業の主な特徴である。「1株独大」とよばれる現状では，機関投資家らにおける経営行動への監督には限度がある。

② 中国の企業統治，特に上場会社における企業統治の歴史は長くないが，企業行動のグローバル化の進展にともない，外国の経験を参考にしながら自国の状況を踏まえて自国の特徴を活かした企業統治システムの構築に力を入れている。

③ 証券取引業における権力機関である証監会は，企業統治の外部監視における一連の規制，ルール等の制定と役割の発揮に重要な役割を果たしている。しかし，グローバル化の進展の下で直面している課題も少なくない。

④ 自律機関としての証券取引所と監査法人における外部監視機能の発揮には限度がある。企業統治や監査関係の法令も整備されつつあり，経営者の意識改革も進んでいるが，制度上の改革はむろん，監査における質と倫理の向上などが前提であり課題であると考えられる。

注：
(1) "株式権利双軌制"とは，中国資本市場のなかで流通株と非流通株はともに上場会社が発行している株式であるが，公開発行している株式だけが流通でき，国家株と法人株は流通できないことを意味している。
(2) "連鎖取締役"(interlocking directorates)は，2社または2社以上の企業で取締役を兼任していることを指す。2003年12月31日現在，調査を受けた上海証券取引所131社上場会社の内，"連鎖取締役"企業が111社で，全体の84.73%を占めている。―東北財経大学（2004）『発展研究参考』第21期 p.3
(3) "関連取引"とは，1つの会社またはそれに従属している会社と，この会社と直接または間接的利害関係をもっている関連会社との間に行われている取引を指す。上場会社の関連取引には，仕入，販売から株式権利，財産権の譲渡などが含まれ，有形資産の取引から無形資産の取引まで幅広く行われている。1997年，上海，深圳の両証券取引所の719の上場会社のなかで，609社で関連取引の内容が開示され上場企業全体の84.6%を占めている。1年後の1998年には80%まで下がったが，200年にはさらに93.2%まで大幅に上昇している。―秩名「我が国における上場会社関連取引の探求」『無撫論文網』2003年10月9日
(4) 趙月華（2006）『母子公司治理結構』東方出版社 p156.

(5) 金山権(2004)「中国国有企業改革の新動向と経営行動—WTO加盟後を中心に—」『アジア経営研究』(アジア経営学会)第10号　pp.11-22
(6) 証監会の「『上場企業のM&Aに関する規定(案)』公開意見を求める通知」2006年5月22日
(7) 菊池敏夫(2005)「中・日企業における企業統治システム—比較からみた特徴と課題—」中国科学技術大学管理学院MBA・MPA人センター編集『MBA人』pp.26-29
(8) 1992年10月，国務院の直轄機構として設立された。国家を代表して，証券市場におけるマクロ的な統一管理を行う主管機関であった。
(9) 同じく1992年10月設立され，国務院証券委員会の監督管理機構であった。
(10) 李飛(2000)「中国の証券法」『比較会社法研究—奥島孝康教授還暦記念—』p.737
(11) 上海証券取引所，深圳証券取引所のHPより計算
(12) 劉偉(2003)「中国証券会社リスク管理の発展探索」『上海財大学金融科学学会学術会』11月
(13) 第3回公認会計士フォーラムでの王軍財政部副部長(副大臣)の挨拶。2006年5月29日
(14) 劉仲藜(中国公認会計士協会長)(2006)「公認会計士業界の更なる発展と強化」『第3回公認会計士フォーラム』5月
(15) 呉波「監査院の最新公告からみた上場会社の4大スキャンダル特徴」『証券導報』2005年10月3日
(16) 國信証券研究策画中心　許翔・儲誠忠「PT水仙：絶境中的反思」『人民網』2001年4月19日

第9章 国際的視点からみた
中国の企業統治システムの特質

はじめに

21世紀に入って各国の企業もその時代の流れに従い大きく変わりつつある。自国における企業モデルの規範化，企業を規制する制度などが収斂し統一化に向かっている。しかも統一化に向かいながらも差別化，特殊化がまた各地域において主張されている。

急速な変貌を遂げている国際環境の中で，中国企業の経営は大きな発展を持続しており国際的な関心がますます高くなっている。

本章では，国際社会の一員である中国企業の上述の転換点に立って，変革しつつある企業モデルの特殊性，および各国企業との共通性を明らかにし，国際的視点から中国企業統治システムの特質を考察してみることにする。

1 企業統治システムの国際比較

(1) アメリカの場合――アングロ・サクソン型

アメリカでは，2001年，エンロン，ワールドコムの不正会計事件の発生を機に，市場への信頼が喪失したため，2002年，いわゆる企業改革法 (Sarbanes-Oxley Act) が制定された。同法においては，監査の品質管理・独立性の強化，情報開示の強化，財務報告に関する内部統制の構築・維持責任等を含む経営者の責任の厳格化・明確化，内部告発者の保護を含め，広範かつ詳細な規定整備が行われた。これを受けて，2003年11月，ニューヨーク証券取引所 (NYSE) やナスダック (NASDAQ) では，独立取締役の活用等の上場規則の改訂を行った。

図9.1は，アングロ・サクソン型のモデルとしてGMのケースを示している。GMでは，業績悪化の事実を取締役会に的確に報告せず当時の経営陣が更迭

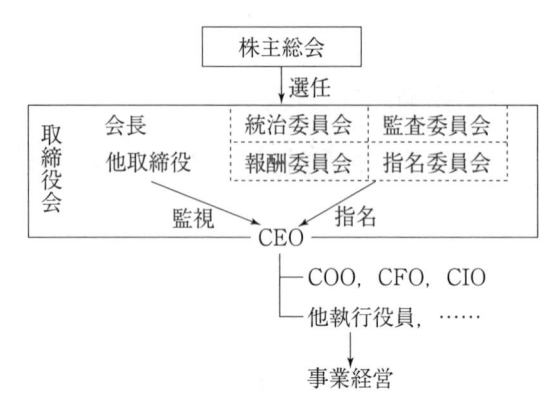

図9.1 アングロ・サクソン型の統治モデル

出所）吉森賢（2001）『日米欧の企業経営――企業統治と経営者』放送大学教育振興会

されたが、「取締役憲章」により取締役会規律の強化を目的として自主基準を制定している。(1)

「取締役憲章」の主なポイントは以下の通りである。

① 取締役構成員には技能と資質、取締役会の構成には多様性、年齢、製造技術に関する知識等の技能、国際的背景の理解等が検討される。

② 主席取締役（Lead Director）を取り入れる。社外取締役のみにより選任される社外取締役の代表であり、会長が会社の使用人を兼務しない場合は新たに任命する必要がない。(2)

③ 取締役会の経営陣へのアクセスとして、取締役会は業務に支障がない限り説明を求めるため経営陣を取締役会に呼び出すことができる。

④ 社外および社内取締役の組合せとして、GMの取締役会の過半数は社外者とする。CEOを含み経営陣が取締役会に参加することを認めるが、経営陣幹部が取締役会メンバーに加わることには積極的ではない。非取締役会メンバー（除くCEO）が取締役会会合に出席することは問題ない。

⑤ 取締役会資料の事前配付。

GM（General Motors）の場合：(3)

取締役会13人で、内会長1人、社内取締役2人、独立取締役10人となって

いる。なお，委員会としては，監査委員会，資本委員会，取締役委員会，経営委員会，報酬委員会，投資基金委員会，公共政策委員会，計7つの委員会が設置されている。

執行役会では，会長1人，President & CEO 1人，CFO 1人，その他50人である。

以上の事例からもわかるように，アメリカの株式会社は，大企業で上場企業の場合，取締役によって組織される取締役会が経営方針の設定，執行の監視を担当する。取締役会内では委員会が設置され，一方，日常業務は取締役会の任命した執行役員が担当する。執行役員はその与えられた役割に応じて最高経営責任者（CEO）や，最高財務責任者（CFO），最高執行責任者（COO），最高情報責任者（CIO）などの肩書が与えられる。CEOが取締役社長（President）を兼ねる場合が多いが，CEOが取締役を兼任せず，また別途，取締役会議長（Chairman of Board of Directors）を置くなどの場合も多い。

(2) ドイツの場合——共同決定システム型

ドイツの統治機構の特徴は，会社主権に関して，二元的要素を有する共同決定法の影響を受ける監査役会の監視・監督の下で，監査役会によって選任された取締役による経営執行というシステムであり，アメリカ・日本の企業統治とはかなり相違がある。

ドイツの場合は，業務を執行する執行役会と，これを監視する監査役会という二元制機関構造および，会社の意思決定に株主代表のほかに従業員代表，管理者代表，労働組合代表が参加する仕組み（共同決定）という特徴があり，それを前提に企業統治の改革が行われてきた。とりわけ，注目されるのが，2002年2月の「ドイツ企業統治規範（クローメ規範）」である。これは，具体的取組みに関する企業の自主性を尊重しつつ，企業統治の改善を図ろうとするものであり，企業統治に関する営業報告書への報告や，この規範と異なる対応をした場合における理由の明記等を，上場企業に対して求めた。これらの情報開示は，同年8月より，株式法に基づき，法的義務となっている。

最近の動向をまとめると，

① 株式法改正案(2001年公表株式会社法制を規定)において，上場企業は前年企業統治委員会が決める行為規範を遵守している旨を説明し，従っていない部分があればその旨を説明することになる。

② 1996年設置された共同決定委員会(Kommission Mitbestimmung)が1998年採択した報告書・勧告では，ドイツで育った労使双方による共同決定システム(ドイツ型二元主義モデル)[4]の存続を前提とし，国際化の進展の中で改革・運用の柔軟化を図る方針である。

こうしたなかでEUの会社法調整，欧州株式会社法創設という作業が続けられ，ドイツ会社法への影響も少なくないとみられる。2000年12月EUサミットにおいて欧州株式会社法に関する法制の調和を進めるために，労働者の経営参加制度の調和に関する指令の内容につき合意が得られている[5]。

図9.2は，ダイムラー・クライスラー社(Daimler Chrysler AG)の事例である。監査役会20人(資本側，労働側各10人)について，会長はドイツ銀行監査役会会長，副会長はダイムラー・クライスラー社中央事業所協議会会長である。執行役会は12人で構成されている。

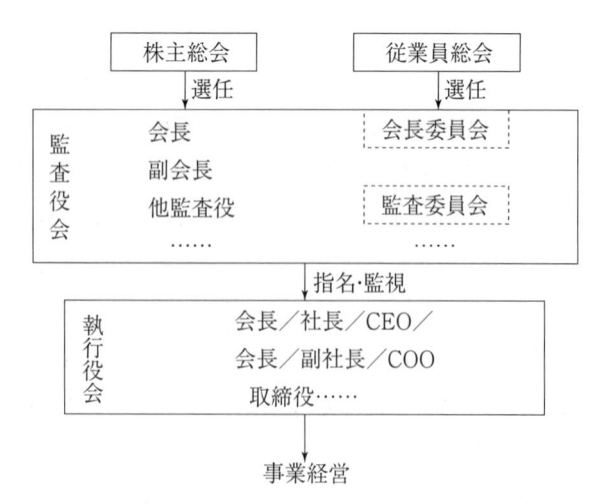

図9.2　共同決定システムのドイツ型の統治モデル

出所）図9.1に同じ

ダイムラー・クライスラー社の場合

監査役会は20人，株主代表と従業員代表が10人ずつの構成となっている。株主代表から，会長（ドイツ銀行監査役会会長），従業員代表から副会長（中央事務所協議会会長）が選ばれている。なお，株主代表から，Dresdner銀行頭取，Bayer執行役会会長，AT&TのCEO，XeroxのCEO，OwensLilinoisの会長，他3人，従業員代表から，従業員代表4人，職員代表1人，管理職代表1人，労働組合代表3人，という監査役会の構成となっている。

執行役会は12人で，会長以外の役員構成は，戦略・IT担当，財務・監査担当，人事・労務担当，研究開発担当，国際調達担当，トラック他担当，クライスラー担当，航空・宇宙担当，その他役員3人，という執行役の構成となっている。

ドイツの二元制についてみると，アメリカの一元制機構との比較において，共同決定の有無を除けば本質的相違がないことが指摘されることは述べた。とりわけ以下のような一元的機構ないし単層型との機能接近が指摘されている。(6)

① 監査役会の助言機能と執行役会の意思決定との分離の困難性が指摘され，監査役会は助言を通じて事実上執行役会の意思決定プロセスに統合される。

② 監査役会は，その事前承認権限を通して執行役会の意思決定機能を取り込み，最終的意思決定機関に変質している。

③ 監査役会議には社内取締役である執行役会の全役員が出席するため，監査役会と執行役会との馴れ合いが生じやすい。

④ 監査役会が執行役会役員の選任を行うことにより，監査役会が短期・長期的経営方針を事実上決定している。

監査役会の機能

監査役会の機能は，① 監視（überwachung）であり，適法性，合目的性，組織性，経済性の観点から執行役会の経営業務を監視する。② 事前監視の助言（rat）も監査役会の機能となっている。助言の対象は，一般的経営業務に限定され，専門的知識を必要とする事項，特殊な問題，特殊な経営の業務執行に関する事項は対象外である。監査役会は執行役会の提出する提案・事業計画をその監視基準に照らし実現可能性を検討する。また提案・計画に付随する将来リ

スクを評価し，防止策を助言するほか，執行役会に代替案を提案する。こうしたリスク監視機能は株式法改正（KonTragG）によって強化されている。[7] 経営と監視を分離し，企業は株主所有物形態をとっていない。経営者の任免権を握っている監査役会は上述のケースからもわかるように株主代表から半分，授業員代表から半分で構成されている。

執行役会の機能

経営業務を自己の責任において，また監査役会の助言に基づいて意思決定を行い，監査役会に以下の情報提供を行うことが株式法に規定されている。[8]

・経営方針・将来の経営上の基本的問題点に関して年1回，新事態発生時には直ちに報告[9]
・営業の概況，経営状況を示す計数に関して定期的（最低四半期毎）に報告
・関連会社の法的関係，取引関係
・年度決算，営業報告書，決算監査人による監査報告，利益処分の提案
・その他の重要事項

ドイツの二元制の評価

ドイツの二元制における企業統治の有効性評価がアメリカに比較して低いことについては，次のような要因がある。相互依存的企業間関係，監査役員と執行会役員の経済的・心理的相互依存関係に起因する社外監査役会役員の独立性の希薄，監査役会と執行役会の情報の非対照性，監査役会役員の他社役員兼任，共同決定による労働側役員による党派的行動ならびに資本側役員による秘守義務に対する懐疑等が要因としてあげられている。[10]

アメリカについては，監査委員会を主とする各内部委員会がドイツの監査役会よりも有効に機能しており，ドイツのガバナンス改革において監査委員会の導入が唱えられる所以となっている。アメリカの監査委員会は，アメリカの単層型機構が監視・監督と経営執行に分離する進化的過程であると評されている。[11]

(3) 日本の場合——二者択一型

企業における統治構造の特徴はその多様性にあり，それが望ましい法制度のあり方に関する議論を複雑なものとしている。今日の日本企業には，株主重視

の姿勢を明確に打ち出し，アングロ・サクソン的な統治構造の構築を積極的に推進する企業から，日本型の統治構造にとどまる企業まで，極めて多様な統治構造が並存している。

　日本では，近年，大企業において経営者の不正や反倫理的行動が多発したために，1) 各企業のレベルや，2) 日本経済団体連合会のような経営者団体のレベルで，さらに，3) 政府レベルで，企業統治のあり方を見直し，改革を推進する動きが活発に行われてきた。

　1) 各企業レベルで行われた改革には，新しい経営方針や経営倫理規定等の策定，社外取締役の導入，取締役と執行役員の分離などの取締役会の改革，内部監査制度の導入，内部告発窓口や倫理委員会の設置などが行われている。

　2) 日本経済団体連合会など経営者団体のレベルでは，企業行動憲章の策定およびその改正など，加盟企業に対して，不正を抑制し，新しい企業行動指針を明示するなどの活動が推進されている。

　3) 政府レベルにおいても企業統治に関する法改正が行われており，とりわけ，① 2001 年の企業統治の改革を意図した監査役設置会社に関する商法改正，および ② 2002 年のアメリカ型の委員会等設置会社を規定した商法改正が行われた。[12]

　内部昇進者から構成され，経営の執行と監督が未分離で，また取締役会の規模が過大であることを共通の特徴としていた日本企業の取締役会は，企業金融の変化，1990 年代の外国人株主の増加，金融危機以降の株式安定保有構造の衰退とともに，大きな変化を経験した。1997 年にソニーが業務執行と監督を明確に分離する執行役員制を導入して以来，同制度は急速に普及した。

　取締役会の職務は，会社経営における業務意思決定およびその決定にもとづく取締役（代表取締役を含む）の業務監査，および代表取締役の選任・解任である（362 条 2 項）。それぞれ具体的に法定されており，それ以外でも重要な業務執行については取締役会が決するとされている（362 条 4 項）。2002 年商法改正によってアメリカ型の委員会設置会社と従来の監査役設置会社との選択制が認められるようになった。

委員会設置会社は取締役会の構成と機能にアメリカ型のシステムをとり入れた型であり，社外取締役の役割への期待と，執行と監督との分離を考慮したシステムということができる。

さらに 2003 年からは，商法改正によって委員会等設置会社の選択制が導入され，日本企業は，従来型の監査役設置会社とアメリカ型の構造に近い委員会等設置会社を選択することが可能となった。企業統治先進国であるアメリカ型のガバナンス・システムとして，委員会設置会社が導入された点に注目が集まった。

委員会設置会社では，業務の執行を執行役が行い，その監督を取締役会が行う。取締役会は戦略的な意思決定を行い，執行役が行う業務執行を監督していく。また，取締役会の内部組織として3人以上の取締役かつ過半数が社外取締役で構成される「監査委員会」「指名委員会」「報酬委員会」の3つの委員会を設け，監査委員会が従来の監査役に近い役割を担うことになる。

委員会設置会社が株式市場からどのように評価されているか？に関する分析結果からは，必ずしもすべての委員会設置会社が株式市場から高い評価を受けているとはいえない結果が得られた。もっとも，移行した企業にはそれぞれ個別の要因があるため，これは極めて自然な結果といえよう。注目できるのは，企業規模や市場連動性などの影響を考慮した場合，市場平均や業種平均よりも高い株式パフォーマンスを達成していた企業が比較的多かった点である。委員会設置会社への移行は株式パフォーマンス向上の十分条件ではないが，ガバナンスを意識した株主重視経営の姿勢は投資家に評価され，長期的に良好な経営パフォーマンスにつながると考えられる。

① 委員会設置会社

取締役会に社外者が参加することで取締役会による「経営に対する監督」が実効性をもつ。また取締役指名，経営陣報酬，監査では社外取締役が過半数を占める「委員会」が取締役会より上位に立つため，利益相反問題が回避され，ガバナンスが徹底される。

「ソニー」の場合（図9.3） 2004 年 7 月末時点でのプレス・リリースでは，取

締役会議長と代表執行役を分離，指名委員会は取締役5人以上で構成し社内は2人以上，報酬委員会は3名以上で社内は2人以上，監査委員会は取締役3人以上で構成し，2人は社外の常勤者で報酬委員・指名委員と兼任しない，各委員会の議長は社外取締役とするとされている。こうしたソニーのモデルは，日本的米国型をさらに前進させたものと評価とされている。6月の株主総会後，取締役会議長も社外取締役が就任することになった。問題点として，社外取締役が多数でない（17人中8人）ことが挙げられる。

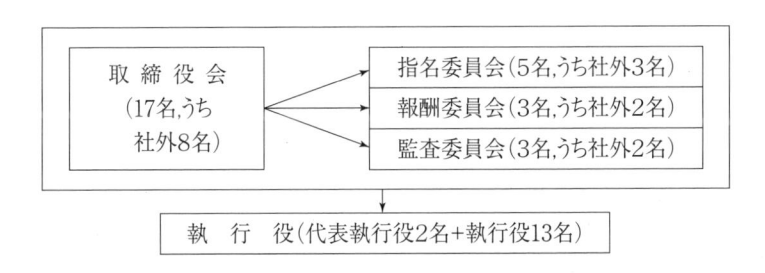

```
┌─────────────┐     ┌──────────────────────────┐
│  取 締 役 会  │ ──→ │ 指名委員会(5名,うち社外3名) │
│  (17名,うち   │ ──→ │ 報酬委員会(3名,うち社外2名) │
│   社外8名)    │ ──→ │ 監査委員会(3名,うち社外2名) │
└─────────────┘     └──────────────────────────┘
        │
        ↓
  ┌──────────────────────────────┐
  │ 執 行 役(代表執行役2名+執行役13名) │
  └──────────────────────────────┘
```

図9.3　委員会設置会社の統治モデル（ソニーのケース，2004年7月現在）
出所）筆者作成

ソニーは，2005年6月22日から，取締役数を現在の17人から12人に削減する一方で，社外取締役数は現在の8人を維持し，3分の2を社外取締役が占める体制に移行，加えて執行役を現在の13名から7名に減らした。[13]

② 監査役設置会社

社外取締役がゼロで社内出身者・業務執行取締役のみの取締役会も認められるため，そのような取締役会は株主が視点に立って執行を監督する機能を果たすことは期待し難い。監査役会のみによる監督となるため，会社業績，経営幹部人事についての監督，つまり本来の意味でのガバナンスが不在となり，違法性の有無，コンプライアンス問題等に焦点の当てた監督となる。

これまでも，粉飾決算，役員による不祥事などを防止するために監査役制度の改正，強化がたびたび行われてきたが，2001年の改正により監査役会の構成と機能が監査の強化に向かって改正されたことは明らかである。その特徴は，

以下の5点にまとめられる。(14)

① 重要財産委員会の設置

取締役を出世の最終段階と位置付ける日本型を維持しながら，決定のスピード化を狙いとするが，前述のように，使い勝手，存在価値に疑問がある。本田技研しか採用していないのはそれを物語っている。

② 取締役数の削減と執行役員制度の採用

取締役会のスリム化によりその機能の復活につながる。執行役員は執行に専念できる。これは使用人兼務取締役の廃止にもつながる。

③ 社長と会長の分離

取締役会の監督機能を実質化する。

④ 社外委員会（アドバイザリー・ボード）の設置。社外の目を経営に反映させるために有用と思われる。

⑤ 監査役（会）の強化

厚東偉介（1997b）は，企業統治における監査役制度の問題点を検討し，その強化の方策を提言している。そのなかで，「現行法において監査役はかなり権限を有している。法定されたところを文言通り実行していたら，1990年代に日本企業の不祥事はこれほど続発しなかったであろう」と述べるとともに，法的制度だけでなく例えば日本監査役会というような社会的団体などの一層の充実が必要であるといい，こうした団体によって監査基準の明確化や監査役の育

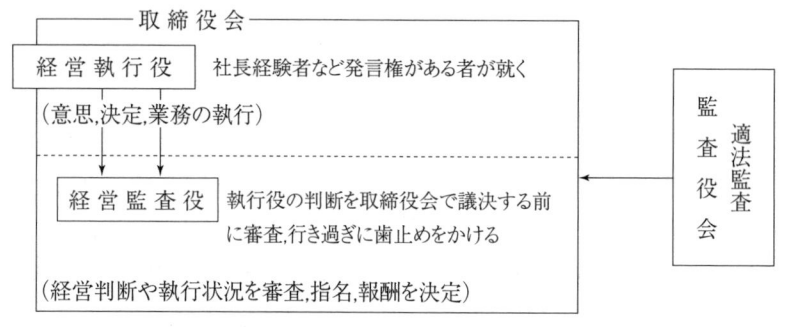

図9.4　監査役設置会社の統治モデル（松下電工のケース，2004年1月現在）
出所）筆者作成

成・相互啓発や監視なども可能になり，監査役の社会的支援制度も整備されるだろうと述べている。[15]

　2001年改正法の実施にともない，半数以上の企業が社外監査役制度を実施し，監査役スタッフの充実とともに監査室からの分離を図っている。

　図9.4は「松下電工」のケースである。

　松下電工の場合は，取締役会内で，執行役と監査役を分離する。従来型を採用しながら，執行と監督の分離を図るものとして評価できる。

　表9.1は，JCGIndexによる上位21社までの企業ランキングであるが，表からわかるように3分の2の14社が委員会会社で，3分の1の7社が監査役会社となっている。委員会会社は取締役会の構成以外の点でも企業統治を重視した企業経営を行っており，総合的にみて上位に評価されることがわかる。また，監査役会社の7社をみると社外取締役が平均2～3人入っており，各社とも社外取締役をメンバーとする指名委員会・報酬委員会等を設置し，ガバナンスの

表9.1　JCGIndex 上位21社

野村ホールディングス(*)	92	東芝(*)	86
日興コーディアルグループ(*)	84	大和証券グループ本社(*)	83
スミダコーポレーション(*)	81	オムロン	80
エーザイ(*)	79	新生銀行(*)	79
帝人	78	ソニー(*)	78
メイテック	77	ミレアホールディングス	76
旭硝子	75	三菱電機(*)	74
アンリツ	74	コニカミノルタホールディングス(*)	73
イオン(*)	73	りそなホールディングス(*)	72
日立製作所(*)	72	日立情報システムズ(*)	71
ベネッセコーポレーション	71		

注：JCGは，企業のコーポレート・ガバナンスを評価するポイントとして，委員会会社か監査役会社かという「取締役会の構成と経営監督機能」の面に加え，「企業の業績目標と経営者の責任体制」「最高経営責任者CEOの経営執行体制」「アカウンタビリティと透明性の確保」の合計4項目を定め，東証1部企業に対してアンケート調査を2003年以来実施している。同研究所は企業からのアンケート回答をもとに各社のコーポレート・ガバナンス確立状況を数値化してインデックスにまとめ「JCGIndex」として公表している。

出所）JCG（日本コーポレート・ガバナンス研究所）2006年調査　(*)は委員会設置会社
http://www.jcgr.org/jpn/survey/2006/2006top50-jp.pdf

ために会社機構を工夫している。

このように委員会会社か監査役会社かの違いだけで，ある会社の企業統治が優れているかどうかを判断することは難しいが，さらにいえば取締役会・監査役会という枠組み，いわばハードウェアをどう作るかだけでなく，経営理念として何が盛り込まれているかというソフトウェアについてもチェックした上で総合評価しなければ実態は解明できない。

(4) 中国の場合——融合型

① 三位一体型統治構造——一般株式会社

中国は1980年代はじめに株式制の試験的導入を行い，そして97年の正式な株式制度の導入まで10数年の間にさまざまな外国のモデルを参考，検討，学習した。その上で国内事情にあわせて作り出したのが図9.5で示されている企業統治モデルである。

中国会社法における株式会社の機関は，次のようになっている。すなわち，中国の株式会社は最高意思決定機関としての株主総会（股東大会），業務執行機関としての取締役会（董事会），業務執行の監督機関としての監査役会（監事会）の3機関に分化している。

株主総会は，明確な会社の所有者である株主により構成され，会社の最高機関である。取締役会は，株主総会により選任される取締役により構成される（中国会社法112条1項では，取締役会は，5人から19人の取締役で構成されると規定されている）。なお，取締役会は総経理（社長）を選任し，総経理は業務を執行する。

監査役会は，株主総会により選任される監査役と職員・労働者の代表たる監査役から成る（3人以上で構成される）。

このように，中国の株式会社における機関の分化の形態はドイツ型監査役会制度とアメリカ型取締役会・役員の融合型である。監査役会と取締役会の両方を採用しているという意味では，日本と同じように融合型を採っていると考えられる。

中国の企業統治構造の特徴として，株式会社における機関の分化の形態はド

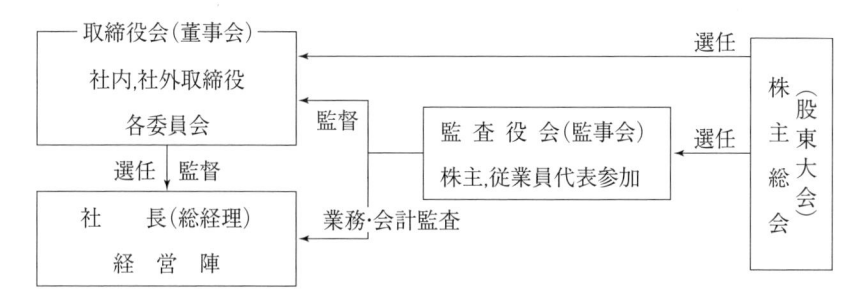

図 9.5　中国株式会社の企業統治モデル
出所）金山権（2000）『現代中国企業の経営管理』同友館　p.102

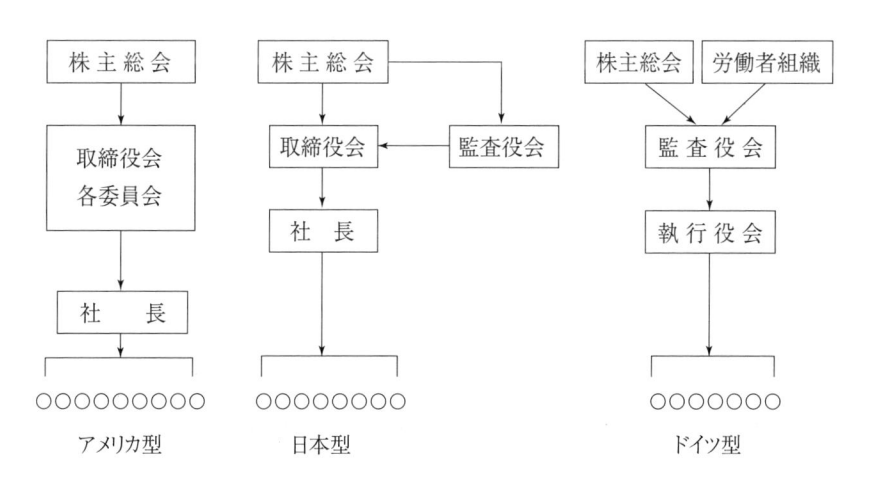

図 9.6　アメリカ，日本，ドイツにおける株式会社の企業統治モデル
出所）図 9.5 に同じ

イツ型監査役会制度とアメリカ型取締役会・役員の融合型である（図9.6）。

　取締役会と監査役会制度については，二院制をとっている日本型，つまり日本の取締役会，監査役会と類似し，業務執行体制に関しての取締役会と経営陣との関係は，アングロ・サクソン型のアメリカの役員制度に類似し，また監査役会における従業員代表の参加は，二元制をとっているドイツの共同決定システムに類似している。論理的には，このシステムは優れているように思われる。

しかし，実質的には意思決定権，業務執行機能を取締役会に，監督機能を監査役会に担当させる日本型の二院制システムの構造を有している。(16)

② 委員会設置会社——上場会社

1997年共産党第15期全国大会で国有企業の株式制への転換を決定して以来，国有企業から株式制への転換が本格的に行われている。国有企業から株式制へ転換された企業統治の支配構造は図9.7の通りである。

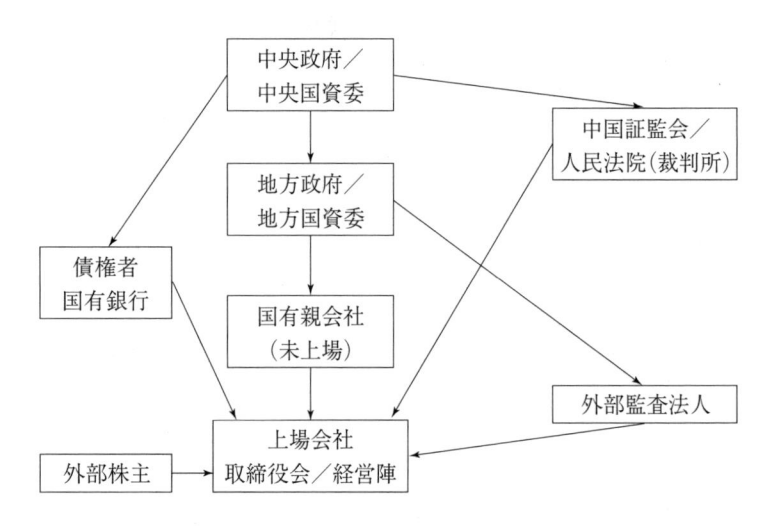

図9.7 国有企業から株式制に転換された企業統治の支配構造
出所）筆者作成

会社制度，特に上場企業（図9.8参照）においては英米型に近く，取締役会内部に経営戦略，指名，報酬，会計監査の各委員会が設置されているという共通性がある。中国の会社法では独立取締役（independent director）制度への規定はないが，海外で上場した企業から率先してその独立取締役制度の実施が求められてきた。

最初，1999年中国証券監督管理委員会などが連名で公表した「海外上場会社における規範化運営と改革の促進に関する意見」では，海外で上場を果たした会社が取締役改選を行う際，外部取締役の人数が全体の2分の1以上，なお

独立取締役メンバーが2名以上であることを定めている。

　証券監督管理委員会は，2001年8月に「上場会社における独立取締役制度設置の指導意見」を発表し，これによりすべての上場会社は，2002年までに独立取締役を最低2名，2003年6月30日までに独立取締役を3分の1以上を採用しなければならないとした。そして，すでに述べたように2002年1月に中国証券監督管理委員会と国家経済貿易委員会の連名で，「上場企業の企業統治準則」が公表・施行された。

　企業統治，特に上場企業の企業統治システムには，会社法（公司法）のみならず，上場会社の規制に関して一連の規則，関連法，原則，ガイドライン，指導意見などが公表され，執行，監督，指導が実施されている。

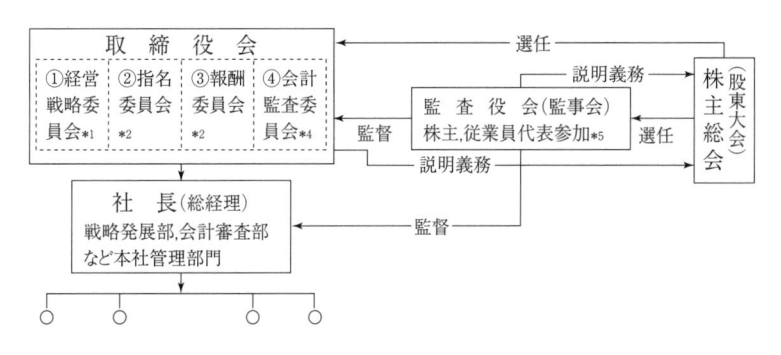

図9.8　中国版会社の統治モデル（上海宝山鉄鋼のケース，2005年1月現在）
*1：経営戦略委員会6名，内独立取締役2名，*2：指名委員会3名，内独立取締役2名，
*3：報酬査定委員会3名，内独立取締役2名，*4：会計監査委員会3名，内独立取締役2名，
*5：監査役会，計9名，内独立監査役3名，従業員代表3名
出所）上海宝山鉄鋼集団戦略発展部，董事会秘書室での聞き取り調査により筆者作成，2004年12月28日

　総じて，企業統治に決まったグローバル・スタンダードはない。ガバナンスの型はさまざまに存在しうる。各国は，優先する目的，業種，規模，国際性，親会社か子会社か，伝統，社風など，さまざまな要素を考慮して，それにふさわしいガバナンスを選択すべきである。

2 社外取締役と独立取締役

(1) アメリカ,ドイツの状況

アメリカでは,取締役が株主,取引先など当該企業と重要な関係をもたないこと,独立取締役としての報酬以外を当該企業から受け取らないことを定めているが,ドイツでは,執行役と監査役のメンバーの兼任の禁止を定めており,日本では,自社および子会社の社員でないもの(親会社関係者,取引先関係者などは排除されない)のみの着任を定めている。

社外取締役が機能するかが委員会設置会社制度の根幹である。すなわち,取締役会を業務執行機関として強化するには,執行役の支配から独立した立場に立ちつつ,長期的な利益の向上を求める株主の視点から会社の業務執行につき客観的に判断できる人物を取締役とすることが欠かせない。

後述する日本の商法は,社外取締役に関し緩やかな定義を採用し,独立性については規定していない。しかし取締役は,執行役である経営者から独立し,社外取締役を中心に取締役会を構成するのが最近の世界的な潮流である。

ドイツでは,最高意思決定機関は株主と従業員から半数ずつ選任された監査役会である。執行は取締役が行い,監査役会が決定と監視を担当する形態となっている。ここでも,監査役候補の実質的な選定を取締役会会長が行うなど,監査役会機能の空洞化が問題視されている。

また,2002年アメリカが"Sarbanes Oxley Act"をまとめたことを受け,取締役会の執行機能を強化する一方,この監督役を担う監査役会の監視機能を明確に分離するという動きが目立っている。監査役会に,監査委員会のほかに会長委員会(報酬・指名などの役割を負う)などを設けるといったように,制度としては米英型に接近した形である。2005年の『企業統治原則』の改正にともない,「監査役会の個別選挙」そして「監査役会議長の要項」の2項が新設され,前者では透明性の確保,後者では監査役員の選任に関して人的,または仕事上の関係を除外し,独立性を高め,企業は透明性を高めるために専門部署を開設し義務を遵守している。

(2) 日本の状況―社外取締役

　会社法上，社外取締役の要件は「過去現在ともに当該会社または子会社の業務執行に関与したことがない者」とされている。これは大株主，親会社の取締役，親族，取引関係のあるものなどが社外取締役になれることを意味する。委員会設置会社における社外取締役と会社との関係について，独立企業（グループ子会社を除く，親会社・独立系企業）では「会社と全く無関係」がもっとも多いが約3割にとどまっており，全体では「会社との資本・取引関係」がもっとも多いことが読み取れる。(17)

　このように，日本では社外取締役の独立性の要件が明確ではないため，十分な独立性が確保されていないのが現状である。このことが，実質的に社外取締役を独立しているとはいえないものとしている。そこで独立の要件としては以下のようなものが考えられる。

　2002年の商法改正で新たに導入された委員会設置型を選択している会社においては，過半数が社外取締役で構成される指名委員会・報酬委員会・監査委員会の3委員会を活用して，経営と執行の分離を図っている。加えて，最近，市場機能強化の観点から，会社法，東証上場規則等において，企業統治に関する情報開示のためのさまざまな制度改正が行われたところである。したがって，社外取締役の導入義務化や社外役員の独立性の強化については，これらの制度改正等の効果を十分分析した上で，慎重に検討すべきである。

　東京証券取引所が2006年10月時点で調査したところによると，東証（1部・2部・マザーズ）への全上場企業2,356社のうち委員会会社は59社とわずか2.5％に過ぎない（表9.2）。また監査役会社のうち社外取締役を導入している企業は40.8％に止まっており，しかもその約8割までがわずか1～2名の社外取締役を任命しているに過ぎない。この数字からみて監査役会社のなかで任意の指名・報酬委員会等を設置している企業は極めて限定されていると推察される。

　経営者層から聞く社外取締役，委員会会社に対する批判や疑問の主なものを整理すると次のようになる。(18)

　① 従業員重視の会社一体経営，高い倫理観を備えた経営者の存在が企業成

表9.2 大手企業における社外取締役導入の状況

① 社外取締役を選任している会社：
　　東証上場会社　　2,356社中　42.3%
　　うち監査役会社　2,297社中　40.8%
　　委員会会社　　　59社中　　100%

② 社外取締役の人数：
　　東証上場会社1社あたり　　0.81人
　　　　　監査役会社　　0.72人
　　　　　委員会会社　　4.37人
　　社外取締役を選任している会社だけみれば 1.91人
　　　　ただし監査役会社では　　1.76人

③ 監査役会社における社外取締役の数：
　0人……59.2%　1人……22.2%　2人……11.1%　3人以上……7.5%
④ 委員会会社における社外取締役の数：
　2人……6.8%　3人……35.6%　4人……25.4%　5人……11.9%　6人以上……20.4%

出所）東証調べ（2006年10月現在）

功を保証する
② 社外取締役に適した人材が日本では不足している
③ 会社の事業，業界の動向，社内を知らない人に経営を振り回されたくない
④ 日本に馴染んできた監査役制度を改善することで「コーポレート・ガバナンス」は実現できる
⑤ 超優良企業のトヨタ，キヤノンには社外取締役がいないではないか（社外取締役を入れれば業績向上が実現できるのか）
⑥ 多数の社外取締役を導入したアメリカ企業（エンロン等）でも企業破綻したではないか
⑦ 日本では委員会会社のソニーが業績不振となり，日興コーディアルグループでは大不祥事が起きたではないか等々，日本では経営者層を中心にこうした社外取締役に対する否定的見解が根強い一方，英米のように政府が取締役会の監督機能を監視している訳でもなく，機関投資家等からのコーポレート・ガバナンス確立を求める圧力も限られているため，社外取締役導

入をともなう取締役改革は遅々として進展しないのが実情である。

総じて，社外取締役が機能するかが委員会設置会社制度の根幹である。すなわち，取締役会を業務執行機関として強化するには，執行役の支配から独立した立場に立ちつつ，長期的な利益の向上を求める株主の視点から，会社の業務執行につき客観的に判断できる人物を取締役とすることが欠かせない。

問題点としては，

第1に，独立性が不十分ではないかという点である。この点は，法律や規則で規制すべきであり，会社の自治に委ねては適正な運用が期待できない。その際，独立性を保つ方策としては，執行者との親族関係や特別の取引関係がないこと，親会社の業務執行者・使用人でないことなどを挙げることができる。

第2に，現行法は，社外取締役の人数につき一定数以上を要求していない。取締役会内に設置される各委員会の委員を兼任させれば最低2人いればよい。しかし，社外取締役がある程度いないと監督が十分できないといえるアメリカの経験をふまえ社外取締役を全取締役の過半数とするよう，要求すべきである。

(3) 中国の状況—独立取締役

近年，一部の上場会社において，企業収益の低下傾向が続き，赤字経営の上場会社の割合も増大しており，その原因として，企業統治の不備が挙げられている。その不備を是正する制度として注目を浴びているのが，独立取締役制度である。

独立取締役制度は，企業統治にとって欠かせないものであり，少数株主から関心が寄せられている制度でもある。多くの株式会社においては，取締役会が不当に権限を放棄し，会社の支配株主の指示にのみ従う取締役に操られているため，利益相反取引が絶えず起きている。その結果，会社の財産が支配株主の会社や個人のところへ移転されて，会社の資産流失を招いてしまった。[19]

「会社法」では，会社の取締役会は，株主総会に対し責任を負い，会社の経営計画や投資プロジェクトなどについて決定権限を有する経営機関であると定めている。しかし，上場会社においては，取締役会が取締役会で決定すべき重要事項につき決定権限を放置したまま，大株主により選出された代表取締役に

任せ切っている会社が少なくない。

　本来，会社の重要経営活動や重要な財務的事項は取締役会の決議をもって決定すべきであるにもかかわらず，取締役会はその権限を放棄している。その結果，代表取締役が1人で決めてしまい，会社の財産が，大株主である会社や，会社役員と関係のある者の会社に移転されてしまう。その結果，少数株主は株式会社への不信を募らせている。企業統治が不合理であるために，中国の上場会社では，特定の個人が実質的に支配権を握っている「準同族企業」「模擬同族企業」であるといわれている。

　中国の現状，特に企業経営の実務から考えると，出資者が自ら経営する「同族企業」は，競争の激しい環境に耐えるのが難しく，衰えつつあるのもおかしくないといえる。一方，出資者が経営に関する権限を経営者に授与したまま全く監督しない「準同族企業」あるいは「模擬同族企業」においては，企業としての財産が流用され，経営者の個人財産に転換されることが避けられない。このようなことを防ぎ，あるいは減少させるために，独立取締役制度が用いられるようになった。すなわち，会社と利害関係のない独立取締役に，取締役会において大株主を牽制し，その他株主の利益を損ないかねない会社取締役の行動を牽制するという大きな期待がかけられた。

　中国の企業統治における最大の問題のひとつは，何よりも内部者支配の問題であり，大株主による間接的な支配が行われているという問題である。上場会社の株式所有の構成は主として国家株と国有法人株が中心となっているため，上場会社の取締役会は実際には大株主から影響を受けており，大株主の指揮下に置かれた業務執行取締役の権限濫用に対して有効に監督するという機能が働かない。会社の非業務執行取締役は，十分な情報を得られないため，業務執行取締役を有効に監督することができない。そのうえ，非業務執行取締役の監督職能が明確化されておらず，取締役会は権限が弱く，会社の業務執行取締役の専断が横行している。これは中国の企業統治においてよくみられる現象である。

　独立取締役制度を導入することは，取締役会における非業務執行取締役の監督意識を高め，取締役会と業務執行の経営者を分離させるのに有利である。こ

れによって会社の内部者に対する監督管理の強化を図ることができる。当然ながら，取締役会における独立取締役の人数の割合を高め，一定の水準に保つこともきわめて重要である。取締役会においては，独立取締役が多数を占めない限りでは，取締役会の決定に対する独立取締役の影響力は限定的であり，期待される役割を果たすことが困難であると考えられる。

そして，もう1つとして挙げられるのが，独立取締役の独立性は相対的なものでしかないという点である。独立性は，独立取締役にとって監督の役割を果たすために欠かせない前提であるから，独立性が確保できなければ，監督の役割を果たすことも期待できないといわれている。

近年の中国における独立取締役に関する研究論文では，独立取締役の独立性を強調するものが多数であり，独立性を保持するための方法も多く提示されている。そのようなものとして例えば，まったく独立した候補推薦委員会が株主総会に対して独立取締役の候補を推薦するべきことを提案している学者もいれば，独立取締役は会社から報酬を受け取ってはならないと主張する学者もいる。

事実上，独立取締役の独立性そのものはあくまでも相対的なものであり，それを過度に強調してはいけないと考える。

2001年8月22日に公布された「上場会社における独立取締役制度設置の指導意見」をみると，独立取締役は取締役会の3分の1を占めることが規定されている。独立取締役としては，当該上場会社の取締役以外の職務は兼任しない，企業と大株主の間に独立かつ客観的な判断を下すのに影響を与えるような関係を有していてはできないと規定している。そして，独立取締役の形式的要件に関して以下の6つを規定している。つまり，

① 企業の経営管理経験または5年以上の法律業務の経験を有すること，
② 証券監督管理委員会の承認を受けた研修に参加すること，
③ 企業または関連会社に直系親族または血縁関係がいないこと，
④ 発行済み株式の1％以上のものまたは上位10位以内の大株主の中で個人株主との間に直接又は間接的に直系親族関係をもっていないこと，
⑤ 発行済み株式の5％以上の法人または上位5位以内の法人大株主中で従業

員またはその直系親族でないこと，
⑥ 会社と関連会社に法律，コンサルティング，財務会計など関連の業務サービスを提供していないこと，である。

また，独立取締役の権限を以下の5つに定めている。

① 大口取引に関する事前承認，
② 公認会計士任免に関する提案，
③ 臨時株主総会招集を求める，
④ 取締役会の招集を求める，
⑤ 外部諮問機関の招聘，
⑥ 株主総会開催前株主議決権行使の委任状を公に募集することができる，

などである。

独立取締役制度の対象は最初，主に海外上場会社に限られており，国内上場会社は含まれていなかった。しかし現在は上場会社全体が対象となっており，中国上場企業における企業統治を特徴づけている。独立取締役制度は内部者支配を防ぐための良薬であると評価されている。

中国で実施している独立取締役制度は，普通の，① 業務執行取締役ではない，② 現在および過去においてもその会社の取締役や従業員ではない，という条件だけを定めているのではなく，当該企業からの真の独立性が問われている。社外の人間であっても，当該企業の主要取引先であるなど独立性に問題がある場合は独立取締役として認められない。この点で主要取引先や親会社，メインバンクのトップが珍しくない日本の社外取締役制度より厳しい規定であるといえる。

中国における独立取締役に関する諸規定と権限をまとめると，表9.3の通りである。

第9章 国際的視点からみた中国の企業統治システムの特質　197

表9.3　中国独立取締役に関する諸規定と権限

独立取締役選任の資格：
① 上場会社運営に関する基本知識を有し，関連法律，行政法規，方針，規則などに精通し，5年以上の法律，経済または独立取締役執行に必要とする業務の経験を有すること。 ② 独立取締役のなかでは少なくとも1名以上の専門会計士（公認会計士資格必要）を置くこと。
独立取締役独立性の規定：
① 過去1年間，直接的または間接的に当該上場企業の発行済株式の1%以上または上位10大株主のうちの個人株主とその直系の親族でないこと。 ② 過去1年間，直接的または間接的に当該上場企業の発行済株式の5%以上を有する法人株主あるいは上位5位までの法人株主の従業員およびその直系の親族でないこと。 ③ 当該上場企業とその関連企業に法律，コンサルティング，財務会計など関連のサービスを提供する者でないことなどである。
独立取締役人数と比例の規定：
2002年6月30日前まで少なくとも2名，2003年6月30日前まで少なくとも3分の1は独立取締役であること。
独立取締役に与えられた6つの権限：
① 重大な取引に関する事前承認の権限。 ② 公認会計士（事務所）の任免について提案する権限。 ③ 取締役会に臨時株主総会の開催を求める権限。 ④ 取締役会の開催を求める権限。 ⑤ 外部監査人，諮問機関を独自に招聘する権限。 ⑥ 株主総会の開催の前に株主の議決権行使の委任状を公に募集する権限。
独立取締役に与えられた6つの意見陳述，開示権利：
① 取締役の指名と任免。 ② 支配人を含む重要使用人の任免。 ③ 取締役と支配人を含む重要使用人の報酬。 ④ 上場企業の株主，実質的な支配者並びに関連企業が上場企業に現在保有し，または新たに発生している総額300万元以上，あるいは最近の会計監査で純資産の5%以上の負債とその他の資金の流れを把握し並びに上場企業は有効な措置によって債権を回収しているかどうか。 ⑤ 少数株主の権益を侵害する可能性があると認められる事項について「独立」的な意見の陳述。 ⑥ 会社定款に定めているその他の事項についての「独立」的な意見。独立取締役の指名に関しては，上場企業の取締役会，監査役会，単独または合わせて所有する上場企業の発行済株式の1%以上を所有する株主は，独立取締役の候補者を指名することができる。そして株主総会の承認を経て決定することになっている。

出所）中国証監会（証券監督管理委員会）2001年8月22日に公布された「上場会社における独立取締役制度設置の指導意見」により筆者作成

「上場会社における独立取締役制度設置の指導意見」で定められた3分の1という独立取締役が占める比例の規定はほぼ守られているが，実質的な進展はあまりみえない。『中国企業統治報告』(2006)によると，内部者支配の局面は依然として変わっていない。

まず，株主総会における流通株主の発言権が弱く，通常は大株主の代表が全体を握っている。上海証券取引所上場会社におけるサンプル調査では，筆頭大株主より指名，選任された取締役人数が平均で取締役全体の半数以上を占めており，国有株主の指名により選任された取締役が平均で45%を超えている。

独立取締役を除き，国有株主より指名，選出された取締役は取締役全体の60%以上を占めている。また，調査を実施した約40%の会社では取締役選任のプロセスと投票規則が未だに整備されておらず，ほぼ取締役会（特に取締役会長）と大株主が選任全体をコントロールしている。独立取締役の選任でも90%の独立取締役の人選は筆頭大株主の操作によるもので選任のプロセスのルールは守られていない。ほとんどの独立取締役は社会の著名人ばかりで時間，体力，実践経験などからも職責の執行には無理が大きい。従って，独立性の保持が難しい。

少なくない会社では取締役会専門委員会を設置しているが，専門委員会で求められるのが独立取締役の独立性である。実際，専門委員会の運営上には独立取締役の情報の知る権利と調査の権利が欠けているし，委員会の機能の発揮が完全とはいえない状況である。

いうまでもなく，いくら立派な規定があって，モデルが建てられたとしても肝心なのは形よりその運営である。上述の状況からも独立取締役制度運営の難しさが浮き彫りになっているのは確かであり，残されている課題でもあろう。

3　内部者支配

(1) 日本の状況——分散化に隠れている集中的統治と経営者支配

日本企業における取締役会の特徴は，長期雇用や年功制といった雇用システム面での特徴，相対的に専業度の高い事業構造，分権度の低い内部組織，安定

株主化の進展した株式所有構造，資金調達におけるメインバンクへの強い依存，メインバンクの企業統治における重要な役割，などの点においてアメリカ型企業とは大きく異なる企業システムの特性を有するものであった。そして，こうしたシステムは，少なくとも1980年代前半までは，高水準で安定的な投資，シェア最大化ないし成長志向的な企業行動を促進する一方，企業効率を引き上げ，国際競争力の上昇に寄与したと理解されてきた。

　従来の日本型の企業統治の特徴は，執行と監督の未分離である。この執行と監督の未分離は，制度そのものの本質ではなく，日本では，終身雇用制と社内重役制がこれを支えてきたといえる。各取締役は，代表取締役か，業務担当取締役か，従業員兼務取締役として，執行を担当してきた。つまり，業務執行機関は，全体として社長を中心とする執行体制となってきた。よくいえば，各取締役は，執行しながら監督するということであろうが，実際上，監督機能はなかなか働かなかったといえる。このような「経営者支配」が成り立ったのは，日本独特の会社所有構造である，会社の相互保有（持ち合い）があったからだといえる。

　しかし，以上の制度に支えられた日本型企業統治は，近年むしろ必要とされる事業再組織化などの遅れを深刻化させ，長期停滞の一因となっているとの見方が有力となり，株主重視の経営，アングロ・サクソン型の企業統治への転換の必要が主張されている。またこれと並行して，これまでの日本型企業システムは大きな変容を示し始めた。取締役会に代表される内部統治構造と相互に補完的であった日本企業の各システムにおいて，90年代に入ってからさまざまな変化が生じてきた。株式の相互持合いの急速な解消により，株式会社の支配構造への変化，統治構造への変化が相次ぎ現れ，また，間接金融から直接金融への移行すなわち，メインバンクの機能低下（モニタリングなど）などの動きを反映して，株主総会，取締役会など会社機関の役割を果たしつつある。また，執行役員導入，社外取締役制度導入による取締役会の変化，新しい会社法による委員会設置会社制度の導入などが重要視されてきた。

　委員会設置会社と監査役設置会社の両方から内部者支配状況をみると，以下

のように考えられる。

委員会設置会社では,

① 社外取締役による委員会が最上位につくため,社内事情,業界事情に詳しくないと発見できないような違反事項についての指摘が漏れる懸念があり,つまり実務を担当する部門の組織作りが鍵を握っている。

② 一方,CEO ぐるみの不正は社外の独立取締役を擁する委員会方式の方が防ぎやすい,

③ 企業トップも取締役会による監督下にあり規律を受けるため,企業全体にディシプリンが浸透しやすい。

監査役会設置会社では,

① 社内事情の把握は改善されるが,内部統制が会社に行き届くためには監査役のみでは不十分で,充実した実務部隊の構築は欠かせない。

② 監査役会は経営陣の人事に権限を有しないことから CEO より下位にあるとの遠慮もみられる場合が多く,CEO の独善が放置されるリスクや CEO ぐるみの不正が見過ごされるリスク等がある。

企業統治に対する意識の高まりを受けて,近年社外取締役,執行役員の導入による取締役会改革やストック・オプション制度の導入を積極的に進める企業が増加している。また,IR 活動やディスクロージャーの重要性が認識され,これらの内部統治の構造改革を積極的に進める企業も増加している。これらの改革への取組みによって,分散化に隠れている集中的統治と経営者支配という内部者支配は変貌していくものと考えられる。

(2) 中国の状況——集中的所有による支配

中国の上場会社の最大の株主はほとんどの場合において国家となっている。国家株は協議によって譲渡されている。そのうえに,国家株を譲り受ける相手や譲渡条件も厳しく制限されている。さらに,国家株が譲渡される場合に,国有資産管理部門の審査を受けなければならない。これによって,これらの会社における支配権の移転がきわめて困難になっている。なお,株式会社の権限分配に関しては,株主総会に重要な権限が集中し,株主総会中心主義を採ってい

るといえる。すなわち，株主総会は，取締役全員と監査役の一部を選任・解任し，取締役報酬の決定，年度決算の承認，利益処分案の承認，新株発行・社債発行の決議，資本減少決議，合併・分割・解散の決議，定款変更，さらには経営方針および投資計画の決定なども行う権限を有している（「公司法」103条各号）。

　先進資本主義国の会社法においては，取締役会中心主義へと移行しているが，これは経営の機動性確保の要請に応えるものである。中国において株主総会中心主義が採られた背景にはまず市場経済が機能し始めたばかりであるという歴史的事情があろうし，また株式会社のほとんどが国有企業を株式化したものであるために，主要株主として国家しかいないということもあろう。

　すでに取り上げたように，実際中国における上場会社のほとんどは国有企業の制度転換によるものであり，流通できない国有株，国有法人株が大半を占めているため，大株主または親会社は取締役会，社長の任免をコントロールしており，取締役会と社長を含む経営陣が互いに兼任したり，親会社，子会社，孫会社などの多階層構造になっている。経営者や取締役は内部出身者が多く，人事では党組織の介入もある。党幹部，組合役員などが務める監査役は，モニタリング機能を果たしていない。

　内部者支配で，大株主が経営をコントロールしていることが，不平等構造の原因である。従って，こういう内部者支配のなかで，中・小株主による経営陣への監督機能が発揮できず，なお経営者およびその代表である大株主は上場会社を利用し，支配しているのも事実である。

　中国の株式会社は基本的機関構造において従来の日本そしてドイツと同様に株主総会，取締役会・経営者，監査役会という3局構造をとっているが，実態は中国独特のものとなっている。証券取引所に上場された株式会社の大半は元の国有企業であり，現在の株式所有構造をみても半分近くは国有株である。国有株の代表は政府官僚であり，その絶対的株式保有を通じて他の株主を支配しているといえる。会社の会長，社長である董事長，総経理も上級主管部門からの行政的派遣が多い。

　従来の国有企業が株式会社化されても，本質的な変化はなく，元工場長（廠

長）が会長あるいは社長になっており，上級主管部門が会社内部の事項について直接干渉している場合も多い。また，会社機関が分化しているにもかかわらず，監督が有効に行われず，執行を行う董事長や総経理が（企業を）支配した状態となっている。会社の会長，社長，党書記が企業を独り占めにし，業務執行の決定，執行，監督の機能を集中させている場合も多い。

4 取締役会の行動

(1) 経営参加度の低下，役割の発揮

2006年1月1日から新しく改正された「公司法」と「証券法」が正式に施行された。"両法"の施行により，企業統治システム構築への法律面での保障が与えられている。中国証監会も「上場会社定款ガイドライン」(2006年改正)，「上場会社株主総会規則」，「社会公衆株主権益保護の若干の規定」などを入れて合計数十の行政法規が採択，施行となり，資本市場における法律規則体系面について全方位に及ぶ整理と再構築が図られた。

菊池（1999）は，現代株式会社制度は，取締役会を中心とした会社運営を前提としているから，取締役会は，業務執行に関する会社の意志を決定する機関であり，広範囲にわたる権限を有していることを示し，しかし，そうした重要な権限を有する取締役会もいかなるメンバーによって構成されているかが問題であって，企業の戦略および方針検定にふさわしい構成が求められ期待されると指摘している。

ここでは，2006年末現在中国上場会社上位100社の企業統治の評価を取り上げながら取締役会の行動を分析してみる。[21]

取締役会の平均人数が11.45人で全国上場会社平均人数の9～10人より少し高い。これは，100社の資産規模の大きさに関係する。しかし，アメリカの上場会社の資産規模と取締役会の人数と比べると高い方である。

上位100社の取締役会の会議の回数が年7.99回であり，取締役の取締役会議への出席率は88%である。取締役会議ごとの間隔が1ヵ月半であるが，基本的には月ごとに開かれる先進諸国の優良企業の取締役会に比べると相当の差

が付けられている。従来から行われている国際慣行のあり方によると，取締役が毎年出席すべき取締役会の比率は75％以上と定められている。つまり，75％以下であれば，取締役としての果たすべき役割には疑問が残る。中国の上位100社のなかで，8.7％の占める企業の取締役の取締役会への出席率が75％未満となっている。このような企業の取締役会および取締役の役割は真に発揮されているのか疑わざるを得ない。

(2) 取締役会委員会の設置とディスクロージャー

上場会社規則および関連法規に従い，上場会社において設置されている各委員会の状況を取り上げると，会計監査と報酬などの委員会の設置は当然のことであるが，各会社のアニュアル・レポート，ホームページ，定款などの資料から，各委員会の設置がまだ完了していない企業が少なくないことがわかる。100社中，74社の取締役会のなかで各委員会が設置されているが，設置委員会数が一番少ないのはたった1つの委員会だけで，一番多いのが7つの委員会，設置委員会の平均数が3.41個しかない。

取締役会各委員会を全体とする取締役会の役割が十分果たされていない問題とディスクロージャーが十分でない問題は明らかで，これは中国企業統治における最も弱い部分といってもよいであろう。100社におけるアニュアル・レポートのなかで，取締役会の委員会の報告を行った企業はゼロである。さらに，取締役会の委員会全体の状況，例えば人数，人員構成と会議回数など基本とされている情報の公開さえもわずか一部企業に限られており，大多数の企業は公開していない。肝心なところでの弱い状態自体は本論文で探求している国有株の"1株独大"体系と大きく関わっていると筆者は考えている。

(3) 取締役会の国際比較

取締役会の構造，社外取締役の提議，法律規定等をアメリカ，ドイツ，日本，中国順にまとめたのが表9.4である。表から中国における3項目に関する米，独，日間の比較ができる。中国の場合，取締役会の構造では全体的に西欧に近い委員会制度が設置されているが，中国の国情を反映して委員会のなかで必ず戦略，会計監査委員会を設けているのが特徴として伺える。なお，委員会制度導入だ

が，監査役会を存続させることもひとつの特徴である。なお，社外取締役では日本とは違うアングロ・サクソン型の独立取締役制度を実施していることなども伺える。

表9.4 取締役会および社外取締役等の国際比較

	アメリカ	ドイツ	日本	中国
取締役会の構造	a.上場企業の取締役会の過半数は独立取締役，b.メンバー全員が独立取締役で構成される監査委員会の設置を義務付け，c.メンバー全員が独立取締役で構成される指名委員会，報酬委員会の設置を要請。	a.監督役会と監査役会が専任する執行役会を分離（二元制），b.一定規模以上の会社では監査役会は社外から選任される株主代表と従業員から選任される従業員代表により半数ずつ構成。	a.委員会設置会社と従来の監査役設置会社との選択制，b.委員会設置会社の場合，3名以上の取締役で構成，過半数が社外取締役のこと，c.指名，報酬，監査3つの委員会では過半数が社外取締役。	a.欧米に近い委員会制度を設置，b.委員会のなかで，必ず経営戦略委員会，指名，報酬，会計監査委員会を設ける，c.執行役制度は設けず，監査役会を存続させる。
社外取締役の定義	a.株主，取引先など当該企業と重要な関係をもたないこと，b.独立取締役としての報酬以外を当該企業から受け取らないこと等。	執行役と監査役のメンバーの兼任は禁止。	自社および子会社の社員でない者（親会社関係者，取引先関係者などは排除されない）。	当該企業の取締役以外の職務は兼任しない，大株主の間に独立かつ客観的な判断を下すのに影響を与えるような関係を有してはできない。
法律規定	a.NYSE上場規定，b.州法たる会社法，c.企業改革法	会社法・共同決定法	会社法	公司法（指導意見，原則などによる指導が先行）

出所）関連資料等によって筆者作成

まとめ

本章では，経済の国際化，規制緩和などによる自由化，世界経済の一体化を図ろうとするグローバルな情勢の下で，それぞれ置かれている多元的な社会のなかでいかなる問題があり，さらに問題解決のためにどのようにすればよいのかという課題の下で，主に中国を中心に，国際的比較の視点から企業統治システムの構築，社外取締役と独立取締役，内部者支配を考察したが，以下にまとめられる。

① 日本型に近い統治構造。中国企業における経営理念，経営方針，一般のビジネス行動などは日本モデルと近い。上場株式会社のモデルをみると，アングロ・サクソン型の委員会制度，ドイツ型の従業員参加の共同決定システムなどを自国の国情に合わせて導入しているが，本質的には日本型の構造を有している。

② 統一化を前提とした差別化。委員会設置会社を中心とするアングロ・サクソン型のアメリカ型を採用し，また株主代表と従業員代表による共同決定システムのドイツ型を採用し，委員会設置会社と監査役設置会社の二者択一の日本型に対比すると，中国はアメリカ型とドイツ型を併用した両者の融合型といえよう。委員会設置，国際投資，会社制度などには投資家に向かっているし，マーケティング，財務，株式市場での資金調達などの企業行動では西欧モデルに近いけれど，経営戦略委員会が委員会のなかで主要な位置にあり，執行役を設けず，監査役会を存続させるなど，中国の所有構造では国家支配が依然として保持されている。

③ 混合モデル。アメリカはNYSE上場規則，州法たる会社法，ドイツは会社法・共同決定法，日本は商法など改正（2006年5月から会社法に一本化）によって規制するという特徴をもつ。それと異なり，中国では社会主義市場経済のスローガンの下にいまだ計画経済の性格が保持され，試行，規則，規定，指導意見などを策定しながら問題がない場合法律を作って法規制を行う。なお，市場経済，資本市場，証券市場は市場経済に依存して国際的な投資に適応できるようになっているが，集中的所有のため流通できる流通株は少ない。

④ 社外取締役とは，現在のみならず過去においても当該会社・子会社の業務執行取締役や執行役，使用人となったことがない取締役のことである[22]。上述の分析から，現在日本国内でも社外取締役から独立取締役制度に変更すべきであるという議論があるなか，日本の委員会設置会社における取締役への選出基準には中国の独立取締役の6つの資格要件が参考になると思われる。

注：
(1) 「General Motors Corporate Governance」GM のホームページより
(2) 取締役会会長が最高業務執行役員（CEO）を兼任した場合に発生する地位であり，事実上会長と CEO の兼任を無意味にする。
(3) 吉森賢 (2003)『日米欧の企業経営―企業統治と経営者』放送大学教育振興会
(4) 土屋守章・岡本久吉 (2003)『コーポレート・ガバナンス論―基礎理論と実際』有斐閣 p.78
(5) ドイツの労働者参加方式を EU 会社法に導入せんとした EU 委員会の提案 (1975 年ヨーロッパ株式会社法原始提案，第1次変更案)，その後の緩和された参加方式を認める案 (1989 年，1991 年ヨーロッパ株式会社第2次，第3次変更提案) のいずれも採択されなかった。
(6) Gutenberg, Erich(1970) Funktionswandel des Aufsichstrats, *Zeitschrift für Betriebswirtschaft*, Des., pp.1-10; Bleicher, Knut und Herbert Paul.Das amerikanische Board-Modell im Vergleich zur deutschen Vorstands-/Aufsichstratsverfassung-Stand und Entwicklungstendenzen, *Die Betriebswirtschaft*, 3, pp.263-288; Lück,Wolfgang(1990) Committee-eine Einrichtung zur Effizienzsteigerung betriebswirtschaftlicher berwachungssysteme? *Zeitshrift fur betriebawirtschaftliche Forschung*, 12, pp.995-1013.
(7) 1991 年3月 25 日連邦通常裁判所判決により，経営業務の事後監視のほか事前監視としての助言が監査役会機能となっている。有効な監視が監査役会と執行役会の常時協議によってのみ可能であり，将来の経営方針については監査役会の助言が最重要である旨を強調している。前掲 (3) p.59
(8) 監査役会が執行役会に対して情報請求ができることが定められている。
(9) 戦略的計画・決定，財務構成，財務リスクに関する基本方針
(10) 吉森賢 (1994)「ドイツにおける会社統治制度―その現状と展望」『横浜経営研究』No.15-3 pp.1-27；吉森賢 (1998)「ドイツにおける銀行，保険会社，非金融企業感の資本的・人的関係と企業統治の有効性」『横浜経営研究』No.18-4 pp.1-26
(11) アメリカの最近の不祥事等から米英の単層型が完全とは考えられておらず，アメリカの監査委員会導入の動きは強まっても二層型を根本的に改める考えは少ない。Potthof, Erich(1996) Board-System versus duals System der Unternehmenswaltung-Vor-und Nachteile, *Betriebswirtschaftlicher Forscung und Praxis*, 3, pp.253-268, 他
(12) 菊池敏夫 (2005)「中・日企業における企業統治システム―比較からみた特徴と課題―」『MBA 人』No.7 pp.26-29
(13) 読売オンライン 2005 年4月 27 日『日本経済新聞』2005 年6月3日
(14) 末永敏和・藤川信夫 (2004)「コーポレート・ガバナンスの世界的動向―欧米，中国・韓国における法制度を中心とする最近の展開ならびに「会社法制の現代

化に関する要綱試案」の動向─」『経済経営研究』Vol.25　No.3
(15) 厚東偉介 (1997b)「日本の企業統治と監査役について」経営行動研究学会第26回研究部会報告，報告要旨
(16) 金山権 (2000)『現代中国企業の経営管理─国有企業のグローバル戦略を中心に』同友館　pp.101-102
(17) "我が国の上場会社ガバナンスのあり方とその規律付けの方法─ソフトロー・アプローチの有用性とその限界"　http://www19.atwiki.jp/softlaw_wasesho/
(18) 田村達也 (2007)「2020年・新しい日本型経営　日本企業のあるべきガバナンス体制」『季刊　政策・経営研究』Vol.3　pp.69-85
(19) 王剣・王先根「我が国における独立取締役の機能を位置づける分析」江信証券研発部　http://www.homeway.com.cn/1bi-bin/news/create/article.pl.
(20) 上海証券取引所研究センター編 (2006)『中国企業統治報告』復旦大学出版社　p.5
(21)「2007年中国上市公司100強公司治理評価」(中国社会科学院)『中国証券報』2007年04月17日
(22) 神戸大学経営学COE企業統治グループ「ゼミナール　新時代の企業統治⑩」『日本経済新聞』2007年6月18日

第10章　企業統治における今後の課題

はじめに

　企業統治システムの構築は近代企業制度のなかで最も重要な組織枠組といわれている。中国の企業統治が直面している問題は本質的には西側諸国など先進諸国とは大きく異なっている。先進諸国における企業統治理論をそのまま中国へ取り入れるのではなく，中国の現実に合わせて企業統治問題発生の根幹から着手しなければならない。

　中国の大多数の上場会社は，かつてまた現在でも企業グループないし企業集団の一部分を構成している企業である。各企業はいろいろな問題を掲げながら企業統治システムの構築，例えば，株主権利の保護，株主総会の健全化などに工夫している。現在，企業間における企業統治レベルの差がすでに広がりつつあり，それと同時に市場の競争原理も定着しつつある。

　企業統治システムの構築，法規制，中国統治システムの特徴，国際比較などは前章までで取り上げてきたが，本章では，こうした状況をふまえて，中国企業統治の仕組みからみた問題点，中国企業統治の評価と発展趨勢，中国企業統治システムの課題を取り上げる。

1　企業統治の仕組みからみた問題点

　企業統治はダイナミックで多分野に波及しており，政治，経済，法律，文化などの諸要素が企業統治に与える影響は大きい。同じ上場会社であっても置かれている異なる国の事情によって企業統治システムの中身は違う。中国の企業統治システムがまさにそうである。

(1) 異なる所有制構造

　すでに第3，7章で取り上げたとおり，中国上場会社の株式所有構造は主に国家株，法人株，公衆株の3つに分けられるが，流通株の割合が非常に低く非流通株が中心であるという希な構造をもっている。また，中国の絶対多数の上場会社は，国有企業の制度転換によって株式会社に変換されたため，未上場会社はもちろん上場会社でも国家株を中心とする非流通株が過半数を占めている。しかし，上場会社の最大株主は往々にしてその会社の持ち株主である親会社であり，自然人ではない。

　中国の上場会社は，一部の財務状態がそれほどよくない国有企業（集団）が証券市場での上場および資金調達を図ろうとするとき，一部の財務状態のよい企業に優良資産を集め，そこだけ独立させて上場させるケースが少なくなく，またこの優良資産がいわゆる非流通株となっている。そして，元の会社は上場会社の持ち株会社に変身して，上場会社と平行的にまたはピラミッドの形で存在する。しかし，非流通株を中心とする集中的構造とは対照的に流通株は分散し過ぎることもひとつの特徴である。2002年末，上海証券取引所の3,500万の株式の口座のなかで，個人投資家は99.5%と絶対多数を占め，機関投資家はわずかに0.5%に過ぎなかった[1]。

　このような不合理な株式所有構造は次のような問題を及ぼす。

　① 国家株主権利執行メカニズムの不健全のため，行政と企業が分離されていない"政企不分"となって政府による行政の立場から上場会社への関与が後を絶たなくなり，企業目標の政治化になってしまうか，または株主監督の"空白"となり，内部者支配が蔓延し，内部者は株主資産と会社の資源を濫用，企業のコントロール権を行使して個人の私利をはかり，企業目標は株主価値最大化から離れてしまう。

　② 平行的またはピラミッド型支配構造は大いに上場会社利益を損なう関連取引者を刺激し，便宜を与えると同時に支配株主にも同じく刺激を与え，上場会社を食い侵害をもたらす。

　③ 集中的株式所有構造では，広範囲における多元化所有構造による経営陣

の経営行動に関する監督が制限され，ひいては中小株主の利益と取締役会の独立性に影響を与える。

④流通株が個人株主に分散しすぎる状況の下で，個人株主における上場会社への直接監督，コントロールはできず，企業統治のなかで個人株主の役割の発揮もできなくなる。

⑤流通株の割合が非常に低い状況の下で株式所有が過度に分散され，M&Aなどの施行に制限を受けている。

先進諸国の企業統治は，集中的所有にせよまたは分散的所有構造にせよ，その持ち株主または支配株主は往々にして個人であり，これは私有制経済制度に合致している。しかし，中国の場合は，上場会社のほとんどは国有企業の制度転換によって株式会社に転換したため国家が上場会社の筆頭株主となっている。国家株主という特殊の状況の下で他の出資者の利益保護問題が生じ企業統治システム構築のひとつ問題となっている。

中国のガバナンスについてみると，支配株主たる国家株主は取締役を会社に送るだけで実質的に有効な監督システムが必ずしも確立しておらず，内部者支配が形成され代理リスクが生じてくる。この点で，株式所有の分散によって株主が会社に対する支配や有効な監督を失い，経営者支配が形成しているアメリカ等とは共通する面がある。

他方で，集団企業としての支配株主が自分の短期利益を図るべく，子会社としての上場会社の一般投資家の利益，上場会社の利益を害するような経営実態があることは中国のガバナンスの特質とも指摘される。しかしながら，この点から中国の独立取締役の独立性は，会社からの独立を強調しながらも支配株主からの独立をより重要視しているようにも窺われる。[2]

従って，中国の集中的所有構造および流通株の高い分散の特徴から，企業統治システムの構築にはこういう中国固有の特徴をふまえながら問題の解決を図らなければならない。

(2) 法規，仲介機構の整備

20世紀80年代末から90年代初頭において，中国では株式会社ブームが起

こり，株式会社を規範化する要求が高まってきた。元の国家体制改革委員会は1992年5月に「株式有限公司規範意見」を発布し，株式会社の設立，株式発行と管理，株主の職責権利，取締役会と経営陣の設立と職能，監査役会の職責，財務制度，会社の定款，株式会社の合併，分割，終止，清算などに対して比較的詳細な規定を定めた。そして，すでに第2章で取り上げた通り，1993年12月，中国におけるはじめての第一部の会社法である「公司法」が日本の国会に当たる全国人民代表大会で採択され翌年7月1日に施行された。

「公司法」は，「株式有限公司における規範意見」「有限責任公司における規範意見」の下で形成され，国有企業の経営メカニズムの転換と株式会社への運営に重要な役割を果たしている。また，国有企業とその他所有制企業の制度転換，上場などには重要な法律規則となっている。

株式会社の企業形態について「公司法」では3つを定めている。つまり，国有独資公司，有限責任公司と株式有限公司である。株式会社機関に関して，「公司法」では株主総会，取締役会，監査役会と会社の社長に当たる総経理を指し，これを中国では"3会4権"と呼んでいる。中でも取締役会には，株主総会の決議を執行し，経営計画，投資の決定，財務の制定，利益配分，資本の増減，合併，分割，清算および会社内部組織の設置，経営陣への任免などの権限が賦与された。監査役会には，監査，監督の権限が賦与された。しかし，立法時代の背景を考えると，「公司法」は数回にわたる改正があったものの，まだ十分とはいえない。

同じく1990年代，中国では株式会社設立ブームと同様に証券投資のブームも起き，大量の資金が証券市場に流入し，証券現物市場と国債先物市場は大きな衝撃を受け，無秩序とハイリスクが混合しまさに市場全体が混乱状態に至った。またそれと同時にアジア金融危機も発生した。こういう背景の下で，1998年12月に「中華人民共和国証券法」が全人代で採択され翌年7月から施行されたが，「証券法」は主に市場全体の無秩序の状況を整頓，制限し，判断，行為などの拠るべき基準の確立に偏り，行政における監督管理などが強調された法規であった。立法の着眼点は行政府の規定などによるリスクへの制御であっ

た。従って,「証券法」では投資家への保護などの条文は曖昧か抽象的で,投資家のための真の法律的救済のプロセスは欠けていた。

その後,2004年8月第10期全人代第11次会議で「証券法」の改正が行われ,さらに2005年10月の第10期全人代第18次会議で新たな改正を経て2006年元旦より新「証券法」が施行されるようになった。

証券法改正は,情報開示義務を拡大し,インサイダー取引等の規制を行うことにより,投資家を保護し,証券取引に関する制度を充実させようとするものである。しかし,「証券法」など,証券取引に関する法整備は近年急速に行われているが,「法治」は進んでいるものの依然として「人治」中心の社会であるために,その遵守状況は未だ十分であるとは言い難い。政府の窓口となる証券監督管理当局としては,法律・法規,政策の整備・改善を進めているが,市場の成長に追いつけていないのが現状で,その概念が投資家や企業に浸透するにも時間がかかると思われる。

法的環境,執行状況,仲介機構の発展状況などは直接企業統治に影響を与える。第9章で述べたように,先進諸国の場合はこうした点で成熟されている外部監督の力で企業統治の構築を促している。

例えば,重要な役割を果たすべきである中国証監会の各規定の強行法規制を取り上げてみると,中国証監会は政府国務院の一官庁として,その法規の制定権は,① 証券法第167条の立法に関する授権,② 憲法に基づく中央官庁の制定権が考えられる。しかしながら,① については,授権はあくまでも証券市場の監督管理を行うための法規等を制定する権限であると限定されている。② についても疑問が出されている。(3)

(3) 出資者不在にともなうモラルハザードの発生

国家が支配している上場会社のなかで,国家は実際,二重のプリンシパル・エージェンシー過程によって国有株所有者の権限を行使している。第6章で取り上げたように,プリンシパル・エージェント関係の第1階層は国家から委託され国有資産管理の職能を行使している国有資産監督管理委員会(国資委)である。つまり国家が委託側で国資委が代理者である。第2のプリンシパル・

エージェンシー階層は，国資委が上場会社の取締役などの経営陣に委託して国有資産の経営管理を行い，国資委が委託者で経営陣が国資委の代理者として国有資産の経営活動を行っている。すなわち，国家→国資委→上場会社経営陣というプロセスである。こういうプリンシパル・エージェンシーチェーン関係のなかで国家はただ象徴的な存在で，実際には国有資産は国資委と上場会社の経営者によって運営されている。しかし，もちろん，国有資産は国資委と経営陣の個人財産ではない。代理人は委託人から受託された者として委託人の最大利益を上げる責任がある。企業の経営行動では代理人は常に企業の経営者と管理職に株主利益の最大化をはかるため努めていくことを要求している。したがって，国有資産の代理人である国資委と上場会社の経営者にとっては，国有資産の"価値の維持と価値の増加"の任務が政府から課せられているが，このための意欲は低く，私利を図り国家利益を損なう行動が後を絶たず，いわばモラルハザードが起こっている。

　国有企業における経営陣の待遇は普遍的に高くない状況の下で経営者らはあらゆる手段で私利を企むが，一番問題となっているのが企業資産の移転，横領，偽帳簿作り，粉飾などの工作による国有資産の"流失"と甚だしい消費の奢侈である。抜本的な改革なしに国有企業経営陣の待遇だけを上げても根本的な問題解決にはならない。例えば，"中航油事件"(4)がそのいい例であるが，この事件の責任者である中国航油(シンガポール)の陳久霖社長(総経理)は"サラリーマン皇帝"と呼ばれ，彼の年俸は2,350万人民元(当時の約2億600万円)という高額だったにもかかわらずそれでも満足できず，結局モラルハザードが起こったわけである。この事件を教訓に立法を進め，再発防止策を打ち出すことが重要だが，これ以前に行政主導の経営から脱皮をはかり，企業統制の構築，制度化，執行を通じて，真の市場原理による経営概念の定着，公開企業としての意識改革が重要であるといえる。

　国家の代理者である国資委にとって，国有資産の"価値の維持と価値の増加"は課せられた義務である。しかし，国資委にはこのような重大任務の実行に関連するインセンティブ・メカニズムが確立されていないため，任務執行への意

欲とその努力が欠けている。従って，国資委にも同じくモラルハザードが起こる可能性がある。国家の観点からみると，国資委はただの国の代理人として国有資産の監督職能を果たす機構であり，インセンティブ・メカニズムなどの関連制度が整備されていない限り，国有資産の監督者と国有企業の経営陣が結託して私利を図り国家利益を損なう行動は発生しやすい。つまり，経営者と行政機構とによる国有財産の私物化が，しばしば究極的所有者とされる「人民」を代表する国家の利益の名のもとに行われているのである。

(4) 内部者支配と中小株主の権利の保護

1) 集中的所有構造と内部者支配

第9章では，集中的所有構造から中国の内部者支配の構造を取り上げたが，いうまでもなく上場会社における企業統治の顕著な特徴のひとつが「内部者支配」である。何浚(1998)は，上場企業530社の取締役会の主なメンバーである内部取締役の比率を調べ(表10.1)「内部者統制度」として概念化した。彼の調査によると，各分野の企業の内部者比率は，工業部門(250社) 71.0％，不動産部門(20社) 63.7％，総合部門(58社) 58.5％，商業部門(48社) 66.2％，公共部門(28社) 59.4％であった。これらの部門では，取締役の大部分が企業内部者で占められていることが示されている。株式所有比率と取締役における内部者比率は正の相関関係にあることは示された調査データからよくわかる。つまり，株式所有の集中度が高いほど，取締役の内部者比率も高くなるのである。いいかえれば，大株主の支配と「内部者支配」とはまさに平行して対応する関係にある。

表10.1 株式所有集中度と内部者比率の関係（1996年末，530社）

最大株主持ち株比率(%)	0～10	10～	20～	30～	40～	50～	60～	70～	80～
会社数	6	22	70	75	72	69	62	30	0
内部者統制度*	45.5	45.0	57.1	59.1	72.0	76.9	83.5	93.1	―

＊：内部者統制度＝内部取締役数／取締役総数，平均取締役数9.7人，うち平均内部取締役数6.5人
出所) 何浚(1998)

上述の点に関して，陳・張・張の調査でも確認されている。陳・張・張は，

1997～1998年に上場した株式会社335社において全取締役のなかで,「内部取締役」比率が54.8％であること,そして1996年以前に上場した406社においては「内部取締役」比率が67.0％に達していることを明らかにした。

　集中的所有構造の下で大株主の所有支配が強いと内部者比率が高くなるのはなぜなのか。「内部者比率」の高さが「内部者支配」度を示すとは一概にはいえない。例えば,ある会社の大多数の内部者取締役が外部の大株主に支配されている場合,それは内部者支配とは必ずも言い難い。では大株主支配と「内部者」の経営支配(インサイダー・コントロール)とはどのように結びついているのだろうか。両者は同じコインの両面なのであろうか,それとも異なるコインが強い親和性(または相互補完性)をもっているのであろうか。「内部者支配」[7]という現実からその生成のメカニズム,置かれている状況,解決策などを総合して分析する必要がある。

　2) 中小株主利益の保護

　中国の上場企業で散見される中小株主(一般株主)保護の問題点として,

　① もともと中国の上場企業は国有企業が主体であり,ほとんどの上場会社で大株主として国または国有企業関連企業が残っていること,

　② それに対して中小株主は一般個人が多く,大株主と立場がまったく異なること,

　③ 取締役会は大株主の意向を反映した取締役で完全に固められることが多く,独立取締役の役割の発揮に疑問をもっていることなど,一般株主の利益が軽視される事件がしばしば起きること,

　④ 特に中国では,大株主(もとの国有企業関連部門など)が新株発行において現物出資を行い,過大な評価を受けて大きな利益を得たり,事業活動において派遣した取締役を通じて大株主が利益を受ける関連取引を行わせたり,または大株主に対する利潤の移転や資金の供与事件なども起きていること,などが挙げられている。[8]

　2004年,宝山鋼鉄が行った大型増資に対して一部機関投資家,一般株主が反発し,会社側は株主総会直前に増資方法の一部修正を余儀なくされた。中国

証監会も「大株主がその地位を利用して一般株主の合法的な権益を損なう現象が経常的に発生している」との認識を示している。(9)

このような上場株式の大半を国が掌握し、一般投資家は経営に関与する機会が乏しかったことから、中小株主を中心とする一般株主の不満が強まっており、信頼回復を図ることが急務となっていることが背景にある。証券証監会もついに「一般投資家保護に関する規定」案を起草、公表し、2004年10月15日から施行された。主な内容は、大型増資や再編など経営上の重要案件について一定の発言権を与えることで投資家の株離れを食い止め、証券市場の活性化を図ろうとするものである。具体的には、

① 中小株主の権利保護として、公募増資、純資産の20%以上にあたる資産の買収など重大事項の決定においては、株主総会参加の全株主だけでなく一般株主の過半数の賛成も必要とし、そのために株主総会のインターネット公開、オンライン投票の実施等を求める。

② 社外取締役に似た制度として「独立取締役」を一般株主代表とし発言権を強化する。グループ内取引、会計士の任免を取締役会に諮るためには独立取締役の過半数の賛成を要する。

③ 上場企業に利益配分・配当のルールの明確化、情報開示の強化を促すとともに、特定の株主を優先した「選択的な情報開示」を禁止する。ただし、規定案では罰則、取締手続きなど違反行為の摘発に向けた具体的な措置は示されず、運用面の課題が残る。

中国の一般株式会社では、多数派を占める国有株・法人株の株主が経営陣のポストを占有することになり、そのような会社に一般の株主として大衆や従業員が参加することになる。これら中小株主は、意思を統一することも少なく、大株主に対抗して会社経営において自分の主張を通そうという意思に欠けることが多い。従って、通常は必然的に大株主である国有持ち株会社・集団公司、または資産管理部門・政府の部門の意思が経営（陣）に決定的な影響を与えることが多くなっている。

正常な株式会社では、経営陣はすべての株主から経営を任されているのであ

り，一部の大株主等の利益を図ることなく会社のために会社を経営しなければならないはずである。しかし，企業において大株主による経営の専断を招いている例も少なくない。

国有企業主体で転換されてきた株式会社制度のもとで，中国国内の上場会社が形成されそして，中国の上場会社にもその歴史的経緯を反映した特徴が現れている。一方，上場対象の企業を含む企業集団はもともと相互に深く結合した国有企業であったため，ときに相互の関係を通じて資産の移動が容易であることもある。一部の国有企業を中核とする上場会社において，株主への違法融資や資産の流出事件がおきるのは，以上のような背景も一因となっていると推測される。[10]

このような状況が，中国の会社法における中小株主保護・企業統治の制度設計および実務運用に大きく影響を及ぼしていることは想像に難くない。

2　中国企業統治の評価と発展の趨勢

(1) 企業統治評価の重視

2006年末現在，中国国内で1,434社の企業が証券取引所に上場しており，市価総額は89,403億元（約134兆1,045億円）で，投資家開設口座数は8,000万を超えている。[11] 投資家らが企業の投資価値を評価する際，企業統治の状況を重視する傾向がますます高まっている。中国では，企業統治の評価が，株式制への転換，企業改革を促進する出発点とみられている。従って企業統治の評価もまた，政府，産業界および学会の注目を集めつつある問題なのである。

中国は，成熟した市場経済のもとで企業統治の水準を高めていくのではなく，計画経済，中央集権から市場経済へ転換するなかで，数多くの複雑な社会経済法律問題を背負いながら企業統治研究と構築を進めているのである。このような差異ゆえに，そして中国企業統治については自国の事情により存在し解決を迫られている独特な問題があるがゆえに，先進諸国の一部のモデルや経験は中国企業統治の運営に適用できない，あるいは少なくともすぐには適用できない状況にある。

近年,中国は真剣に先進諸国の相対的に成熟した企業統治経験を研究すると同時に,その他の体制移行国家,例えば,ロシア,東ヨーロッパ諸国において発生している企業統治問題へも注意を払いながら研究を進めている。これらの国家の状況は中国の市場経済体制への転換と類似するところがあり,そのプラスとマイナスの経験や教訓は,中国の企業統治にとっていうまでもなく参考に値する。実際に,これら諸国の転換プロセスにおける企業統治の経験や教訓に関する分析と調査は,国際的な企業統治研究の重要な一部となっている。

中国の企業統治は英米等が経験した道を辿っているが,しかしその過程が大いに短縮されたことは事実である。ここでまず評価したいのが,企業統治を取り巻く一連の法規制の採択と施行である。例えば,「中国企業統治原則」(2000年1月),「独立取締役制度の意見」(2001年8月),「中国上場会社企業統治準則」(2002年1月)および2006年から採択,施行されている株式所有構造再構築に関する一連の規定である。ここでは,大きく改正され2006年より施行となった「公司法(会社法)」「証券法」が挙げられる。また,証監会が公布した「上場会社品質向上に関する意見」「株式権のインセンティブに関する意見」などもそうである。これは,中国の企業改革が真の株式会社統治の新段階,つまり遵法段階に至っていることを示唆している。

企業統治の改革は世界的に重要な関心事になっており,わけても中国では,企業統治の改革と評価が,根本的な経済改革と企業改革とを推進するための突破口とみられていることがある。しかも,そうした企業統治の改革と評価に応え得る中国企業のみが,国際化・グローバル化への挑戦権を勝ち得るとみられているのである。この意味で,中国の企業統治は新たな段階に入った,といえよう。[12]

企業統治,なかでも金融機関における企業統治システムの構築は,金融機関が社会に果たすべき責任から考えるというまでもなく非常に重要である。とりわけ商業銀行における役割は,企業統治システム構築のなかで重要,不可欠である。金融機関におけるガバナンスは直接経済全体のシステムの運営の安全に大きく影響している。また,金融機関は社会各分野におけるキャッシュ・フ

ローへの監督監視を行う責任を果たす機関でもある。金融機関に対する健全な企業統治システムの構築は，金融機関自身のみならず社会からの要請でもある。

しかしながら，「2007年上場会社上位100社における企業統治の評価」をみると，13の金融上場会社における企業統治全体のレベルは非金融上場会社に比べるとあまり高くない（全体の評価より1ポイント高）。金融機関全体の体質を高め，企業統治レベルの向上をはかることは金融機関に対する当面の急務である。金融機関の特徴および社会全体からの要請に基づいて考えると，株式上場は資金調達面では大きな収穫だが，企業統治のレベルアップへマッチされていないためレベル向上をはかるまで歩むべき道は遠い。

上場会社における企業統治評価のなかで，評価の最下位は"国有独占"企業である。22の国有独資企業で，第4章で示したいわば国益と国家安全上の理由から外資参入を認めない軍需産業，電網・電力，石油・石油化学，電信，石炭，民間航空，水上運輸など7大業種の企業における平均の企業統治レベルはその他上場会社の平均値より3ポイント低い。これらの企業は，企業統治の総合評価は極端に悪くはないが，"国有属性"の支配下に置かれながら"国有独占"の優位性を享受しているため，市場におけるプレッシャーの意識が他企業より低く，積極的改革に取り組む意欲が低い，などの点で満足できるレベルに至っているとはいい難い。ここ数年来，関係部門の努力の下で"国有独占"企業におけるガバナンスのレベルは多少改善されてきたが，非国有と非独占業種の優良企業に比べるとやはり遅れているし，市場変化への適応性が鈍い。国有資本の最適配置と各企業における国有株の放出をはかり，行政的な国有独占をなくすためには，各企業におけるガバナンスレベルの向上をはかるだけでなく，中国経済全体の競争力の強化と実践効果を計ることも必要である。

(2) 新しい段階に入った企業統治

以下の4点から，中国の企業統治は新たな段階に入ったと考えられる。

1) 理論・実証面における国際交流をはかり自国の企業統治システムを構築。

中国では近年，国有資産管理監督委員会，国務院発展研究センター，証券監督管理委員会，上海・深圳証券取引所，中国社会科学院，地方自治体，大手シ

ンクタンク，大手企業集団，重点大学，著名な論文掲載専門誌などによる数多くの企業統治シンポジウムが開かれているが，中でも OECD，世界銀行，EU，アメリカ，日本などの産学官との国際シンポジウムも目立っている。

　外国実務家，学者との協働により，企業統治の国際的研究も進められている。例えば，南開大学企業統治研究センターは，中国で最初の企業統治評価指標システムに基づいて中国上場企業の企業統治の実証分析を行っている。2003年から企業統治評価指数を公表しているが，調査対象となっている上場会社のサンプル数は，2003年に931社，2004年に1,149社，2005年に1,282社，2006年に1,249に上っている。なお，上場会社における企業統治の評価指数は2004年から2006年までそれぞれ，55.02，55.33，56.08であり，上昇の傾向を示している。(14)

　2) 企業統治研究における発展と今後の展開。

　① 企業統治の基準作りから，

　② 企業統治の評価指標作りを経て，

　③ 企業統治の実態分析へと発展してきていることである。

　こうした企業統治研究は，今後さらに，

　④ 企業統治の評価指標の規範化，

　⑤ 企業統治の年度評価，

　⑥ 企業統治のデータバンク作り，

　⑦ 企業統治のバランスト・スコア・カード作り，

　⑧ 企業統治のリスク低減のための事前評価などへと，その領域を広げ，深められていくことが予想される。(15)

　3) 順調な株式所有権（株式権）再構築の進展と資本市場化実践化への長い道。

　上場会社における株式所有権再構築の進展は国資委の主導下で順調に進んでいるが，上場会社における資本の市場化までには至っておらず根本的な改善はまだ遠い。"2007年度上位100社における企業統治評価"(16)によれば，2006年中期までの集計では100社のなかで，株式は上位10位の大株主に集中している。中でも，上位10位の大株主の持ち株比率が株式全体の80％以上を占めている

企業が36社, 60%以上を占めている企業が86社に達している。一方, 持ち株比率が40%以下なのはわずかに5社に過ぎない。

　株式所有構造の再構築により, 流通株主と非流通株主間の利益不一致の問題の解決ができるといわれている。しかし現状では, 非流通の国有持ち株会社にとっては内部者支配問題が依然として普遍的な存在であり, 国有株主権の構造再構築には残された問題が少なくない。なお, 流通株の環境の下では大株主による市場操作動機がさらに明らかになって新しいガバナンス問題として提起されており, 市場監督管理への抵抗となっている。

　4) 進んでいる法規制, 政策面での規範化とその改善に対して遅れている企業の実際行動。

　中国上場会社の全体企業統治レベルは上昇しつつあり, 法規, 政策面による上場会社のガバナンス環境は明らかな改善をもたらしているが, 実際の企業統治は法規, 政策面等に比べその改善が遅れている[17]。

　企業統治に関する関連法規等の学習, 実践には相当の時間がかかることが予想されるが, 実践自体が企業統治最優先の課題であろう。「公司法」と「証券法」が施行され企業統治における法律面で保障されている。中国証監会は「上場会社定款ガイドライン」(2006年改正), 「上場会社株主総会規則」「社会公衆株主権益保護に関する若干の規定」などを中心とする数十件に上る行政法規を公表, 施行し, 資本市場における法律体系の構築に努めている。今後数年間, 中国企業統治システム構築の要は企業による"執行"にあると専門家は分析している[18]。

(3) 企業統治への総合評価

　中国の企業統治に関する総合的評価に関しては以下の4点にまとめられる[19]。

　1) 近年の中国における企業統治改革は, 制度の確立と規範化を中心に展開してきた。わけても, 大幅に改正された「会社法」および「証券法」の施行にともない, 企業統治の法的強化が図られ, 上場企業に独立取締役の設置が義務づけられた。それによって, 中国の企業統治システムは制度面で国際的な水準に近づいたといえる。

　2) 2006年の1,249社の上場会社の有価証券報告書に基づいて得られた評価

結果については，2006年企業統治全体の評価指数は平均56.08で，前年より0.75ポイント上がった。指数の差も多様化し，最高値は75.94，最低値は39.55である。株主統治指数は56.57で2004年，2005年より大幅に改善されている。取締役会統治指数は2004年から2006年までは52.60，53.15，55.35で連続向上している。監査役会の統治指数は，2004年から2006年までは，50.48，53.59，50.93で下降の傾向を示しているが，監査役会としての役割を果たしていないことと上場会社全体からも重視されていないことを示している。なお，経営陣のインセンティブの指数は，同じく2004年から2006年をみるとそれぞれ38.89，39.35，39.74を示し，改善されていることが伺われるが，任免制度，執行保障制度に対するインセンティブ・メカニズム構築の余地はまだ残っている。

3）新規上場企業のガバナンス指数は全体的に高く，取締役会と経営層のガバナンス指数の上昇幅は相対的に大きいことがわかった。また，ガバナンス指数と企業業績の関係については，ガバナンス指数と営業利益率，総資本利益率，1株当たり利益率，総資本回転率などとは正の相関が，ガバナンス指数と負債比率とは著しい負の相関がみられた。これによって，有効なガバナンス・システムは，企業競争力，収益性や財務の安定性を高めることが判明した。

4）今後の研究方向としては，

① 評価指数は中国上場会社企業統治と制度改革の深化，また証券市場環境の規範化，転換期における企業制度の構築と改革に重要な意義をもち，今後指数の分析をさらに推進する，

② 企業統治に関する専門のデータバンクを作る，

③ 地域別・産業別の研究を行う，

④ 企業統治研究の専門チームを組織し，企業統治のバランスト・スコア・カードを確立する，

⑤ 事後の評価研究から事前の予見警告の研究にシフトし，ガバナンスのリスクを低減させる，などである。

3 残されている研究課題

　中国の企業統治は，市場・経済・経営の国際化・グローバル化の潮流のなかで，上述のように新たな段階に入ったといえるが，とりわけ上場企業のガバナンスについては，いまだ解決の困難な問題がいくつかあり，今後残されている研究課題として取り組むべきであると考えられる。

(1) 流通と非流通株

　第7章で取り上げたように，資本市場のなかで流通株と非流通株はともに上場会社が発行しているが，公開発行している株式だけが流通でき，国家株と法人株は流通できない。いわば，「株式権利双軌制」を意味している中国独自の株式所有制のもとでは，政府機関や国有法人が発行済み株式の60％以上に達する国有株・法人株等の非流通株を所有し続け，「1株独大」と呼ばれる集中型所有構造に変化がみられない。他方，35％の流通株はどうかといえば，過度に分散しており，経営者に対するモニタリングの期待がかかる機関投資家の持ち株比率は，10％を超えてはならないという制限があるため，極めて低く，金融市場や証券市場のモニタリング機能も，当然弱い[20]。

　こういう現状の下で実際状況をみると，「1株独大」となっている企業，なかでも特に"国有独占業種"の国有独資企業の企業統治評価がその他の企業より低い点が注目される。22社に上る国家が独占する7大業種[21]の2006年度企業のガバナンス平均評価はその他企業より3ポイント低く，最高点さえもその他企業より低い[22]。これは，こういう国有独占企業は依然として割合強い"国有属性"のコントロールを受けている関係で全体的には"悪くはない"が，同時に"国有独占"の恩恵を受けているため，市場競争への意識が他企業より欠けていることを示している。いずれにせよ，企業統治システム構築のなかで，流通と非流通株問題は避けては通れない課題であろう。

(2)「株式権利双軌制」などにともなう問題点

　上述の「株式権利双軌制」下で生まれた「1株独大」という特徴では，当該企業内部の経営者や従業員による経営支配，つまり「内部者支配」，当該企業

の取締役による(時には複数の)他社の取締役の兼任,つまり「取締役兼任」や,当該企業とその関連法人または関係者同士の間の取引,つまり「関連取引」が顕著にみられる上場企業にあっては,大株主による企業資産の移転,横領,偽帳簿作り,粉飾など,会計不信を招くような不正行為が蔓延し,深刻化している。会計事務所や公認会計士による監査業務にまで,不正行為は広がってきている。経営者や会計士らのプロフェッショナルとしての資質・適性・意識や倫理観の欠如が,こうした事態を助長する大きな一因になっていることは,否めない。(23)

中国上場会社上位100社中,60%の企業が企業グループである企業集団と親子関係をもっており,(24)親会社または持ち株会社はこの上場会社の重要な供給先となっている。こういう状況の下では,厳しく監督すべき関連取引は当然見逃される可能性が高く,結局株主の利益が損なわれる。本質的には,依然として内部者支配が温存されていることと,当該企業とその親会社または持ち株会社との間の取引は減少しないことを物語っている。

中国企業統治レベルは逐次に向上しつつあると同時に,上場会社における企業統治システムの構築ではすでに企業間の差が出ている。この傾向は,政府の監督管理の圧力下での"強制的制度変遷"から,一定の市場による圧力や企業の自主的な"誘導的制度変遷"に変わりつつあることを意味している。こうした変化の趨勢により,今後の企業統治の構築は相応に"政策基調"の改善と同時に強制的な具体的措置に過分にこだわるのではなく逐次に範を示すか選択的制度を導入することが必要となる。

(3) 諸環境が企業統治に与える影響

自国における経済,文化,政治などの諸環境が企業統治に与える影響の研究は必要不可欠である。外国文献,先行研究の紹介などは非常に多いが,これは一手段であって,目的ではない。中国では,法律制度と企業統治に関する重要性への認識はあるものの,法律,政治,文化,経済環境がいかに企業統治に影響を与えているかに関する研究の枠組が未完成であり,企業統治に与える経済以外の要素(特に法制度の場合)の影響についての研究は,外国の先行研究の

紹介などの段階にとどまっている状況であると考えられ，今後の研究課題のひとつとして取り組みたい。

(4) アメリカ型の企業統治モデルの適応性の問題

　外国文献，先行研究のなかで，中国が圧倒的に力を入れているのがアメリカのアングロ・サクソンモデルの研究と導入の試みである。アベグレンは，アメリカの企業統治は失敗したと断言し，日本でもうまく適応されないと指摘している。彼は，アメリカ型モデルは会社は株主の所有物であるという考えが基本で，所有と支配の分離への懸念が企業統治の発端であり，株主の利益（株価の上昇）がアメリカ企業の方針と行動の基礎となっていることを示している。

　アベグレンは，社外取締役（独立性の欠如問題など），ストック・オプション，絶対君主のような CEO，透明性ある会計操作，などからアメリカの企業統治の特徴を明らかにした。また，日本企業の強みと企業統治の共通点は，共同体の発展であると示唆し，共同体として働き，社会組織の人間関係を密接にすることで，不正を防ぐ方法などが企業統治のためにもっとも効率的であると指摘した。伝統的に従業員重視の企業制度をもつドイツのシュレーダー元首相は総理大臣としての最後の演説で「我々はアングロ・サクソン資本主義から学ぶべきものはない」と主張した。

　外国の経験を生かし，教訓を吸収するのは重要であるが，あくまでもそれぞれの国の現状に合致する理論の構築が不可欠である。

(5) ステークホルダーの重要性に関する問題

　1999 年の OECD における企業統治の 5 つの原則の中で，ステークホルダーの役割について，中国は実際回避を続けており，いまだにはっきりした見解を出していない。2004 年，OECD は新しい企業統治原則の改正を行い，ステークホルダーの重要性をさらに強調している。ステークホルダーの相対立する利益をどう調整するか，株主価値論をとるか，ステークホルダー論をとるかによって，中核問題が大いに変わってくる。

　多様なステークホルダーの間にどのような優先順位をつけるか，それに対応する責任関係をどう築くか，ということを明確にし，解決しなければならない。

まさに回避できない重要な課題であり，中国企業の状況に沿った研究の推進を課題としたい。

中国の企業統治，特に上場会社における企業統治は16年[28]という年月を辿ってきたが，企業行動のグローバル化の進展にともない，外国の経験を参考にしながら中国の状況を踏まえ，その特徴を活かした企業統治システムの構築に力を入れている。16年前の1990年代初めから中国にとって，企業統治システム構築の一番重要な狙いのひとつが，深刻化しつつある内部者支配と所有者不在問題の是正であった。もちろん，16年後の現在でも解決済みとは言い難い。

本研究では，主として集中的所有との関連を中心に中国企業統治システムの構築について探究してきが，集中的所有に関する細かい内容や事例研究などに対する分析はかならずしも十分でない部分がある。特にケーススタディーにともなう実証分析が必要であり，これは，外国文献，先行研究の紹介などに偏る研究の補完となる。なお，こうした実証研究は，経営学的視点から問題別に検証を行い中国企業統治システム構築への条件の検討にも有意義であると考えられる。従って，これで本研究を終わるのではなく今後継続的な研究課題としていきたい。

まとめ

本章では，企業統治における今後の課題を中心に，統治の仕組みからみた問題点を，異なる所有制構造，法規，仲介機構の整備，モラルハザード，内部者支配と一般株主権益の保護，の諸点から検討し，現段階における中国企業統治への評価を試み，今後解決すべき課題と研究者として取り組むべきの研究の課題を取り上げた。

「1株独大」の株式支配構造を有しながらグローバル化および世界経済の一体化を図ろうとする中国は，法規の整備を図りながら株式内部構造上の残されている問題点を認識し，是正のため講じられている一連の措置等は目に見えるし，上場会社における企業統治の関係指数も年々改善されつつある。

主に，

① 理論・実証面における国際交流をはかり自国の企業統治システムを構築，
　② 中国における企業統治研究における8つの発展と今後の展開（p.220の2），
　③ 順調な株式所有権（株式権）再構築の進展と資本市場化への遠い道，
　④ 進んでいる法規制，政策面での規範化とその改善に対して遅れている企業の実際行動，
の4つの側面から中国企業統治は新たな段階に入ったと指摘できる。

　また，同じく中国の企業統治の総合評価を，制度の確率と規範化，各指標の調査指数，有効なガバナンス・システム構築の重要性，5つの今後の研究方向，の4点に分けて企業統治の評価を試みた。

　以上の状況を踏まえ，
　① 流通と非流通株，
　②「株式権利双軌制」などにともなう問題点，
　③ 諸環境が企業統治に与える影響，
　④ アメリカ型の企業統治モデルの適応性の問題，
　⑤ ステークホルダー重要性に関する問題，
の5点から企業統治の今後の課題を検討したが，企業不祥事の抑止・防止，経営者自らの，ひいては企業自らの自己規制力の増強，革新的な経営者や従業員の育成に力を注ぐ必要，などはまさしく重要な課題であろう。

　国有持ち株上場会社においては，株式の流通問題が解決すれば自然に企業統治も解決できるとは限らない。なぜなら，内部者支配問題は依然として存在し，株主権利の問題はまだ残っているからである。今後数年以内の，企業統治改善の要は"執行"である。重要なのは実践と行動の推進であり，法規，原則規定のグレードアップではない。企業間の企業統治格差が年々拡大し，市場の役割発揮は年々増えつつある。従って，企業統治における自主的な改善が必要である。遅れている"証券取引所"と"金融機関"の企業統治における役割発揮とその強化が望ましい。"国有独占"の地位は明らかであり，ガバナンス全体のレベルの向上を阻んでいる局面を打開する必要がある。

注：
(1) 上海証券取引所研究センター編（2003）『中国企業統治報告』復旦大学出版社 2003 p.10
(2) 独立取締役の関連取引についての認可権，支配株式1％以上の株主が独立取締役となり得ない規定，支配株主の忠実義務等の規定が一例であろう。
(3) 白國棟（2003）『中国における企業統治の動向と課題』法律文化社
(4) 2004年12月初めに発覚した，国有企業である中国航空油料集団の海外戦略窓口子会社の中国航油（シンガポール）有限公司の巨額損失事件である。事件は中国航空油料（シンガポール）有限公司が石油デリバティブ（金融派生商品）への投機を行って総額5.5億ドル（約632億5千万円）の損失事件が発覚する前に親会社が子会社株15％を売り抜けるというインサイダー事件が起き，シンガポール当局の捜査を受けたとされるものである。国資委の杜淵泉・報道官はこの事件を「違法越権の投機的行為」と断じ，「現在，事件の展開に注目している。事件が妥当に解決されるのを待って，関連の責任者の追求を進めていく」と語った。新華社通信 2004年12月10日
(5) 何浚（1998）「上市公司治理結構的実証分析」『経済研究』第5期
(6) 陳湘永・張剣文・張偉文（2004）「我国上市公司"内部人控制"研究」『管理世界』No.4
(7) 川井伸一 http://www.mof.go.jp/jouhou/kokkin/tyousa/tyou010e.pdf
(8) 『上海証券報』1989年8月11日
(9) 『日本経済新聞』2004年10月7日
(10) なお，会社における国有財産の所有権の帰属について，会社法第4条，「主権対談」，「会社法新釈新解」p.88以下参照
(11) 「OECD―中国企業統治政策交流シンポジウム」『上海金融報』2007年4月3日
(12) 平田光弘（2006）「違規から合規へ：新段階に入った中国のコーポレート・ガバナンス―第3回コーポレート・ガバナンス国際シンポジウムに参加して」『月刊監査役』No.517 p.32
(13) 「2007年中国上市公司100強公司治理評価」『中国証券报』2007年4月17日A17版特別报道
(14) 『人民網』2007年4月28日
(15) 前掲（12） p.43
(16) 前掲（13）
(17) 同上
(18) 同上
(19) ここで紹介した諸見解は，つぎの文献のなかでより詳細に展開されている。前掲（12），前掲（13），http://news.xinhuanet.com/fortune/2007-04/17/content_5987582.htm,「中国公司治理指数发布　上市公司治理呈七大趋势」http://finance.people.com.cn/GB/5683337.html

(20) 金山権（2007）「経営行動の外部監視機能と所有構造―中国のコーポレート・ガバナンスを中心に―」経営行動研究学会編『経営行動研究年報』pp.16-18
(21) 国務院国有資産監督管理委員会が公表した「国有資本の調整と国有企業の再編推進に関する指導意見」(2006年12月18日) によると，国家持ち株業種には以下の7種類が含まれている。軍事産業，電網電力，石油化学，電信，石炭，民用航空，航空運輸。
(22) 前掲 (13)
(23) 前掲 (19)
(24) 前掲 (13)
(25) ジェームス・C・アベグレン (2005)『新・日本の経営』(岡崎洋一訳) 日本経済新聞社　pp.200-227
(26) ロナルド・ドーア (2007)『誰のための会社にするか』岩波新書　p.39
(27) 周小川 (2004)「完全公司治理，推進資本市場発展」『中国フォーラム：資本市場と企業統治』
(28) 国務院発展研究センター (2007)「中国企業統治16年の回顧」
http://www.drcnet.com.cn/DRCNet.Channel.Web/subject/subjectIndex.aspx?chnId=3842

主要参考文献

日本語文献:

青木昌彦・奥野(藤原)正寛(1996)『経済システムの比較制度分析』東京大学出版会
秋元隆光・加茂奈月・直江利樹・水井信輔(2006)「これからのコーポレート・ガバナンスのあり方」『慶応義塾大学経済学部池尾和人研究会第13期コーポレート・ガバナンス班』http://seminar.econ.keio.ac.jp/ikeosemi/corporate.pdf
ジェームス・C・アベグレン(2005)『新・日本の経営』(岡崎洋一訳)日本経済新聞社
伊丹敬之(2000)『日本型コーポレート・ガバナンス——従業員主権企業の論理と改革——』日本経済新聞社
稲別正晴(2002)「コーポレート・ガバナンスと取締役会」『桃山学院大学経済経営論集』44(3)
今福愛志(2003)「日本企業のコーポレート・ガバナンスをめぐる2つの側面」日本大学経済学部編『市場化と政府の役割』
植竹晃久・仲田生機編著(1999)『現代企業の所有・支配・管理——コーポレート・ガバナンスと企業管理システム——』ミネルヴァ書房
植竹晃久(2000)「企業観の変容と企業システム再構築の視点(1)——企業環境の変化と企業制度のダイナミズム——」『三田商学研究』43(特別号)
植竹晃久(2002)「企業観の変容と企業システム再構築の視点(2)——新たな組織原理の台頭と制度変革をめぐって——」『三田商学研究』45(5)
上原要佐(2000)「コーポレート・ガバナンスに関する一考察」『立命館経営学』38(5)
大村敬一・増子信(2003)『日本企業のガバナンス改革——なぜ株主重視の経営が実現しないのか——』日本経済新聞社
岡崎哲二・奥野正寛編著(1993)『現代日本経済システムの源流』日本経済新聞社
岡本大輔・古川靖洋・大柳靖司・安國煥・関口了祐・陶臻彦(2001)「コーポレート・ガバナンスと企業業績」『三田商学研究』44(4)
奥村宏(2002)『エンロンの衝撃——株式会社の危機』NTT出版
飫冨順久(1998)「企業倫理におけるグローバル・スタンダード」『経営行動研究年報』
飫冨順久・辛島睦・小林和子・柴垣和夫・出見世信之・平田光弘(2006)『コーポレート・ガバナンスとCSR』中央経済社
クルーバー・ブライアン(2003)『内部告発エンロン』(水藤樹太・石丸美奈訳)集英社
加護野忠男(1999)「日本におけるコーポレート・ガバナンスの制度的課題」『商事

法務』1535 号
金山権（2000）『現代中国企業の経営管理―国有企業のグローバル戦略を中心に』同友館
金山権（2003）「中国国有企業改革と当面する課題―「苦境脱出3カ年計画」を中心に」『経営学論集73』千倉書房
金山権（2004）「中国の企業統治システム―企業不祥事と経営倫理―」『経営哲学』経営哲学学会，第1巻45号
金山権（2005）「企業成長と企業統治システムの課題―国際的視点からみた中国の企業統治―」『第20回日中企業管理国際シンポジウム報告論文集』
金山権（2005）「企業統治システムの構築―日米独との比較からみた中国の企業統治」『*JAPANESE STUDIES FORUM*』No.3,4
金山権（2006）「東アジアにおける企業統治構造の比較研究」『経営行動研究学年報』No.15
金山権（2006）「アジア―中国モデルと経営理論」経営学史学会編『企業モデルの多様化と経営理論』文眞堂
金山権（2007）「経営行動の外部監視機能と所有構造―中国のコーポレート・ガバナンスを中心に―」『経営行動研究年報』および佐久間信夫編著『コーポレート・ガバナンスの国際比較』税務経理協会
金山権（2007）「外部監視とコーポレート・ガバナンス」『経営行動研究年報』
金山権（2008）「中国の企業統治改革」菊池敏夫・平田光弘・厚東偉介編著『企業の責任・統治・再生』文眞堂
川井伸一（2003）『中国上場企業―内部者支配のガバナンス』創土社
川井伸一（1996）『中国企業改革の研究―国家・企業・従業員の関係―』中央経済社
ケネディ・アラン（2002）『株主資本主義の誤算』（奥村宏監訳）ダイヤモンド社
菊澤研宗（1998）『日米独組織の経済分析：新制度派比較組織論』文眞堂
菊澤研宗（2004）『比較コーポレート・ガバナンス論―組織の経済学アプローチ』有斐閣
菊澤研宗（2007）「日本企業と米国流企業統治の衝突―行動エージェンシー理論アプローチ―」『経営行動研究年報』
菊池敏夫（1989）「最高組織最構築の方向と課題―取締役会構成の国際比較―」『産業経営研究』第9号
菊池敏夫（1991）「最高経営組織と会社統治の構造―国際比較からみた日本の課題―」日本経営学会編『経営学論集』第61集，千倉書房
菊池敏夫（1993）「最高経営組織とステークホルダー関係の再構築」『組織科学』Vol.27, No.2
菊池敏夫（1993）「日本の会社組織の特質と問題点―国際比較の視点から―」『第9回日中企業管理シンポジウム報告論文集』（1993年9月8日～10日）
菊池敏夫（1994）「コーポレート・ガバナンスの検討―国際的視点から―」『経営

行動』日本生産教育協会経営行動研究所,Vol.9,No.3
菊池敏夫 (1995)「コーポレート・ガバナンスの国際比較と日本型システム―その方向の探求―」『経営哲学』経営哲学学会
菊池敏夫 (1995)「コーポレート・ガバナンス論における問題の分析―国際比較の視点」『経済集志』64
菊池敏夫 (1996)「企業行動と倫理的価値」『経済集志』65 巻第 4 号
菊池敏夫 (1996)「東アジアにおける企業行動の分析」『産業経営研究』第 18 号
菊池敏夫 (1996)「日本企業の経営管理―管理システムと会社制度の問題―」『第 12 回日中企業管理シンポジウム論文集』
菊池敏夫 (1997)「欧米企業の現状と問題点―先進諸国間で異なる当面の課題―」『マネジメントトレンド』経営研究所,Vol.2,No.1
菊池敏夫 (1998)「民有化企業のパフォーマンスと経営管理」『産業経営研究』No.20
菊池敏夫 (1999)「コーポレート・ガバナンスにおける日本的条件の探求」経営行動研究学会編『経営行動研究年報』第 8 号
菊池敏夫・平田光弘編著 (2000)『企業統治の国際比較』文眞堂
菊池敏夫 (2002)「企業統治と企業行動―欧米の問題状況が示唆するもの―」『経済集志』日本大学経済学研究会,72 巻 2 号
菊池敏夫 (2005)「中・日企業における企業統治システム―比較からみた特徴と課題」『MBA 人』No.7,中国科技大学
菊池敏夫 (2007)『現代企業論―責任と統治―』中央経済社
菊池敏夫・平田光弘・厚東偉介編著 (2008)『企業の責任・統治・再生』文眞堂
キャドバリー・エイドリアン (2003)『トップマネジメントのコーポレート・ガバナンス』(日本コーポレートガバナンス・フォーラム訳) シュプリンガー・フェアラーク東京
金海敬 (1999)「日本のコーポレート・ガバナンスについて」『桜美林国際論集 Magis』第 4 号
現代企業経営研究会編 (2002)『現代企業経営のダイナミズム』税務経理協会
厚東偉介 (1997a)「企業の「所有・支配・経営」と「コーポレート・ガバナンス」」日本経営学会編『現代経営学の課題』経営学論集第 67 集,千倉書房
厚東偉介 (1997b)「日本の企業統治と監査役について」経営行動研究学会第 26 回研究部会報告,報告要旨
小島大徳 (2004)『世界のコーポレート・ガバナンス原則』文真堂
小沼敏他 (2004)「企業の分散・集中所有とコーポレート・ガバナンス」『経営行動研究年報』第 13 号,経営行動研究学会
小沼敏他 (2005)「企業の分散・集中所有とコーポレート・ガバナンス」『経営行動研究年報』第 14 号,経営行動研究学会
河野豊弘・クレグ・スチュワート (2002)『日本的経営の変革―持続する強みと問

題点』(吉村典久監訳) 有斐閣
財務省財務総合政策研究所編 (2001)『フィナンシャル・レビュー』60, 財務総合政策研究所
財務省財務総合政策研究所編 (2003)『フィナンシャル・レビュー』68, 財務総合政策研究所
財務省財務総合政策研究所 (2003)「進展するコーポレート・ガバナンス改革と日本企業の再生」
佐久間信夫 (2003)『企業支配と企業統治』白桃書房
佐久間信夫編著 (2003)『企業統治構造の国際比較』ミネルヴァ書房
佐久間信夫編著 (2007)『コーポレート・ガバナンスの国際比較』税務経理協会
櫻井克彦 (2007)「現代の企業と企業体論的接近―企業社会責任および企業統治に関連して―」日本経営教育学会編『経営教育の新機軸』学文社
新川本 (2003)「最高経営組織の監督機能の変革」『第13回経営行動研究学会全国大会論文集』
菅原明彦 (2003)「日立のコーポレート・ガバナンス改革―今年6月に委員会等設置会社へ移行―」『Business Research』6月号
末永敏和・藤川信夫 (2004)「コーポレート・ガバナンス改革の現状と課題―経営機構改革の具体例の検討, 内部統制システム等に関する考察を中心として―」『経済経営研究』Vol.24, No.5, 日本政策投資銀行設備投資研究所
末永敏和・藤川信夫 (2004)「コーポレート・ガバナンスの世界的動向―欧米, 中国・韓国における法制度を中心とする最近の展開ならびに「会社法制の現代化に関する要綱試案」の動向―」『経済経営研究』Vol.25, No.3, 日本政策投資銀行設備投資研究所
住原則也・三井泉・渡邊祐介編 (2008)『経営理念―継承と伝播の経営人類学的研究』PHP
代田純 (2002)『日本の株式市場と外国人投資家』東洋経済新報社
高橋俊夫編著 (1995)『コーポレート・ガバナンス―日本とドイツの企業システム―』中央経済社
田村達也 (2007)「2020年・新しい日本型経営　日本企業のあるべきガバナンス体制」『季刊　政策・経営研究』Vol.3
土屋守章・岡本久吉 (2003)『コーポレート・ガバナンス論―基礎理論と実際―』有斐閣
土屋勉男 (2006)『日本のものづくり優良企業の実力―新しいコーポレート・ガバナンスの論理―』東洋経済新報社
寺本義也・坂井種次編著 (2002)『日本企業のコーポレート・ガバナンス』生産性出版
東京弁護士会会社法部 (2000)「執行役員・社外取締役の実態調査⑤・完」『月刊／取締役の法務』80

唐燕霞 (2004)『中国の企業統治システム』御茶の水書房
董光哲 (2003)「中国の WTO 加盟と日本企業の経営行動」『INAS Report』No.13
中北徹・佐藤真良 (2003)「エンロン, ワールドコム事件と企業統治」『フィナンシャル・レビュー』68
仲田正機 (1999)「コーポレート・ガバナンスの基本性格と主要論点」『同志社商学』51 (1)
中垣昇 (2002)「日本企業のコーポレート・ガバナンスの問題点」『経済集志』72 (2)
ニッセイ基礎研究所「株式持ち合い状況調査 2002 年度版」2003 年 9 月 18 日, ニッセイ基礎研究所ホームページ http://www.nli-research.co.jp/doc/mochiai02.pdf
白涛 (2004)「中国上場企業における企業統治の改革—上場規制を中心にして」『日本経営学会誌』第 11 号
白涛 (2003)「中国の「上場会社における独立取締役の確立に関する指導意見」」『経世論集』第 29 号
勝部伸夫 (2004)『コーポレート・ガバナンス論序説—会社支配論からコーポレート・ガバナンス論へ—』文眞堂
早田尚貴 (2001)「中国の国有企業改革とコーポレート・ガバナンス」『21 世紀政策研究所』
晴山英夫 (2002)「中国株式会社の企業統治」『経営行動研究年報』第 11 号 経営行動研究学会
平田光弘 (2001)「新世紀の日本における企業統治の光と影」『新世紀における経営行動の分析と展望—その光と影と—』経営行動研究学会第 11 回全国大会要旨集
平田光弘 (2002)「日米企業の不祥事とコーポレート・ガバナンス」『経営論集』57 号, 東洋大学経営学部
平田光弘 (2003)「コンプライアンス経営とは何か」『経営論集』61 号, 東洋大学経営学部
平田光弘 (2004)「燃えさかる中国のコーポレート・ガバナンス」『月刊監査役』486 号, 日本監査役協会
平田光弘 (2006)「違規から合規へ:新段階に入った中国のコーポレート・ガバナンス—第 3 回コーポレート・ガバナンス国際シンポジウムに参加して」『月刊監査役』No.517
淵田康之・大崎貞和 (2002)『検証—アメリカの資本市場改革』日本経済新聞社
藤原祥二・藤原俊雄編 (2003)『商法大改正とコーポレート・ガバナンスの再構築』法律文化社
福光寛 (1999)「変貌するコーポレート・ガバナンス」『成城大学経済研究』147
深尾光洋・森田泰子 (1997)『企業ガバナンス構造の国際比較』日本経済新聞社
堀内昭義 (2002)「日本の金融システム—メインバンク機能の再考—」貝塚啓明編著『再訪日本型経済システム』有斐閣
堀内昭義・花崎正晴 (2004)「日本企業のガバナンス構造—所有構造, メインバンク,

市場競争―」『経済経営研究』VOL.24-1, 日本政策投資銀行

馬場大治 (2000)「日本的コーポレート・ガバナンスの変貌と企業経営―外国人投資家の持ち株比率に注目した実証研究―」『甲南経営研究』41 (1・2)

吉森賢 (1994)「ドイツにおける会社統治制度―その現状と展望」『横浜経営研究』No.15-3 pp.1-27；同 (1998)「ドイツにおける銀行, 保険会社, 非金融企業感の資本的・人的関係と企業統治の有効性」『横浜経営研究』No.18-4

吉森賢 (1998a)「企業はだれのものか―企業概念の日米欧比較」『横浜経営研究』XIX (1)

吉森賢 (1998b)「企業はだれのものか―企業概念の日米欧比較 (2・完) ドイツ, フランス, 日本, 結論」『横浜経営研究』XIX (3)

吉森賢 (2001)「欧米の企業統治と日本への意義」『医療と社会』11 (1)

吉森賢 (2003)『日米欧の企業経営―企業統治と経営者』放送大学教育振興会

松岡一夫 (1999)「日本的コーポレート・ガバナンスの展望―その2」『二松学舎大学国際政経論集』7

三井泉 (1999)「組織学習」佐々木恒男編著『現代経営学の基本問題』文眞堂

三井泉 (2004)「日本における経営文化の基礎―「プラティーク」と「プラクシス」の観点から」『現代哲学』経営哲学会

三井泉 (2008)「日本型「ステイクホルダー」観に関する考察―松下電器の「恩顧」「保信」思想を中心として―」『産業経営研究』第30号, 日本大学産業経営研究所

三輪芳朗・ラムザイヤー・J・マーク (2001)『日本経済論の誤解』東洋経済新報社

三和裕美子 (2003a)「わが国機関投資家の株主議決権行使―現代株式会社制度における意義―」『経営研究』53 (4)

三和裕美子 (2003b)「機関投資家とコーポレート・ガバナンス」東証ガレッジ公開講座資料

村田直樹 (2004)『管理会計の道標―原価管理会計から現代管理会計へ』事務経理協会

村田直樹 (2005)「日本的会計システムの現状と課題」『日本経営実務研究学会』

森本三男 (1992)「企業倫理とその実践体制」『青山国際政経論集』

森本三男 (1994)「中国の国有企業改革と股份制」青山学院大学国際政治経済学会

森本三男 (1995)「中国国有企業の改革―過去, 現在, 未来」『青山学院大学国際政治経済研究センター研究叢書』No.4

劉新 (2007)「中国上場企業における独立取締役制度の導入―ガバナンスの規制を中心に―」『経営哲学』第4巻第1号

若杉敬明ほか (2003)「2003年度コーポレート・ガバナンスに関する調査」12月15改訂版, 日本コーポレート・ガバナンス研究所ホームページ

我が国におけるコーポレート・ガバナンス制度のあり方について (概要) http://www.keidanren.or.jp/japanese/policy/2006/040.html

ロー・マーク (1996)『アメリカの企業統治―なぜ経営者は強くなったか―』(北

條裕雄・松尾順介監訳)東洋経済新報社
ロナルド・ドーア (2007)『誰のための会社にするか』岩波新書

中国語文献：
崔之元 (1996)「美国二十九个州公司法变革的理论背景」『经济研究』第 4 期
陈信元・朱红军主编 (2007)『转型经济中的公司治理』清华大学出版社
费方域 (1996a)「什么是公司治理结构？」『上海经济研究』第 5 期
费方域 (1996b)「控制内部人控制—国企改革中的治理机制研究」『经济研究』第 6 期
费方域 (1998)『企业的产权分析』第 1 版，上海三联书店
冯根福・韩冰 (2002)「中国上市公司股权集中度变动的实证分析」『经济研究』(8)
国务院发展研究中心 (2007)「中国公司治理 16 年的回顾」
　　http://www.drcnet.com.cn/DRCNet.Channel.Web/subject/subjectIndex.aspx?chnId=3842
谷书堂・李维安・高明华 (1999)「中国上市公司治理的实证分析—中国上市公司内部治理问卷调查报告」『管理世界』第 6 期
侯水平 (1997)「日本公司经营者监督制约法律制度及其对我国的启示」『改革』第 1 期
江小涓 (1999)『体制转轨中的增长，绩效与产业组织变化—对中国若干行业的实证研究』第 1 版，上海三联书店，上海人民出版社
李东明・邓世强 (1999)「上市公司董事会结构，职能的实证研究」『证券市场导报』第 10 期
李格平・黄斌 (1999)「国家股转让与上市公司治理结构的优化」『财贸经济』No.8
李涛 (2002)「混合所有制公司中的国有股权」『经济研究』第 8 期
林毅夫・蔡昉・李周 (1997a)：『充分信息与国有企业改革』第 1 版，上海三联书店，上海人民出版社
林毅夫・蔡昉・李周 (1997b)：「现代企业制度的内涵与国有企业改革方向」『经济研究』第 3 期
刘西荣 (1996)「论法人治理结构」『中国社会科学』第 4 期
刘晓青 (2007)『独立董事制度研究』江西出版集团・江西人民出版社
钱颖一 (1995)「企业的治理结构改革和融资结构改革」『改革』第 1 期
青木昌彦・钱颖一 (1995)『转轨经济中的公司治理结构』中国经济出版社
石磊 (1997)「国有企业的委托—代理结构与制度改进」『管理世界』第 2 期
史正富 (1993)『现代企业的结构与管理』上海人民出版社
孙永祥・黄祖辉 (1999)「上市公司的股权结构与绩效」『经济研究』No.12
孙永祥 (2001)「所有权，融资结构与公司治理机制」『经济研究』No.1
孫永祥 (2006)『公司治理結構：理論与実証研究』上海三聯書店
谭劲松 (2003)『独立董事与公司治理：基于我国上市公司的研究』中国财政经济出版社
魏刚・杨乃鸽 (2003)「高级管理层激励与经营绩效关系的实证研究」『证券市场导报』

第 3 期
项兵（1997）「管理腐败与公司治理」『改革』第 4 期
杨瑞龙（1997）「论国有经济中的多级委托代理关系」『管理世界』第 1 期
張維迎（1995a）「公有制经济中的委托人—代理人关系：理论分析和政策含义」『经济研究』第 4 期
張維迎（1995b）『企业的企业家—契约理论』上海三联出版社，上海人民出版社
張維迎（1999）「从资本结构看国有企业重组」『企业理论与中国企业改革』北京大学出版社
張維迎（1996b）「所有制，治理结构与委托—代理关系」『经济研究』第 9 期
張維迎（1999）「从公司治理结构看中国国有企业改革」『企业理论与中国企业改革』第 1 版，北京大学出版社
張維迎（1998b）「控制权损失的不可补偿性与国有企业兼并中的产权障碍」『经济研究』第 7 期
張維迎（1999）『企业理论与中国企业改革』第 1 版，北京大学出版社
周小川（2004）「完全公司治理，推進資本市場発展」『中国論壇：資本市場与公司治理』
朱天（1998）「公司治理，国企改革与制度建设」『经济研究』第 1 期
何浚（1998）「上市公司治理結構的実証分析」『经济研究』第 5 期
陳湘永・張劍文・張偉文（2004）「我国上市公司"内部人控制"研究」『管理世界』No.4

英語文献：

Aghion,P., Oliver, H. and J. Moore (1992) "The Economics of Bankruptcy Reform", *Journal of Law, Economics and Organization*, 8, 523-546.
Aoki, Masahiko (1990) "Towards an Economic Model of the Japanese Firm", *Journal of Economic Literature*, 28, 1-27.
Berle, A. and G. Means, (1932) *The modern corporation and prizaate property*, Macmillom, New York.
Blass, A., Yafeh, Y. and O. Yosha (1998) "Corporate Governance in an Emerging Market: The Case of Israel", *Journal of Applied Corporate Finance*.
Blair, M.(1995) *Ownership and Control*, Washington: The Brookings Institution.
Boycko, M., Shleifer, A. and R. Vishny (1996) "A Theory of Privatisation", *The Economic Journal*, 106, 309-319.
Burkart, M., Gromb, D. and F. Panunzi((1997) "Large Shareholders, Monitoring, and the Value of the Firm," *Quarterly Journal of Economics*, 112, 693-728.
Chen Xin-yuan, Yuan Hong-qi (1998) "The accounting Research on Asset Construction of Listed Companies", *Accounting Research*, 12(10).
Claessens, S. (1997). "Corporate Governance and Equity Prices: Evidence from

the Czechand Slovak Republics," *Journal of Finance*, 52 (4) 1641-1658.
Claessens, Stijn, and Simeon Djankow (1999) Enterprise Performance and Management Turnover in the Czech Republic, *European Economic Review*, 43, 1115-24.
Claessens, S., Djankow S., and L. H. P. Lang (2000) "The Separation of Ownership and Control in East Asian Corporations", *Journal of Financial Economics*, 58, 81-112.
Cochran, P. and S. Wartick (1988) "Corporate governance-A review of literature", *International Corporate Governance*, Prentice Hall, 1994, 8.
Gorton, Gary and Frank Schmid (2000)"Class Straggle Inside the Firm: A Study of German Codetermination". (http://fic.wharton.upenn.edu/fic/papers/00/0036.pdf)
Gorton, Gary and Frank Schmid (2000) "Class Struggle Inside the Firm: A Study of German Codetermination", *Center for Financial Institutions Working Papers*, 00-36.
Easterbrook, F. and D. Fischel (1983) "Voting in corporate Law", *Journal of Law and Economics*, 26, 395-427.
Easterbrook, F. and D. Fischel (1991) The Economic Structure of Corporate Law, *Harvard University Press*, Cambridge, Mass.
Faccio, Lang, Young (2001) *American Economic Review*, Vol. 91(1), 54-78.
Faccio, M. and L. H. P. Lang (2002) "The Ultimate Ownership of Western European Corporations", *Journal of Financial Economics*, 65, 365-396.
Fama, E. and Jensen, M. (1983) "Seperation of Ownership and Control", *Journal of Law and Economics*, 26, 301-325.
Frydman, Roman, Cheryl W. Gray, Marek Hessel, and Andrzej Rapaczynski (1999) "When Does Privatization Work? The Impact of Private Ownership on Corporate Performance in Transition Economies", *Quarterly Journal of Economics*, 114, 1153-91.
George Lihui Tian (2001) "State Shareholding and the Value of China's Firms", *Working Paper*, London Business School.
Gibson, Michael S. (2003) "Is Corporate Governance Ineffective in Emerging Markets?", *Journal of Financial and Quantitative Analysis*, 38, 231-50.
Guy Liu, Pei Sun (2005) "The Class of Shareholdings and its Impacts on Corporate Performance - A Case of State Shareholding Composition in Chinese Public corporations" *Corporate Governance: An International Review*, 13(1).
Hart, O. and J. Moorve (1995) "Debt and Seniority: An Analysis of Role of Hard Claims in Constraining Management", *American Economic Review*, 85, 567-585.
Hart, O. (1995) "Corporate governance: Some Theory and Implications", *The Economic Journal*, 105, 678-689.

Hoshi, T., Kashyap, A. and D. Scharfstein (1990) "The Role of Banks in Reducing the Costs of Financial Distress in Japan", *Journal of Financial Economics*, 27, 67-88.

Hoshi, T., Kashyap, A. and D. Scharfstein (1991) "Corporate Structure,Liquidity and Investment: Evidence From Japanese Industrial Groups", *Quarterly Journal of Economics*, 106, 33-60.

Jensen, Michael C. and William H. Meckling (1976) "Theory of the Firm: Managerial Behavior, Agency Costs and Ownership Structure", *Journal of Financial Economics*, 3, 305-360.

Jian Chen (2005) *Corporate Governance in China*, Routledge Curzon.

Kaplan, S. (1994a) "Top-Executives Turnover and Firm Performance in Germany", *Journal of Law, Economics and Organization*, 10, 142 -159.

Kaplan, S. (1994b) "Top-Executive Rewards and Firm Performance: A Comparison of Japan and the United States", *Journal of Political Economics*, 102, 510-546.

La Porta, R., Florencio Lopez-de-Silanes, A Shleifer and R Vishny (1999) Corporate Ownership Around the World, *Journal of Finance*, Vol.54 No.2, 471-517.

Rafael La Porta, Florencio Lopez-de-silanes, Andrei Shleifer, and Robert W. Vishny (1997) "Legal determinants of external finance", Journal of Finance, vol. LII, N0. 3, 1131-1150.

Rafael La Porta, Florencio Lopez-de-silanes, Andrei Shleifer, and Robert W. Vishny (1998) "Law and Finance", Journal of Political Economy, vol.106, 1113-1155.

Lins, Servaes (2002) "Is corporate diversification beneficial in emerging markets? - Statistical Data Ineluded", *Financial Management*, vol. 31(2).

Lins, Karl V. (2003) Equity Ownership and Firm Value in Emerging Markets, *Journal of Financial and Quantitative Analysis*, 38, 159-184.

Mace, M. (1971) *Directors - Myth and Reality*, Harvard University Press.

Majumdar, Sumit, K. (1998) "Slack in the State-Owned Enterprise: An Evaluation of the Impact of Soft-Budget Constraints", *International-Journal-of-Industrial-Organization*; 16(3), May 377-94.

Makhija, Anil K., Spiro Michael (2000) "Ownership Structure as a Determinant of Firm Value: Evidence from Newly Privatized Czech Firms", *The Financial Review*, 35 (3), 1-32.

Megginson, W. L., J. M. Netter (2001) "From state to market: a survey of empirical studies on privatization", *Journal of Economic Literature*, Vol. 39, 321-89.

OECD principles of Corporate Governance 1999.5(http://www.oecd.org/dat/

governance/principles.htm).

Roe, M. (1990) "Political and Legal Restrains on Ownership and Control of Public Companies", *Journal of Financial Economics*, 27, 7-41.

Roe, M. (1993) "Some Differences in Corporate Structure in Germany, Japan and the United States", *The Yale Law Review*, 102, 1927-2003.

Shleifer, A. and R. Vishny (1997) "A Survey of Corporate Governance", *Journal of Finance*, 737-783.

Sun, Qian, Wilson Tong and J ing Tong (2002) "How Does Government Ownership Affect Firm Performance? Evidence from Chinaps Privatization Experience", *Journal of Business Finance Accounting*, 29(1).

Valadares, S. and R. Leal (2000) "Ownership and Control Structure of Brazilian Companies", *ABANTE, Studies in Business Management*, Vol.3, No.1, 29-56.

Volpin, Paolo F.(2002) Governance with Poor Investor Protection: Evidence from Top Executive Turnover in Italy, *Journal of Financial Economics*", 64, 61-90.

Williamson, O.(1975) *Markets and hierarchies : Analysis and antitrust implications*, Free Press.

Williamson, O.(1985) *The Economic Institutions of Capitalism*, 229-325.

William Megginson, Robert Nash(2000) "Determinants of Performance Improvements in Privatized Firms: The Role of Restructuring and Corporate Governance". (http://kentlaw.edu/classes/chill/strona/determinants.pdf)

索　引

あ　行

アクティビズム　140
アニュアル・レポート　49
アングロ・サクソン型　175, 187, 199, 204, 205
アングロ・サクソンモデル　103, 225
委員会設置会社　94, 106, 181, 182, 190, 191, 193, 199, 200, 205
意思決定　8, 11, 65, 84, 104, 136, 171, 180, 186
　――機関　47
委譲　38
委託―代理制　120
一元制　179
インサイダー　133, 143, 153, 212
インセンティブ　133, 138, 139, 214, 222
インセンティブ・メカニズム　19, 104
請負経営　84, 96
請負制　113
請負責任制　99, 100, 108
H株　143
A株　66, 143
エージェンシー・コスト　3, 6
エージェンシー問題　17
エージェンシー理論　10
エージェント　10
M＆A　22, 24, 31, 37, 41, 50, 54, 67, 92, 105, 106, 116, 127, 165, 210
MBO　161
エンロン　175
　――事件　95
OECD　220, 225

か　行

大株主　52, 63, 104, 133, 137-139
　――支配　165
親会社　63

改革・開放　108
会計監査　203
会計検査制度　168
会計事務所　51
会計制度　143
外資株　84
外資企業　85, 86
会社債券募集方法　49
会社定款　38
会社法　44
外部監査　32
外部監視　158, 165, 168
外部監督　212
外部統治　107
　――機構　172
外部取締役　16
拡大放小　29
確定採算　39
合作企業　84-86
ガバナンス指数　222
ガバナンスの構造　11
株　84
株式会社　76
株式会社論　5
株式合作企業　142
株式合作制　84, 86
株権　27, 220, 227
株権利双軸制　158, 223, 227
株式集中　69

株式上場規則　95
株式所有　38
株式所有権　220
株式所有構造　30, 40, 41, 63, 66-68, 70, 97, 161
株式制　84, 113, 116
株式制企業　61
株式制経済　60
株式制転換　30, 91, 96, 102, 153
株式制への転換　78, 80-82, 101, 102
株式の相互持合い　199
株式の発行　165
株式配当　137
株式分散　135
株式有限会社　142
株式有限公司　46, 76, 87, 102, 141, 211
株主　8, 17, 41, 47, 53, 71, 93
株主権利　28, 227
株主支配　64
株主所有構造　55
株主総会　45, 94, 104, 141, 142, 165, 167, 171, 200, 201, 208, 211
株主代表　179
　　――訴訟　52
株主多元化　96
株主統治指数　222
株主の権利　46
株主のコントロール権　65
株主の集中所有　44
監査委員会　182, 191
監査制度　143
監査特派員派遣制度　48
監査法人　171, 172
監査役　141, 185, 186, 190
監査役会　52, 53, 65, 97, 104, 141, 165, 167, 177, 179, 180, 187, 190, 211
　　――制度　186
監査役制度　183

監査役設置会社　106, 183, 199, 200
監査役派遣制度　48
監事　49
間接金融　94
監督管理　51
監督権　65
監督メカニズム　17
管理科学　101
関連取引　147, 158
機関投資家　138, 162, 192
企業改革法　175, 204
企業価値　68, 72, 138
企業管理　98
企業形態　61, 76, 80, 81
企業債券　152
企業再編　107
企業支配　134
企業従業員所有　84
企業集団　63
企業統治　2, 4,181, 208, 217, 220
　　――原則　94, 107
　　――構造　104
　　――システム　89, 93, 95, 96, 103
　　――準則　165, 189
企業の概念　46
企業の所有体制　80
企業の責任体制　80
企業の統制権　7
企業パフォーマンス　18, 22, 61, 66, 67, 69, 70, 72, 73, 89, 103, 135-137, 145, 146, 148, 152, 153
企業の分類　46
企業破産　107
企業法　82
企業論　10
議決権　133-135, 141
キャッシュフロー権　134-137
旧三会　104
共産党委員会　104

索 引

共同企業　104
行政統治　96, 98
競争環境　40
共同経営企業　86
共同経営経済　60
共同決定システム　178, 187, 205
　――型　177
共同決定モデル　106
業務執行　172, 202
　――体制　187
　――取締役　18, 19
近代企業　77
　――制度　3, 17, 76, 77, 79, 87, 92, 95, 96, 98, 99, 103, 108, 113
金融機関支配　134
金融市場　158
グローバル化　87
経営権　38, 113
　――分離　3
経営自主権　98, 108
経営者監督　40
経営者市場　159
経営者支配　70, 199
経営者報酬　72
経営者論　10
経営陣　93
経営戦略　188
　――委員会　205
経営メカニズム　211
経営理念　186
計画経済　28, 63, 97, 98
　――体制　95
権責明確　101
現代企業制度　78, 102, 108, 116
工会　142
公開発行株主　43
合夥企業　104
工業企業法　80, 81
合資会社　76

公司法　46, 76, 83, 90, 102, 108, 120, 140, 211, 221
公衆株　209
郷鎮企業　82
合同会社　76
合弁　76
合弁企業　84, 85, 105
合名会社　76
公有制　60
　――企業制度　95
国営企業　11, 78
国資委　24, 78, 112, 114-116, 123, 125, 126, 128, 213
国資企業　79, 91, 119
国資企業論　76
国資持ち株会社　119
国有株　23, 63, 68, 69, 201, 216
　――（の）放出　55, 90
国有株主　66
国有株流通問題　151
国有企業　12, 13, 15-17, 19, 20, 28, 53, 61, 64, 77, 78, 82, 91
国有経済　60
国有資産　78
国有資産運営機構　78
国有資産監督管理　115
国有資産管理委員会　117
国有資産管理体制　121
国有資産経営公司　118, 123, 129
国有資産法　127, 129
国有資産（の）流失　30, 103, 119, 125, 128
国有資本　79
　――参加　120
国有独資会社　18, 47, 77
国有独資株式会社　66
国有独資企業　63, 97, 120, 141, 219
国有独資公司　83, 102, 104, 140, 211
国有法人　150

国有法人株　194, 201
国有持ち株会社　18, 44, 88, 91, 120, 216
国有持ち株比率　66
個人株　61, 84
個人経営経済　60
個人出資企業　76
個人投資家　138
国家株　61, 77, 79, 84, 142, 160, 162, 194, 209
国家支配　134
　――型企業　135
国家資本（株式）参加企業　79
国家独資会社　79, 81
国家持ち株会社　79
固定資本　39
股東大会　186
混合所有化　101
混合所有制　116
　――経済　79
混合モデル　205
コントロール権　9, 105, 134-137, 139
コンプライアンス　183

さ 行

採決権　164
債権者　38, 39, 47, 53-55, 172
財産権　113
　――多元化　96
財務会計監査制度　48
財務会計制度　165
財務会計報告　49
産権情晰　101
三資企業　85
三位一体　164, 186
残余コントロール権　102
CIO　177
CEO　137, 176, 177, 200, 225

私営企業　12, 15, 17, 21, 26, 28, 83
私営経済　60
私営有限責任会社　83
CFO　177
COO　177
自己管理　96
自己制約　170
自己発展　96, 170
資産経営公司　124
資産総額　88
資産保全・増殖　112, 125, 126
自主経営　96, 170
市場競争　170
市場経済　28, 95, 97, 98, 164, 205, 217
執行権　65, 164
執行役　182, 185, 190
執行役員　94, 141, 177, 200
執行役員制　181
執行役会　177, 179, 180
支配大株主　63
支配株主　137, 193
支配権　29, 38, 65
資本市場　31, 158, 164, 205, 223
指名委員会　182, 185, 191
社会主義市場経済　101, 108
社会主義の初級段階　60
社外取締役　52, 94, 176, 181, 190-193, 200, 204, 205, 216
　――制度　199
社内重役制　199
社内取締役　176, 179
上海証券取引所　166, 168, 209
収益配分権　113
私有企業　82
従業員　8
従業員株　143, 145, 160
従業員代表　141, 179
　――大会　48, 104
従業員取締役　65

索引 245

従業員の権益　26
終身雇用制　199
集体企業　145
集団経済　60
集団公司　216
集団所有制企業　82
集中的所有　132, 133, 146, 152, 159, 210, 226
集中的所有権　136
集中的所有構造　67, 135, 146, 147, 149, 153, 214
儒教文化　40
授権経営　121
準同族企業　194
商業手形　152
証券会社　51
証券市場　50-52, 159, 164, 205
証券取引所　51
証券法　37, 48, 49, 55, 95, 163, 211, 221
上場会社　49
　──（の）企業統治準則　16, 95, 218
上場廃止　172
上場報告　49
少数出資企業　76
譲渡　37, 165
情報の公開　31
情報の非対称性　16, 31, 32, 129
情報の不一致　10
剰余金請求権　9
剰余コントロール　11
剰余請求権　7, 15, 21, 23, 25, 105
所有権　3
所有権と経営権の分離　77, 78, 100
　──の委譲　53, 150
所有者支配　70
所有者利益重視論　9
所有制改革　142

所有制形態　76, 91
所有制構造　226
所有と経営が分離　129
所有と経営の分離　32
新三会　104
人事権　113
深圳証券取引所　166, 168
人治　212
スキャンダル　50, 95
ステークホルダー　4, 6, 25, 28, 67, 102, 108, 132, 146, 225, 227
ストック・オプション　19, 20, 200, 225
政企不分　64, 209
政企分開　87
政企分離　101, 102, 114, 127
生産要素配分権　113
政資分離　102
政府　8
政府主導型　93, 104, 108
政府持ち株　68, 69
全人民所有制　27, 63, 100
　──企業　80, 82
総経理　46, 123, 186, 211, 213
相互持ち株　133
抓大放小　77
損益自己負担　96

た　行

代理権競争　17, 21, 22
多元的所有主体　77
短期利益　53
中央集権　217
仲介機構　51, 53
中外合作経営企業　85
中外合資経営企業　84
中間期報告　49
中国証券市場　166

中国の特色　48
中小株主　21, 40, 41, 63
　　──の権益　165
　　──（の）利益　210, 215
直接金融　94
TOB　161
ディスクロージャー　9, 42, 49, 51, 95, 128, 152, 153, 200, 203
敵対的買収　161
転換経済　3, 28, 30, 33, 63
転換債券　152
動機付け　27, 61, 65, 104
投資家　39, 41
董事会　77, 90, 186
投資主体多元化　96
董事長　123
同族型経営　64
同族企業　194
同族系管理　40
同族支配　134, 135
同族主導型　93, 104, 108
統治構造　158
独資　76
独資企業　85, 86
独立取締役制度　52, 53, 95, 165, 175, 190, 193-196, 198, 204, 205, 216
取締役　8, 37, 45, 49, 61, 140, 141, 176
取締役会　17-19, 39, 47, 65, 71, 93, 94, 97, 104, 165, 167, 176, 181, 182, 185, 187, 211
取引コスト　11

な　行

内部監査制度　181
内部監視　158
内部告発　181
内部支配　105
内部者支配　3, 102, 161, 162, 165, 194, 201, 204, 209, 210, 214, 215, 223, 224, 226, 227
　　──統治　64
内部者比率　215
内部統制　200
内部統治　104, 107
　　──機構　172
内部取締役　215
二院制　187, 188
二元制　177, 179, 180
二者択一　106, 205
偽情報　50, 51
偽帳簿　166, 224

は　行

破産法　37, 38, 54, 55
1株独大　63, 145-147, 149, 153, 159, 161, 173, 203, 223, 226
パフォーマンス　9
バーリ（Berle, A.）　2, 5, 6
B株　143
非業務執行取締役　18, 19
評価指数　222
ピラミッド型支配構造　209
ピラミッド型（の）持ち株構造　133, 161
非流通株　61, 63, 66, 80, 81, 160, 162, 209, 223
非流通株改革　90
非流通株式　143, 160
不祥事　183
プリンシパル　10
プリンシパル・エージェンシー　76, 129, 212
　　──理論　6
プリンシパル・エージェント　13-16, 32, 158
　　──関係　10

索 引

分散型所有　24
　——構造　96
分散所有形態　21
分散的所有　152, 210
　——構造　67, 68, 149
粉飾　224
粉飾決算　143, 172, 183
ベンチャービジネス　165
法規制　37, 55
法形態　76, 83, 91
放権譲治　96, 99, 108, 113
報酬委員会　182, 185, 191
法人　84
法人大株主　71
法人株　61, 67-69, 144, 160, 162, 209, 216
法人株主　106
法人財産権　77
法人主導型　93, 104, 108
　——統治モデル　106
法人所有　84
法人持ち株　105
　——会社　106
法治　212
法律事務所　51

ま　行

ミーンズ（Means, G. C.）　2, 5, 6
メインバンク　196, 199
模擬同族企業　194
持ち株比率　148
モデル会社法　94
モニタリング　66, 94, 223
モラルハザード　29, 66, 135, 212, 213, 226

や　行

有限会社　76
有限会社法　76
有限責任会社　83, 142
有限責任公司　46, 76, 87, 102, 140, 141, 211
融合型　186
要約買収　42, 50
与国際接軸　170

ら　行

利害関係者　12, 93
利改税　99, 108, 113
リスク管理　167
リスク自己負担　170
リース経営　84
立法権　164
流通株　43, 61, 66, 68, 80, 160, 209, 210, 223
臨時報告　49
倫理委員会　181
聯営企業　105
連鎖取締役　158
労働組合　104
労働市場　159

わ　行

ワールドコム　175
　——事件　95

著者紹介

金山　権（かねやま　けん）

1950年生まれ，1991年日本大学大学院経済学研究科博士課程単位取得。大学講師，シンクタンク，商社顧問等を経て1997年より桜美林大学に勤務。現在，経済・経営学系，大学院教授。博士（経済学）。
中国人民大学客員研究員，中国管理科学研究院客員教授，早稲田大学大学院商学研究科非常勤講師などを兼任。

専攻：経営学
担当科目：中国企業経営行動論，アジア企業経営論
主要著書・論文：
『現代中国企業の経営管理』（同友館）；分担執筆「外部監視とコーポレート・ガバナンス」『コーポレート・ガバナンスの国際比較』（佐久間信夫編著，税務経理協会），「中国の企業統治改革」『企業の責任・統治・再生—国際比較の視点』（菊池敏夫・平田光弘・厚東偉介編著，文眞堂）；論文「Reconsideration of the Enterprise Reform Strategy: Mainly in the SOEs Reform」『World Management Conference』，「東アジアにおける企業統治構造の比較研究」『経営行動研究学年報』，「企業統治システムの構築—日米独との比較からみた中国の企業統治」（中国，JAPANESE STUDIES FORUM），「アジア—中国モデルと経営理論」『企業モデルの多様化と経営理論』（文眞堂）他

中国企業統治論　—集中的所有との関連を中心に—

2008年9月20日　第1版第1刷発行

著　者　金山　権
発行所　株式会社　学文社
発行者　田中　千津子

〒153-0064　東京都目黒区下目黒3-6-1
電話　（03）3715-1501（代）　振替 00130-9-98842
http://www.gakubunsha.com

乱丁・落丁の場合は本社でお取替えします。
定価はカバー，売上カード，に表示してあります。

印刷／新灯印刷株式会社
〈検印省略〉

ISBN978-4-7620-1871-8
© 2008 KANEYAMA Ken Printed in Japan